MESSAGES DE VIE

Dr BERNIE S. SIEGEL

Dr Bernie S. Siegel

Messages de vie
De l'amour à l'autoguérison

TRADUIT DE L'AMÉRICAIN
PAR CLAUDE FARNY

ÉDITIONS J'AI LU

Les faits relatés dans **Messages de vie** *sont authentiques, seuls les noms des personnes et des lieux et certaines particularités individuelles ont été modifiés afin de préserver à la fois la cohérence de l'ouvrage et la vie privée de chacun.*

Titre original :

PEACE, LOVE AND HEALING
Harper & Row, New York

© Bernard S. Siegel, 1989
Pour la traduction française :
© Éditions Robert Laffont, S.A., 1991

JE DÉDIE CE LIVRE

A tous les gens courageux et aimants que nous avons rencontrés et dont la vie fut «guérie» par leur maladie. Vous êtes tous des vainqueurs. Merci d'avoir été mes maîtres.

A ma plus jeune sœur, Dossie. C'est elle qui, la première, m'a appris à accepter les responsabilités et à affronter l'adversité quand, pour aller à l'école et en revenir, nous empruntions les rues de Brooklyn. A son mari Len et à leurs enfants Sarah, David, Cynthia et Daniel.

A Beth Rashbaum, éditrice et écrivain, pour son travail et sa persévérance. A Carol Cohen, mon éditeur chez Harper & Row et à mon agent Victoria Pryor pour son soutien continuel. (Ils savent ce qu'il en est d'accoucher un écrivain.)

A Julie Foley et Lucille Ranciato qui m'ont assisté et guidé.

A tous mes associés, amis, collègues et patients exceptionnels.

A toute l'équipe de l'ECAP.

Et à ceux qui, plus encore que les autres, continuent à m'accepter, à m'aimer et à me pardonner — mes parents, Si et Rose —, ma femme, Bobbie, et nos enfants Jon, Jeff, Stephen, Carolyn et Keith — et les parents de Bobbie, Merle et Ado.

Toute ma reconnaissance également à mon ami Karl Menninger, qui, dès 1938, avait déjà tout compris, comme on le constate en lisant la dédicace de son livre, *Man against Himself:*

« A ceux qui se serviront de leur intelligence dans la lutte contre la mort pour renforcer la volonté de vivre contre le désir de mourir et pour remplacer par l'amour la force aveugle qui nous contraint à donner des gages à la haine pour payer notre droit à la vie. »

A vous tous, paix, amour et guérison.

INTRODUCTION

Depuis la publication de *L'amour, la médecine et les miracles**, j'ai reçu un nombre impressionnant de lettres et d'appels téléphoniques de lecteurs qui me remerciaient de les avoir guidés sur le chemin de la guérison. J'espère vous aider aussi à trouver cette voie. Mon thème essentiel, dans ce livre comme dans le premier, c'est l'autoguérison, cette faculté dont nous a dotés notre Créateur et que la médecine a trop longtemps négligée. Je ne prétends pas pour autant que la médecine doive être rejetée en bloc mais plutôt que nous devions cesser d'y voir notre unique ressource. Médecine moderne et autoguérison n'ont aucune raison de s'exclure mutuellement. Mon opinion est qu'il faut exploiter toutes les possibilités dont nous disposons pour guérir, depuis nos ressources personnelles jusqu'aux dernières découvertes de la science. En me fondant sur mon expérience et sur celle de nombreux patients exceptionnels que j'ai pu rencontrer, j'expose ici le fonctionnement et le rôle du «système guérisseur», j'explique ses bases scientifiques et je démontre pourquoi l'amour est thérapeutique.

Woody Allen prétend que l'être humain est composé d'un esprit et d'un corps ; l'esprit embrasse les aspirations les plus nobles telles que la philosophie et la poésie, tandis que le corps hérite de tous les

* Editions J'ai lu, n° 2908.

plaisirs. Je crois pour ma part que le corps et l'esprit, reliés qu'ils sont par les nerfs et les molécules messagères, forment une entité unique. L'amour, l'espoir, la joie et la paix intérieure ont des conséquences physiologiques, tout comme la dépression et le désespoir. C'est de cela que traite la science de la communication corps-esprit.

Des chercheurs étudient actuellement les relations existant entre conscience, facteurs psychologiques, autoguérison et fonction immunitaire. Le corps médical est en train de réapprendre ce qu'il savait fort bien autrefois, à savoir qu'on ne peut comprendre la maladie sans comprendre la personne qui en souffre. Ma femme, Bobbie, lisait récemment *Kinflicks*, un roman de Lisa Alther, dans lequel un médecin retraité expose son point de vue :

« C'est une notion qui n'est plus en faveur auprès des médecins d'aujourd'hui... Mais quand on a exercé aussi longtemps que moi, quand on a soigné des gens dans toutes les circonstances, quand on a soigné leurs parents et leurs enfants, on commence à discerner des constantes. La maladie ne frappe pas au hasard, comme un criminel dans la nuit. Certaines personnes, à certains moments de leur vie, vont souffrir de certains maux. Avec un peu d'habitude, on peut presque le prédire. Pour un médecin vigilant, la maladie peut remplir la même fonction qu'un test de Rorschach pour un psychologue ; elle est l'expression personnelle, existentielle du patient, si vous voulez. Je sais que cela peut vous paraître un peu excessif, mais la maladie n'a rien d'arbitraire et elle n'attaque pas. Bonté divine, mais je vous ennuie, mon cher, avec mes vieilles théories ! »

Un jour où j'étais consulté comme expert pour un cas de maladie effectivement liée au stress, on me demanda : « De quand date cette théorie ? » Je répondis : « Elle existe depuis plusieurs centaines d'années. » Pourquoi ? Parce qu'il fut un temps où les médecins disposaient de peu de traitements médicinaux ; ils devaient donc *connaître* leurs patients, connaître leurs conditions de vie pour pouvoir les guérir.

L'incidence du mode de vie et des émotions sur la santé était alors un concept largement admis. De nos jours, si l'on veut faire admettre que les affects sont physiologiques, il faut démontrer qu'ils créent des altérations chimiques. La science actuelle permet heureusement de mesurer ces altérations.

Des psychologues ont montré les effets de l'amour sur l'organisme : un nouveau-né privé d'affection ne se développe pas normalement et peut même aller jusqu'à mourir, alors qu'un nouveau-né cajolé grandit plus vite. Les effets de la sérénité intérieure sont également démontrés : la pratique de la méditation et le fait de noter dans un journal les incidents traumatisants plutôt que de les refouler renforcent la fonction immunitaire. L'amour et la sérénité nous protègent. Ils nous permettent de résoudre les problèmes que nous soumet la vie. Ils nous apprennent à survivre..., à vivre dans l'instant..., à avoir le courage d'affronter chaque journée et à profiter de la souffrance pour réorienter notre vie.

Cependant, la plupart d'entre nous n'ont pas été élevés dans une atmosphère d'amour et d'optimisme. Il est temps de dépasser cet héritage négatif, de pardonner et de renaître. L'énergie nécessaire à cette renaissance provient souvent de l'acceptation de notre mort. Celui qui est disposé à rencontrer son ombre et à changer peut, comme le dit Freud, transformer ses conflits névrotiques en problèmes ordinaires.

La perte et le chagrin ne disparaîtront pas, mais de la souffrance peuvent venir l'amour et la guérison véritables. Nous devons apprendre à nous servir de nos épreuves pour évoluer si nous voulons que l'allongement de la vie ne soit pas un cadeau empoisonné. C'est un cheminement difficile, mais le résultat vaut qu'on l'entreprenne.

Le présent ouvrage parle des personnes à part qui se sont engagées dans cette voie et de ce qu'elles peuvent nous apprendre. Leur histoire, leurs rêves et leurs dessins vous montreront que les émotions peuvent « guérir » la vie aussi bien que les maladies. Si j'évoque souvent des malades atteints du cancer ou du sida, c'est que je suis amené à en rencontrer beaucoup dans ma pratique. Mais je citerai aussi des cas de patients souffrant de problèmes neurologiques, d'arthrite, de diabète, de maladies du collagène et de troubles cardiaques. Les mécanismes de guérison sont les mêmes pour toutes les maladies, pour tous les patients et leurs médecins. Nous devons accepter le fait que nous mourrons un jour. La maladie et la mort ne sont pas des échecs, le seul échec, c'est de ne pas vivre pendant qu'on est vivant. Notre but, c'est d'apprendre à vivre dans la joie et l'amour. Or c'est souvent la maladie qui nous y aide.

Quand je parle à cinq cents malades du sida de la valeur de leur maladie, de la chance et du défi qu'elle représente, et qu'aucun ne se lève pour me faire taire, je sais combien ces gens sont courageux et sages. Ce qui m'intéresse chez les survivants, c'est leur façon d'affronter la vie au lieu d'esquiver la mort. Ceux qui ont accepté le défi de la maladie et le partage des responsabilités du traitement ont choisi la voie qui mène à la paix intérieure et à la « guérison » sur le plan spirituel. Cela augmente singulièrement leur capacité de guérison physique puisque l'énergie précédemment mobilisée par les conflits est libérée et que le système immunitaire reçoit d'impérieux messages de vie.

Par contre, ceux qui se sentent coupables parce qu'ils croient avoir provoqué leur maladie, ceux qui éprouvent un sentiment d'échec parce qu'ils n'ont pas réussi à guérir, ceux-là envoient à leur «système guérisseur» des messages destructeurs. Il faut se libérer des sentiments d'échec et de culpabilité pour mettre fin aux messages négatifs et utiliser au mieux ses capacités innées de guérison.

Notre Créateur nous a donné cinq sens pour nous permettre de réagir aux menaces du monde extérieur et un sixième sens, notre système guérisseur, pour nous protéger des menaces internes. Nous sommes parfaitement capables d'activer ou d'entraver le fonctionnement de ce système, tout comme nous choisissons d'affronter un danger ou de nous boucher les yeux et les oreilles pour y échapper.

Il m'a fallu bien des années pour comprendre que notre faculté d'autoguérison nous permettait d'échapper individuellement aux statistiques de survie. Car les gens qui travaillent sur eux-mêmes et qui évoluent réussissent à prolonger leur vie et réalisent même des exploits qualifiés de «miraculeux» par la médecine. Dans la conversation de ces êtres exceptionnels, les mêmes mots reviennent sans cesse: amour, foi, vivre dans l'instant, pardon, espoir. Et leur sérénité spirituelle provoque parfois leur guérison physique. Ces guérisons se ressemblent toutes et ne doivent rien au hasard. Les médecins en connaissent tous, même s'ils ne comprennent pas toujours ce qu'ils constatent. Nous devons commencer à reconnaître que ces guérisons miraculeuses sont scientifiques pour pouvoir en enseigner le processus à d'autres malades, car c'est en les multipliant que nous finirons par comprendre les mécanismes physiologiques qui les provoquent. Je crois que la médecine doit cesser d'être une spécialité mécaniste qui se débarrasse de ce qu'elle ne sait pas expliquer en le qualifiant de « miraculeux ». Le moment est venu d'étudier les processus de guérison selon une optique nouvelle afin de redonner à la médecine, trop centrée sur la maladie et la mort, sa vocation première qui est de promouvoir la santé et la vie.

A moins d'effectuer ce revirement théorique et pratique, la médecine ne pourra pas progresser. Car chaque génération a, et continuera d'avoir, ses maladies graves. Dès qu'une maladie est vaincue, une autre, incurable, la remplace. A peine a-t-on découvert un remède pour celle-ci qu'il faut se remettre au travail pour vaincre la suivante. Parallèlement à l'effort de recherche, il faut donc enseigner à tous la façon d'utiliser les « remèdes miracles » que notre organisme produit naturellement. Je prédis que dans dix ans ces remèdes internes seront clonés par les techniques du génie génétique et utilisés comme thérapeutique. La science ne devrait-elle pas, plutôt que de copier servilement la nature, nous apprendre à utiliser nos ressources personnelles et à devenir notre propre généticien ?

C'est ce que je m'efforce de faire dans ce livre. Si je suis resté chirurgien, c'est pour deux raisons ; d'abord parce que la plupart des malades refusent de se prendre en charge et que je peux encore les aider, mais surtout parce que je trouve passionnant d'associer mon talent de chirurgien au potentiel thérapeutique de mes patients afin d'obtenir les meilleurs résultats. Et si j'arrive à rendre tout cela crédible, je sais que nous pourrons accomplir l'incroyable.

Il reste que toutes les maladies ne peuvent être guéries. Mais on peut profiter d'une maladie pour s'arrêter, se poser des questions et commencer à

12

réorienter sa vie. Il me semble, en un sens, que ce livre démontre comment la maladie ou la souffrance peuvent «guérir» non seulement l'individu mais aussi la société. Car, si la menace de la famine ou du désastre nucléaire peut nous inciter à plus d'amour et de sagesse dans nos relations planétaires, la maladie peut jouer le même rôle au niveau interpersonnel.

Admettre que vous êtes mortel et le vivre comme une chance, explorer les ténèbres de votre inconscient, développer l'amour et le respect que vous vous devez à vous-même, voilà ce que je vous invite à tenter. En tant que chirurgien, je sais que des choses extraordinaires peuvent se produire quand l'énergie vitale est mobilisée au profit de la guérison. Plus que la longévité (cette province de la médecine), c'est la qualité de la vie qu'il faut rechercher.

Les véritables guérisseurs connaissent la valeur de l'affliction et de l'adversité. Ils savent que l'expérience symbolique de la maladie ouvre une voie vers le changement, l'autoguérison, la santé corps-esprit. Engagez-vous sur cette voie. Acceptez l'aventure et devenez votre moi authentique. Maintenant.

« C'est là le point le plus intéressant ! Leur combinaison dépend de *l'humeur* de l'homme ! Vous vous rendez compte ? Cela veut dire que si l'homme est en bonne forme, s'il est moralement fort, c'est le sodium qui va prédominer dans la barrière, et pas de maladie qui tienne, aucune n'est mortelle. Seulement, il suffit que le même homme se laisse aller moralement, et voilà le calcium qui prend le dessus ! Il ne reste plus qu'à commander le cercueil !

— C'est une physiologie de l'optimisme. L'idée est bonne, très bonne.

— Alors moi, je ne trouverais rien d'étonnant à ce que, dans cent ans, l'on découvre encore que je ne sais quel sel de césium apparaît dans notre organisme lorsqu'on a bonne conscience et fait défaut lorsqu'on a la conscience chargée. Et que de ce sel de césium dépend soit que les cellules se développent en tumeur, soit que les tumeurs se résorbent. »

Alexandre Soljenitsyne,
Le Pavillon des cancéreux

1

PHYSIOLOGIE DE L'AMOUR, DE LA JOIE ET DE L'OPTIMISME

> «J'ai la conviction que, quand la physiologie sera assez avancée, le poète, le philosophe et le physiologiste se comprendront mutuellement.»
> Claude BERNARD

En janvier 1983, John Florio, jardinier paysagiste de soixante-dix-huit ans, envisageait de prendre sa retraite. Il se mit à souffrir de l'estomac et passa des radios qui révélèrent un ulcère. Après un mois de traitement, il retourna à l'hôpital pour des radios de contrôle. Son ulcère avait progressé et montrait des signes de malignité. Une biopsie confirma le diagnostic de cancer de l'estomac.

C'est en février que je rencontrai John pour la première fois. Il venait pour se faire opérer, et je lui conseillai d'entrer à l'hôpital au plus vite car je devais partir en vacances, et il me semblait que son état nécessitait une intervention urgente. Il me regarda et dit : «Vous oubliez quelque chose. — Et quoi donc? lui demandai-je. — C'est le printemps. Je suis jardinier et je veux embellir le monde. Comme ça, si je survis, tant mieux, et, si je meurs, je quitterai un monde plein de beauté.»

Quinze jours après mon retour de vacances, John revenait me voir. «Le monde est beau et je suis

17

prêt», me dit-il. Le lendemain de son opération, il était en pleine forme, ni douleurs ni malaises. Son rapport pathologique révélait pourtant : «Adénocarcinome peu différencié traversant la paroi gastrique et les tissus adipeux périgastriques. Six ou sept ganglions lymphatiques en voie de cancérisation.» Cela voulait dire, en clair, que son estomac était encore largement infecté de cancer. Je lui expliquai donc qu'il fallait envisager des séances de chimiothérapie et de rayons. «Vous oubliez quelque chose, me dit-il. — Et quoi donc, cette fois? — C'est encore le printemps. J'ai beaucoup à faire.» Il était parfaitement calme, se rétablit rapidement et quitta l'hôpital avant la date prévue. (Sa petite-fille, infirmière en cancérologie à Yale, était au courant de son état et de ses choix.)

Deux semaines plus tard, il revenait me voir, se plaignant de douleurs à l'estomac. «Ah! pensai-je, c'est encore son cancer.» Mais ce n'était qu'un virus pour lequel je lui prescrivis un traitement.

Un jour de mars 1987, en arrivant à mon bureau, je vis le nom de John sur la liste des patients. «Ce n'est sûrement pas la bonne liste, dis-je à l'infirmière. — Mais si, répliqua-t-elle. — Alors, il doit y avoir deux John Florio. — Pas du tout, il est là, dans la salle d'attente.» Je montrai à l'infirmière la fiche médicale de John pour justifier mon incrédulité. Si les rapports médicaux pouvaient réellement prédire l'avenir des gens, je n'aurais certainement pas revu John Florio quatre ans après son opération. Pourtant, il était là.

Je craignais encore que sa visite ne soit motivée par son cancer, mais, avant que j'aie pu dire quoi que ce soit, il lança : «N'oubliez pas que c'est seulement ma deuxième visite postopératoire.» Il voulait être sûr que son assurance couvrirait les frais de la consultation. «Mais pourquoi êtes-vous venu? lui demandai-je. — J'ai une question à vous poser, répondit-il. J'aimerais savoir ce qu'on peut manger après une opération de l'estomac. — Quatre ans après, *tout ce que vous voudrez*. Mais dites-moi ce qui vous amène. — Je me suis fait une hernie en transportant des galets pour mon travail.» Comme il refusait d'entrer à l'hôpital, je réduisis sa hernie sous anesthésie locale à mon cabinet, et il reprit le chemin de son cher jardin. Je doute fort qu'il se soit reposé, bien qu'il m'ait promis de faire faire son travail habituel par ses deux aides pendant au moins deux semaines.

John est un exemple typique de ces patients exceptionnels qui, de l'avis de la plupart des cliniciens, défient l'entendement. Mais l'expérience m'a appris que tous ces patients exceptionnels ont des histoires à raconter et des leçons à nous donner. Il ne s'agit pas seulement d'individus chanceux, de maladies «bien gentilles» (tumeurs à évolution lente, rémissions «spontanées», etc.). Ce qu'il faut comprendre, c'est qu'il existe une biologie de l'homme et une biologie de la maladie, l'une affectant l'autre. Au moment du diagnostic, nous ne connaissons suffisamment ni l'une ni l'autre pour que notre conclusion nous permette de prédire l'avenir.

Il y a maintenant six ans que John s'est fait opérer, et il vient de fêter son quatre-vingt-quatrième anniversaire. On peut se demander ce qu'il est advenu de son cancer. J'ignore si son système immunitaire l'a éliminé ou s'il est toujours là, tellement séduit par le style de vie de John qu'il refuse de le quitter. Ce que je sais, par contre, c'est qu'en regardant John on voit un homme capable de vivre et d'aimer. Toujours passionné par son métier, il m'a envoyé des coupures de journaux vantant les mérites de la vie au grand air et même un article sur lui, paru dans un journal local, où il est cité, disant : «Si je trouve une petite pâquerette par terre, je suis tellement triste pour elle que je fais un trou dans la terre avec mon doigt et que je la replante.» L'article se termine par ces mots : «Aujourd'hui, [...] John est toujours sur la brèche. Il plante, il taille, et il adore ça. A l'exemple du cowboy qui affirme vouloir mourir en selle avec ses bottes et son chapeau, John dit que, quand son tour viendra, il "prie toujours pour que ce soit en jardinant".»

En travaillant au grand air, John maintient ce que j'appelle une «connexion céleste», et, de même que dans les hôpitaux les malades installés dans les chambres ouvrant sur le ciel se remettent plus vite que les autres, cela lui permet de rester en bonne santé. John est trop occupé à vivre pour être malade, c'est là son secret. Mais comment l'expliquer en termes scientifiques ? Que pouvons-nous apprendre de lui ? Existe-t-il réellement une physiologie de l'optimisme, de la paix, de l'amour et de la joie ?

Autoguérison

Je préfère appeler autoguérisons les rémissions spontanées comme celles de John. Ce sont des anecdotes merveilleuses et pleines d'enseignements sur la communication corps-esprit. Mais, comme la plupart des gens ne croient pas à l'existence de ces rémissions — que l'on qualifie volontiers d'erreurs de diagnostic ou que l'on attribue à des «virus affaiblis» —, peu d'efforts ont été faits pour les comprendre scientifiquement. Le corps médical en attribue généralement le mérite à la maladie plutôt qu'à l'individu. Il faut maintenant commencer à se poser des questions sur l'individu.

Le «Projet rémission» de l'Institut des sciences noétiques de Sausalito en Californie s'efforce de combler cette lacune en analysant quatre mille articles de journaux rendant compte de rémissions spontanées dans le monde entier. Dans la mesure où chaque article peut concerner plusieurs cas, l'étude portera sur beaucoup plus de quatre mille cas, auxquels il faut ajouter les guérisons extraordinaires comme il s'en produit à Lourdes. Toutefois, dans les milliers de cas cités, il n'est jamais fait allusion aux circonstances de la vie des patients. Brendan O'Regan, vice-président de l'Institut pour la recherche, cite une seule exception concernant une femme atteinte d'un cancer du col de l'utérus avec métastases qui était considérée comme perdue. Son état de santé s'améliora de façon spectaculaire quand, comme le dit l'auteur de l'article, «son mari détesté mourut subitement et elle guérit complètement». (Dans l'intérêt des maris, je dirai pourtant que le fait d'éliminer le sien ne provoque pas nécessairement la guérison. A mon cabinet, j'avais une pièce vide dans laquelle je gardais une demi-douzaine de maris de rechange pour que, quand une femme me disait: «C'est mon mari qui m'a rendue malade», je puisse lui proposer de le laisser là et d'en choisir un autre. Toutes trouvaient l'idée excellente, mais toutes aussi finissaient par me ramener leur nouveau mari parce que les problèmes qu'elles avaient avec l'ancien leur paraissaient plus supportables. Elles avaient compris que, si l'on veut guérir, c'est soi-même qu'il faut changer.)

N'est-il pas étonnant que l'on n'ait jamais demandé à ces milliers de gens guéris de maladies «incurables» comment et pourquoi ils avaient recouvré la santé? Quand on leur pose des questions comme je le fais et comme le font certains chercheurs plus sensibles à cet aspect des choses, on découvre que 90 p. 100 des personnes interrogées font état d'un changement important dans leur vie au moment de leur guérison. Une transformation existentielle s'est produite en eux et, pour la première fois de leur vie, ils se sont mis à vivre vraiment. Ils ne voient pas leur maladie comme une condamnation mais comme un nouveau départ.

Se proposant de dégager certains traits psychologiques que les survivants à long terme pourraient avoir en commun, Brendan O'Regan a puisé dans les archives du *San Francisco Bay Area Tumor Registery* pour retrouver des gens condamnés par la médecine et encore vivants dix ans après. S'il obtient la permission d'interroger les quatre-vingt-neuf cas qu'il a répertoriés, nous en saurons plus sur la nature des facteurs individuels qui président au processus de guérison.

Dans le même temps, des chercheurs comme les docteurs George Solomon, Sandra Levy, Joan Borysenko, Nicholas Hall, David McClelland et Candace Pert, dans des institutions telles que Harvard, l'université de Californie, à Los Angeles, et le National Institute of Health, s'efforcent d'éclaircir les mystères physiologiques de la guérison corps-esprit. On commence à reconnaître leurs travaux comme « scientifiques » puisqu'on les invite à s'exprimer lors des grandes conférences sur les facteurs psychologiques de la maladie. Ils publient également des articles dans la presse médicale traditionnelle ainsi que dans des publications plus récentes, spécialisées dans les nouvelles disciplines que sont la psycho-oncologie et la neuropsycho-immunologie. Il reste beaucoup à découvrir sur les mécanismes internes de la communication corps-esprit, c'est pourquoi nous devons continuer à collecter toutes les preuves anecdotiques que nous pouvons rencontrer, pendant que se poursuivent les travaux scientifiques qui permettront de les expliquer.

Le matériel anecdotique n'est peut-être pas statistique, mais il est véridique et fournit des bases et des directions de travail à la recherche. J'espère que, sans attendre les conclusions des chercheurs, tous les médecins s'efforceront de convaincre leurs patients qu'il vaut mieux être une anecdote vivante qu'une statistique morte.

Depuis des années, je vois défiler dans mon bureau nombre de ces «cas» qui devraient bouleverser notre système de références. Et il m'arrive souvent de retrouver des gens comme John que je croyais morts. La plupart des médecins ne connaissent pas ces gens-là. Quand ils leur disent : «Dans six mois, vous serez morts», ceux qui survivent ne viennent pas le leur raconter.

Il me semble pourtant qu'étudier ces cas d'auto-guérison apporterait beaucoup à la recherche, d'abord pour vérifier, puis pour identifier les liens qui unissent l'esprit et le corps, la psyché et le soma. Les psychologues, neurologues et immunologistes sont, de par leur expérience, beaucoup plus sensibles à ces liens que les cliniciens. Les vétérinaires également. J'ai reçu une lettre très touchante d'un vétérinaire qui me disait combien il détestait piquer les animaux appartenant à des personnes âgées, sachant combien la perte de leur compagnon pouvait gravement influencer la santé de ces personnes. Les cliniciens, eux, font rarement ce genre de rapprochement. Contrairement aux médecins de famille traditionnels, ils ignorent tout de la vie de leurs patients et n'estiment pas utile de leur poser des questions. Nous devrions retrouver le contact amical que les médecins des générations antérieures entretenaient avec leur clientèle. Nous devrions connaître nos malades aussi bien que leurs maladies et nous attacher plus particulièrement au cas de ceux qui se rétablissent contre toute attente. Il s'agit rarement de chance mais plutôt d'un difficile combat dont nous aurions tout intérêt à apprendre le détail. Loin de moi l'idée de vouloir blâmer ou condamner ceux qui ne guérissent pas. Il n'est pas question ici d'opposer réussite et échec, mais plutôt possibilité et probabilité.

Foi, espoir et placebo

Tous ceux qui ont déjà fait l'expérience de l'effet placebo ont aussi leur rôle à jouer dans la recherche sur la compréhension des relations corps-esprit. Ce sont des gens qui, pour des raisons que nous commençons tout juste à comprendre, cessent de souffrir et se mettent à guérir sous l'effet d'un placebo, substance inerte ou acte médical simulé, n'ayant aucune propriété lui permettant de fonctionner comme agent de guérison. Il arrive aussi que l'effet inverse se produise et que les patients souffrent d'effets secondaires graves ou désagréables. Dans ce cas, on n'utilise pas le terme de « placebo », qui veut dire « plaire », mais celui de « nocebo ». Mais, qu'il s'agisse de placebo ou de nocebo, c'est toujours l'*espoir suscité* par la substance ou le traitement qui provoque une réaction.

L'effet placebo peut également être provoqué par les paroles et l'attitude du médecin ou de toute autre figure d'autorité. C'est ce qui s'est produit avec un de mes patients. Huit jours après une grave opération du cancer, il se remettait très bien, pas de complications, pas de fièvre et un solide appétit. Je m'apprêtais à le renvoyer chez lui mais décidai de le faire examiner d'abord par le cancérologue et le radiologue pour qu'il ne soit pas obligé de revenir. C'était un homme âgé. Après la visite de ces deux spécialistes, sa température grimpa à 40° C et sa cicatrice s'infecta rapidement. Rien d'autre ne pouvait expliquer la dégradation de son état que ces visites qui l'avaient évidemment déprimé, amoindrissant ses défenses immunitaires et provoquant l'infection.

Deux autres figures d'autorité, par contre, les parents d'un jeune garçon en traitement pour une tumeur au cerveau, réussirent par des mots à créer un espoir suffisant pour minimiser les effets secondaires des substances anticancéreuses très puissantes que prenait leur fils Kelly :

« Pour sa première chimiothérapie, nous lui avons donné l'antiémétique recommandé par le médecin contre les nausées. Il a été très malade pendant la nuit et il est resté couché le lendemain toute la journée. A sa deuxième chimio, nous lui avons dit qu'on ne vomissait que la première fois. Il n'a donc pas pris l'antiémétique et n'a vomi qu'une seule fois pendant la nuit. Au matin, il se sentait beaucoup mieux et il a pu rester debout toute la journée. »

Ils utilisèrent également des médicaments placebo.

« Nous avons diminué sa dose de Prednisone de moitié parce qu'il avait des sautes d'humeur épouvantables. Pour lui faire repousser les cheveux, nous lui avons fait des frictions de "potion magique" en lui disant que l'effet serait immédiat. Et ça a marché ! Quand nous cessions les frictions, les cheveux cessaient de pousser ; ils recommençaient dès que nous reprenions le "traitement".

« Quand Kelly prend sa Prednisone, il mange comme quatre, alors que, quand il n'en prend pas, il n'a presque jamais faim. Pour régulariser son appétit, je lui ai donné des pilules d'acide folique que j'avais mises dans un flacon de Prednisone et qu'il appelle ses "cachets de l'ogre". Eh bien, grâce à cette fausse Prednisone, son appétit est revenu ! »

L'effet placebo, comme le phénomène des rémissions spontanées, a longtemps été méprisé par la médecine mais, contrairement à celui-ci, il est étudié depuis de longues années. En effet, chaque fois qu'un nouveau médicament est testé cliniquement, c'est pour prouver qu'il est *plus efficace qu'un placebo*. On sait qu'un tiers ou plus des patients réagit positivement aux placebos. Donc, si un tiers seulement des sujets soumis au test est amélioré par le médicament, celui-ci est considéré comme moins performant que le placebo, donc inefficace.

Dans les programmes de guérison alternatifs du cancer, il existe un phénomène comparable que j'appelle l'«effet salle d'attente». 10 p. 100 environ des personnes engagées dans ces programmes guérissent sans que le corps médical puisse l'expliquer. Je suis persuadé, quant à moi, que cela tient à la quantité d'espoir exprimé dans les salles d'attente. Quand on croit assez fort à l'efficacité d'une thérapie, le pouvoir de suggestion peut se mettre à l'œuvre et modifier radicalement l'environnement interne du corps. C'est pourquoi une thérapie alternative, avec un taux de réussite de 10 à 20 p. 100, peut n'avoir aucune valeur thérapeutique intrinsèque.

Les émotions sont de nature chimique et peuvent tuer ou guérir. En tant que médecin, il est de mon devoir d'aider mes patients à les utiliser pour se soigner. Si les placebos, porteurs d'espoir et activateurs des systèmes de défense, ont leur utilité, ma réputation, mon expérience, ma foi en mes patients et l'espoir qui est en moi ont aussi une valeur symbolique dont je peux profiter pour guider mes patients sur le chemin de la santé. Quand certains d'entre eux se remettent envers et contre tout, on peut m'accuser de les avoir traîtreusement convaincus de guérir, mais où est le mal ? J'utiliserai toujours la totalité des moyens dont je dispose parce que toute guérison est scientifique. Si l'on me reproche de donner de faux espoirs, je répondrai qu'il n'existe pas de faux espoirs — seule l'absence d'espoir me paraît fausse —, car personne ne connaît l'avenir de personne.

Il y a dix ans, une femme atteinte d'un histiocytome avec métastases vint me consulter. Son médecin traitant lui avait conseillé de rentrer chez elle pour mourir. «Inutile de faire les cinq cents kilomètres qui vous séparent de l'hôpital et d'entreprendre une chimiothérapie qui ne servirait qu'à vous rendre plus malade», avait-il déclaré. Mais une amie infirmière qui avait soigné mon beau-père conseilla à cette femme de venir me voir : «Allez à New Haven, le docteur Siegel guérit tous ses patients.» Le cancérologue auquel je l'adressai ne fut pas très encourageant : «Comme vous le savez, m'écrivit-il, c'est une maladie à évolution rapide. L'espérance de survie dépasse rarement quinze mois, elle est de six mois en moyenne.» Il ajoutait qu'il ne pensait pas avoir grand-chose à lui proposer. Mais, après m'avoir rencontré à l'hôpital, elle confia à une amie : «Quand il m'a pris la main, j'ai su que j'allais m'en sortir.»

Les lettres de son cancérologue retracent son histoire : juillet 1979 (tout au début du traitement), «toujours aussi faible»; août 1979, «réaction nette, gain de poids, régression totale de la lymphadénopathie et légère régression du nodule pulmonaire»; octobre 1979, «les progrès continuent [...] régression objective de la maladie»; décembre 1979, «en rémission complète». Les lettres couvrant les trois années suivantes constatent : «se porte bien», «parfaitement bien» ou «étonnamment bien», puis, en juillet 83 : «Elle était là ce matin, en meilleure forme que jamais. Son médecin traitant l'a même confondue avec sa sœur jumelle (tellement elle avait changé).» Un jour où je croisais ce cancérologue dans un couloir, il me dit avec un clin d'œil : « Formidable, la chimio, non ? »

Tous les trois mois, cette femme devait faire quelque deux mille kilomètres pour venir prendre sa chimiothérapie à l'hôpital. J'étais un peu inquiet de la voir aussi optimiste, sachant qu'elle avait peu de chances de s'en tirer, mais je me serais senti carrément mal à l'aise si j'avais su ce que lui racontait son amie infirmière. Non seulement elle allait guérir grâce à moi, mais, quand la chimio lui donnait des malaises, elle affirmait : « Tu ne devrais pas avoir d'effets secondaires. C'est le docteur Siegel qui le dit », et les malaises disparaissaient. Cette dame croyait si fort en moi qu'en lui donnant de l'eau pure, je crois qu'elle aurait guéri tout aussi sûrement. Mes craintes du début se transformèrent peu à peu en une certitude quant à la valeur de l'espoir.

Dans le *Journal of the American Medical Association (JAMA)* un médecin raconte, sous le pseudonyme de Jane A. McAdams, une histoire similaire concernant sa mère, condamnée par les médecins à très brève échéance. Née pendant la Dépression, cette personne avait gardé des habitudes de frugalité et d'économie.

« Pour lui remonter le moral, je décidai de lui offrir l'ensemble chemise de nuit-robe de chambre le plus luxueux que je pourrais trouver. S'il m'était impossible de lui promettre la guérison, je voulais au moins lui donner le plaisir d'être la femme la plus élégante de tout l'hôpital.

« Après avoir ouvert le paquet [...] ma mère resta longtemps silencieuse. Finalement, elle parla. En me montrant l'emballage et la chemise de nuit étalés sur le lit, elle dit : "Ça t'ennuierait de la rapporter au magasin ? Je n'en ai pas vraiment envie." Puis elle prit un magazine qu'elle ouvrit à la dernière page en disant : "Tu vois, ce qui me plairait davantage, c'est ça." Elle montrait un superbe sac blanc de haute couture.

« Ma première réaction fut l'étonnement. Comment ma mère, si opposée à toute dépense inutile, pouvait-elle me demander un sac d'été alors que nous étions en janvier et qu'elle ne pourrait s'en servir avant juin ? Si, toutefois, elle vivait jusque-là. Subitement, la honte m'envahit. Comment avais-je pu être aussi maladroite, aussi stupide, aussi aveugle ? Je venais de comprendre qu'elle me demandait en fait combien de temps il lui restait à vivre. Elle me demandait si je croyais qu'elle vivrait encore six mois et me disait que, si je le croyais, elle en serait capable. Elle ne permettrait pas que ce sac tellement cher reste inutilisé. Le jour même, je retournai au magasin échanger mon ensemble de nuit contre le sac blanc.

« C'était il y a plusieurs années. Le sac est démodé, oublié depuis longtemps, de même qu'une demi-douzaine d'autres. La semaine prochaine, ma mère s'envole pour la Californie, où elle va fêter son quatre-vingt-troisième anniversaire. Le cadeau que je vais lui faire ? Le sac le plus chic et le plus cher que je puisse trouver. Elle en fera bon usage. »

Tout ce qui peut susciter l'espoir : pensées, projets, symboles, placebos et autres, recèle un potentiel de guérison. Beaucoup croient encore que les placebos « marchent » quand les patients ont des maladies psychosomatiques, mais pas quand ils ont le sida, le cancer, la sclérose en plaques ou une maladie de cœur. Il est intéressant de constater que cette théorie prévaut encore alors que de nombreuses études ont montré l'efficacité des placebos dans des domaines aussi différents que les «douleurs postopératoires, le mal de mer, les céphalées, la toux, l'anxiété et autres désordres liés à la nervosité, mais aussi l'hypertension artérielle, l'angine, la dépression, l'acné, l'asthme, le rhume des foins, l'insomnie, l'arthrite, les ulcères, l'acidité gastrique, la migraine, la constipation, l'obésité, la numération globulaire, le taux de lipoprotéine, etc., selon la liste établie par le psychologue Robert Ornstein et le docteur David Sobel*. Comme le disent ces deux chercheurs, «si nous trouvions un médicament capable de soigner tous ces maux, nous aurions l'impression d'avoir découvert un produit miracle comparable à la pénicilline. Car aucun système physiologique ne semble résister à l'effet placebo.»

Mais comment fonctionne cet effet? Dans la mesure où, par définition, il s'agit d'une substance ou d'un procédé dénués du pouvoir de modifier l'état du malade, il s'ensuit que l'amélioration produite doit, d'une manière ou d'une autre, être médiatisée par l'esprit. En d'autres termes, on ne peut comprendre l'effet placebo que si l'on reconnaît l'unité du corps et de l'esprit. Il nous faut admettre, comme l'explique un texte scientifique, que «la réaction au placebo n'est ni mystique ni illogique et que, finalement, les processus psychologiques et psychophysiologiques empruntent des voies anatomiques communes». Ces «voies anatomiques communes» étant l'expression tangible de l'unité corps-esprit.

Quel meilleur exemple de ce lien corps-esprit que celui de cette Philippine guérie d'une grave maladie par le guérisseur de son village, après l'échec de la médecine occidentale? Atteinte d'un lupus érythé-

---

* De ces auteurs, dans la collection «Réponses»: *Les vertus du plaisir.*

mateux, maladie auto-immune dans laquelle le système immunitaire attaque les organes sains du corps, elle refusa de se soumettre au traitement agressif proposé par son médecin et de croire qu'elle mourrait si elle cessait de prendre de la cortisone. Elle retourna dans son village natal et, trois semaines plus tard, elle rentrait aux Etats-Unis sans le moindre symptôme, ses fonctions hépatiques et rénales redevenues normales bien qu'elle ne prît plus de cortisone, comme le constata le médecin qui rapporte son cas dans le *JAMA* quatre ans plus tard. Elle avait même, après une grossesse normale, donné le jour à un enfant parfaitement sain.

Et à quoi attribuait-elle cette guérison miraculeuse ? Le guérisseur de son village l'avait délivrée d'un sort qu'on lui avait jeté ! Il me paraît intéressant qu'un journal médical prestigieux choisisse de présenter un cas de guérison dû à un sorcier philippin, alors qu'un autre, le *New England Journal of Medicine*, consacre son éditorial à nier les effets thérapeutiques du rire, et que les deux publications ont refusé de publier un article sur l'efficacité de la prière (dont il sera question au chapitre 7). Je pense pour ma part que nous devrions prendre en considération toutes les formes de guérison, car elles sont toutes scientifiques.

Je connais plusieurs autres cas de guérison miraculeuse du lupus dont un, rapporté par le docteur Charles A. Janeway, qui décrit sa patiente comme « ayant éliminé sa maladie en défoulant [sur lui] toute l'hostilité, profonde et inconsciente, qu'elle gardait contre son père ». En fait, tous les cas de guérison du lupus dont j'ai entendu parler impliquent une confrontation à l'autorité : la patiente du docteur Janeway a résolu, à travers lui, son conflit avec le père, et la dame philippine a contesté directement l'autorité médicale. Une autre femme, infirmière, était tellement malade qu'elle a défié Dieu lui-même par un ultimatum : ou Il l'emportait dans la nuit, ou Il la guérissait. Elle s'est réveillée guérie.

Plus on connaît de cas comme ceux-là, plus il devient difficile de considérer le corps et l'esprit comme des entités séparées. Ce que nous avons dans l'esprit se retrouve — et parfois très littéralement — dans notre corps, tels les peptides, messagers fabriqués par le cerveau, et le système immunitaire agissant comme agents de liaison.

Il existe dans l'organisme humain cinquante à soixante peptides connus, dont certains, comme les endorphines et l'interféron, vous sont peut-être familiers. Ils sont l'expression chimique de nos émotions et servent de lien entre psyché et soma. Les endorphines, par exemple, sont aujourd'hui considérées comme les véhicules de l'effet placebo. Il semble en effet que la disparition de la douleur, mise en évidence dans de très nombreuses études, s'explique par le fait que l'attitude psychologique positive suscitée par le placebo conduit à une surproduction d'endorphines, qui sont des analgésiques. La douleur est donc supprimée par l'« esprit », puisque c'est de là que proviennent les endorphines.

Mais ce qui m'intéresse le plus dans tout cela, c'est de savoir comment nous pourrions nous passer de placebos pour atteindre directement le pouvoir guérisseur de l'esprit, comme l'ont fait les parents de Kelly. En sommes-nous tous capables ? Oui, comme vous le prouveront les nombreux patients exceptionnels que vous rencontrerez dans ce livre.

Dans un essai intitulé *The Mysterious Placebo*, Norman Cousins plonge au cœur du problème qu'il connaît par expérience personnelle.

« Il est peu probable que le placebo [...] soit très efficace sans une solide volonté de vivre. Car la volonté de vivre permet à l'organisme humain de donner le meilleur de lui-même. Le placebo est donc un messager entre la volonté de vivre et le corps. Mais ce messager n'est pas récupérable. Si nous pouvions nous libérer de cette matérialité, nous pourrions relier directement l'espoir et la volonté de vivre à la capacité du corps de réagir aux menaces et aux défis majeurs. »

Changer le corps en changeant l'esprit

Ce que le placebo nous suggère, c'est que nous devrions être capables de changer ce qui se passe dans notre corps en changeant notre état d'esprit. C'est pourquoi la pratique de certaines techniques — méditation, hypnose, visualisation, psychothérapie — mais aussi l'amour et la paix intérieure nous ouvrent à la possibilité de changer et de guérir.

Il se produit un phénomène de transformation particulièrement spectaculaire chez certains individus à personnalités multiples. Les cas de personnalités multiples, autrefois considérés comme très rares, sont aujourd'hui d'autant plus fréquemment rapportés que le sont les causes supposées de ce dérèglement, à savoir les sévices exercés contre les enfants. Il semble que certains enfants martyrs apprennent à déconnecter du réel pour se réfugier dans d'autres personnalités — jusqu'à douze, parfois — où ils se sentent mieux protégés. Bien qu'on ne sache pas avec certitude comment s'opère le passage d'une personnalité à l'autre, on suppose qu'il s'agit d'un phénomène de dissociation obtenu par auto-hypnose.

Le premier cas de ce genre qu'il m'ait été donné de rencontrer était une patiente qui, au moment de subir des examens cliniques, adoptait une de ses personnalités qui n'éprouvait ni douleur ni peur à s'y soumettre. Une fois ces examens terminés, elle revenait à sa personnalité dominante. Mais, physiologiquement parlant, les différences entre les diverses personnalités peuvent être bien plus marquées.

Il y a des caractères physiologiques que nous considérons comme fixes. Le diabète, par exemple, ou le fait d'être droitier ou gaucher, les allergies, le daltonisme. Pourtant, certaines personnes peuvent cesser d'être allergiques aux chats ou au jus d'orange, présenter des brûlures qui disparaissent, devenir gauchères quand elles changent de personnalité. J'ai connu une femme qui gardait une demi-douzaine de paires de lunettes différentes sur sa table de nuit parce qu'elle ne savait pas qui elle serait en se réveillant chaque matin. On m'a aussi raconté comment une femme qui avait beaucoup bu pendant une soirée avait dit aux amis qui lui déconseillaient de conduire sa voiture : « Soyez sans crainte, les autres m'en empêcheront. L'une d'entre nous va conduire. »

Brendan O'Regan, spécialiste de la personnalité multiple, rapporte le cas de quelqu'un dont les yeux changeaient de couleur en passant d'une personnalité à l'autre.

L'intérêt des études sur les personnalités multiples réside dans le fait qu'elles attestent la possibilité de changer physiquement en changeant de personnalité. Imaginez maintenant que nous ayons le pouvoir d'utiliser consciemment l'incroyable pharmacopée de notre cerveau, les neuropeptides.

Le biochimiste Nick Hall est l'un des chercheurs qui travaillent sur cette possibilité en étudiant les effets de la méditation et de la visualisation positive sur l'immunité. Dans un entretien publié par le magazine *Discover*, il évoque une conférence faite devant un public a priori résistant au mariage qu'il opère entre psychologie, immunologie et neuroendocrinologie : « Je savais qu'il fallait que j'invente quelque chose pour capter leur attention, dit-il. Je suis monté sur l'estrade, j'ai sorti un livre de ma poche et je leur ai lu un passage particulièrement érotique de *L'Amant de lady Chatterley*. Une fois la lecture terminée et le public persuadé que j'étais complètement cinglé, je leur ai dit: "Si nous sommes capables de faire se dresser notre axe reproducteur par des processus purement mentaux, pourquoi ne pourrions-nous pas influencer pareillement notre système immunitaire?" »

Comme l'a démontré Hall, à la satisfaction de son auditoire, je présume, les images mentales peuvent avoir un effet aussi puissant que les images du monde extérieur. Et les gens qui rougissent facilement ne me démentiront pas. Il s'agit bien d'une réaction physique à un événement purement mental, et personne ne songe à en nier la réalité. Mais qu'en est-il du système immunitaire? Pouvons-nous réellement le renforcer par l'esprit? Pouvons-nous nous transformer jusqu'au point où une maladie, devenue étrangère à notre nouvelle personnalité, serait rejetée? Je le crois. Je crois qu'il est possible d'accomplir des changements spectaculaires parce que je l'ai vu faire de nombreuses fois.

Nous disposons aujourd'hui d'une quantité impressionnante de données permettant de comprendre comment corps et esprit, cerveau et système immunitaire sont reliés entre eux. Il faudra encore beaucoup de travail pour décrire ce réseau de communications incroyablement complexe, mais le fait essentiel est d'ores et déjà acquis: ces communications existent.

En 1964, le docteur George Solomon publiait un article intitulé «Emotions, immunité et maladie, essai d'intégration théorique spéculative», en se fondant sur une hypothèse simple: le stress peut être immunodépresseur. Cette idée est aujourd'hui admise depuis longtemps. Mais, en 1985, il a pu proposer une quinzaine d'hypothèses sur les inter-actions entre système immunitaire et système ner-veux central, ce chiffre ayant été plus récemment porté à vingt-cinq, et chacune de ces hypothèses a reçu un nombre varié de preuves incontestables.

Le docteur Solomon continue son travail de recherche sur les relations unissant émotions et maladie. Après avoir étudié les malades du cancer, il s'intéresse aujourd'hui au sida. Dans un article cosigné avec Lydia Temoshok et d'autres cher-cheurs, il établit une liste de quinze facteurs émo-tionnels et schémas de comportement affectant positivement la longévité des malades du sida. Cette liste sera citée dans un prochain chapitre parce qu'elle constitue un guide pratique pour vivre avec une maladie. Pour le moment, il nous suffit de savoir qu'on peut tracer un portrait psychologique assez précis des survivants, et que chacun d'entre nous peut modifier sa personnalité et guérir. Si nous ne pouvions pas changer, il serait inutile de dégager les caractéristiques psychologiques des sur-vivants.

De l'amour, du rire et du courrier des lecteurs dans le NEJM

«Corrélats psychosociaux de la survie dans les affections malignes avancées», par le psychologue Barrie R. Cassileth, fut publié en 1985 dans le *New England Journal of Medicine*. Avec son éditorial intitulé «La maladie comme reflet de la psyché» et signé par l'éditeur de la revue, le docteur Marcia Angell, ce numéro eut un retentissement inattendu. Si l'article de Cassileth usait d'un ton assez modéré pour confirmer qu'aucune corrélation entre fac-teurs psychosociologiques et maladie ne pouvait être prouvée, Angell profitait de l'occasion pour annoncer : « Il est temps de reconnaître que la croyance selon laquelle la maladie serait un reflet de notre état mental appartient au folklore. »

Une avalanche de lettres arriva à la rédaction, plus qu'aucun autre article n'en avait suscité depuis quelques années. Si leurs auteurs exprimaient des opinions diverses sur le *comment* du processus, tous s'accordaient à en reconnaître l'existence et affirmaient que la question méritait d'être étudiée plus à fond, et non rejetée.

Le docteur Cassileth donnait lui-même les limites de son étude et de ses conclusions en notant que les facteurs sociaux et psychologiques pouvaient « contribuer au déclenchement de la maladie » mais que « la biologie de la maladie semble [...] prendre le pas sur l'influence potentielle des variables psychosociales *une fois le processus morbide bien établi* ». (C'est moi qui souligne.) Sachant que les trois cent cinquante-neuf patients de son étude souffraient d'« affections malignes avancées », nous pouvons penser que la maladie était déjà chez eux tellement installée que les résistances du corps étaient affaiblies, ainsi que, probablement la capacité d'espoir. En limitant ainsi l'objet de son étude, Cassileth éludait la plupart des questions fondamentales concernant l'impact de l'esprit sur notre état de santé.

Mais, grâce à d'autres recherches prouvant que la connexion corps-esprit existe bel et bien, grâce aux récentes conférences sur la psycho-oncologie prononcées dans différents hôpitaux et instituts nationaux, il apparaît clairement que l'époque où l'on rangeait ce genre d'idées au rayon du folklore est révolue et que le temps de l'étude est arrivé.

Le docteur Angell n'en est pas convaincue : « Le rire est un but louable en soi, écrit-elle, mais ce n'est ni un moyen ni un médicament susceptible de guérir une maladie. Cela est du ressort de la

Science.» Sans vouloir convaincre Mme Angell, je dirai, avec Candace Pert du National Institute of Mental Health, que nous en sommes au point où «le corps médical va finalement être obligé de prendre une position claire concernant l'esprit».

Supersanté

Les substances chimiques produites par notre cerveau serviront bientôt de base à différentes formes de thérapie, j'en ai la certitude. Déjà Candace Pert, par exemple, utilise le peptide T (molécule obtenue par clonage en laboratoire) dans le traitement du sida avec des résultats remarquables.

A l'avant-garde de cette nouvelle science, des chercheurs travaillent sur un groupe de peptides connus sous le nom de «facteur de croissance», substances produites naturellement par notre organisme et artificiellement par les techniques d'ingénierie génétique. Lors d'une expérience récente rapportée par le magazine *Omni*, David Golde, hématologue et chef oncologue à l'université de Californie, a testé sur seize malades du sida, dont le taux de globules blancs était très bas, un facteur de croissance, le GM-CSF. Il qualifie les résultats de «véritable révolution médicale, comparable à celle des antibiotiques». «En voyant remonter le taux de globules blancs, j'ai éprouvé l'excitation la plus intense que la science m'ait jamais procurée, dit-il. A ma connaissance, c'est la première fois que l'expérience a été tentée sur l'homme.» «Spectaculaire», commente David Nathan de la Harvard Medical School. «Un coup de maître», renchérit J. Groopman du Deaconess Hospital de Boston.

La neurobiologiste Rita Levi-Montalcini a reçu le prix Nobel de médecine pour sa découverte du facteur de croissance nerveuse (NGF), une autre de ces substances naturelles. Elle a montré comment le NGF affecte les cellules du système immunitaire et celles du système nerveux, améliorant ainsi la compréhension des liens qui unissent état psychologique et fonction immunitaire. «Nous savions depuis toujours, dit-elle, que l'état psychologique de l'homme affecte son état général par l'intermédiaire du système immunitaire, mais la preuve structurelle de cette relation n'avait jamais été faite. Nous croyons maintenant que le NGF constitue une sorte d'agent de liaison.» On espère actuellement réussir la synthèse du NGF en laboratoire afin de l'utiliser dans le traitement des maladies dégénératives du cerveau comme les maladies d'Alzheimer, de Huntington et de Parkinson.

Bientôt, les médecins suivront les traces des guérisseurs. Dans son livre *Hands of Light*, Barbara Ann Brennan écrit: «Que fait le guérisseur? Il induit le patient à se soigner lui-même par des processus naturels [...]. Le corps et l'énergie tendent naturellement vers la santé.» C'est exactement ce que les scientifiques découvrent actuellement en travaillant sur les substances qui sont les guérisseurs naturels de l'organisme.

Ces guérisseurs internes ont aussi été mis en évidence dans les maternités, où l'on a constaté que les prématurés caressés trois fois par jour pendant un quart d'heure par les infirmières grossissaient plus vite de 47 p. 100 que ceux qui n'étaient pas caressés. Pourquoi? Nos mécanismes de survie sont enracinés dans notre existence primitive. Quand la lionne quitte sa tanière, par exemple, le lionceau reste tranquille, et son métabolisme ralentit pour l'aider à supporter l'absence de nourriture et de chaleur. Mais quand la mère revient avec de la nourriture, elle réveille son petit, le lèche, et il réagit en produisant des hormones de croissance et autres neuropeptides afin que sa nourriture soit correctement assimilée.

Il sera peut-être possible un jour d'établir pour chacun d'entre nous une prescription émotionnelle exacte. Jusque-là, nous dépendrons des scientifiques qui reproduisent par clonage les substances naturelles de l'organisme, et nous devrons nous efforcer de vivre de manière à produire par nous-mêmes davantage de ces substances vitales. Car ceux qui y parviennent deviennent les ingénieurs chimistes, les généticiens de leur propre corps. Et il est vrai que l'amour, le rire et la paix intérieure sont thérapeutiques.

Les survivants sont-ils râleurs, joyeux ou aimants ?

Deux mois avant le *New England Journal of Medicine*, une publication britannique équivalente, *The Lancet*, publiait un article, « Psychologie et cancer ». Une étude portant sur cinquante-sept femmes atteintes d'un cancer du sein au premier stade concluait qu'au bout de cinq ans « le pourcentage de survies sans récurrence était sensiblement plus élevé chez les patientes qui traitaient leur maladie par le mépris ou avec un "esprit combatif" que chez celles qui acceptaient leur état avec stoïcisme ou un sentiment d'impuissance/désespoir ».

Au bout de dix ans, les statistiques montraient que 70 p. 100 des patientes combatives étaient encore en vie (avec ou sans métastases) contre 50 p. 100 de celles qui étaient dans la dénégation, 25 p. 100 de celles qui acceptaient stoïquement et 20 p. 100 des impuissantes/désespérées. Si les auteurs de l'article estiment prudemment que l'on peut établir des « correspondances » entre l'attitude mentale des patientes et leur temps de survie, ces statistiques n'en sont pas moins frappantes.

Quant à la conclusion de l'article, elle est des plus réservées : « L'attitude mentale peut-elle être modifiée ? Ces modifications augmenteraient-elles les chances de survie ? Ces questions méritent une étude plus poussée. » Ce qui me désole, c'est la première question. Comment peut-on encore douter qu'un individu puisse changer ? La psychologie existe depuis quelques années déjà. Freud et Jung ont fait quelques découvertes importantes, il me semble. Quelle absurdité de croire qu'on ne peut pas changer ! En dix ans de pratique thérapeutique, j'ai appris qu'on pouvait non seulement aider les gens à ne pas se sentir impuissants, mais également les rendre combatifs et, dans les cas les plus désespérés, leur redonner le goût de vivre.

Sandra Levy, professeur de psychiatrie et de médecine à l'université de Pittsburgh, spécialiste du cancer, a effectué des recherches sur le même thème que la revue britannique. Dans un article publié en 1984, elle évoque les « correspondances » entre émotions et cancer et elle estime ces correspondances étroites, sans toutefois parler de causalité. Elle fonde ses conclusions sur son propre travail de recherche avec des femmes atteintes d'un cancer du sein, mais également sur l'étude de dizaines de rapports publiés au cours des trente dernières années. Ce qui lui permet d'écrire : « Les pourcentages de survie les plus faibles correspondent à des états de dépression ou d'impuissance, tandis que les pourcentages les plus élevés correspondent à la volonté de réagir. »

Sandra Levy se demande elle aussi s'il est possible de changer l'attitude mentale des malades : « Les sentiments d'impuissance et l'absence de combativité peuvent-ils être amendés ? » Et elle répond : « Oui, sans aucun doute. » Les techniques psychologiques peuvent permettre d'améliorer le moral des malades, et diverses stratégies comme la relaxation peuvent influer plus directement sur les effets hormonaux négatifs du stress, tout en donnant à chacun la possibilité de contrôler ses pensées et sa vie.

Mais les dernières recherches de Sandra Levy ont mis en évidence un fait intéressant : si le premier facteur déterminant la durée de survie est l'intervalle de temps compris entre le diagnostic initial et la récurrence, le deuxième facteur n'est pas l'esprit combatif mais une attitude joyeuse. La joie permet, plus sûrement que le nombre et la localisation des métastases, de prédire l'espérance de vie d'un malade.

S'il est utile de connaître les sentiments qui sont les plus intimement liés à la santé, je crois qu'une vie équilibrée ne doit pas exclure les émotions prétendument négatives. La colère, par exemple, peut être une réaction plus positive qu'une résignation passive à l'annonce d'un mauvais diagnostic. Les émotions ne doivent pas être jugées. La colère a sa valeur, tant qu'elle est exprimée librement. Réprimée, par contre, elle peut avoir des effets destructeurs, se transformer en ressentiment et en haine.

Une histoire raconte comment un serpent terrorisait les enfants d'un village chaque fois qu'ils jouaient dehors. Les parents allèrent trouver le serpent et lui demandèrent s'il pouvait cesser de mordre leurs enfants. Le serpent accepta, et pendant quelques jours tout se passa pour le mieux. Les enfants s'amusaient dehors et rentraient chez eux sains et saufs. Les adultes retournèrent voir le serpent pour le remercier et le trouvèrent abattu, languissant et noué en nœuds serrés. Interrogé sur la raison de son état, le serpent répondit : «Vous m'avez demandé de ne plus mordre vos enfants. — C'est exact, dirent les parents, nous t'avons demandé de ne plus les mordre mais pas de ne plus siffler.»

Il est important d'exprimer tous ses sentiments, y compris les plus déplaisants, parce qu'une fois exprimés ils perdent tout pouvoir sur nous, ils ne peuvent plus nous nouer comme le serpent du conte. Laisser libre cours à ses sentiments est un message de vie pour le corps. Dans notre famille, nous vivons selon ce principe, ce qui a fait dire à une amie de notre fille, qui passait quelques jours à la maison, que nous ne savions pas nous disputer. « Que veux-tu dire ? lui ai-je demandé. — Chez nous, a-t-elle répondu, quand on se fâche, on se fâche vraiment et il arrive qu'on ne s'adresse plus la parole pendant des jours. Mais vous, vous criez, vous vous disputez, et cinq minutes après, c'est fini.» J'ai pris sa remarque pour un beau compliment.

Des études sont actuellement en cours pour déterminer comment les émotions affectent notre organisme, au niveau moléculaire. Des physiciens quantiques comme David Bohm et Steward Wolf disent même aujourd'hui que nous modifions probablement notre structure atomique en éprouvant des émotions différentes. Pour Wolf, la peur affecterait ou serait exprimée par des électrons, l'amour par des photons.

David McClelland, professeur de psychologie et de relations sociales à Harvard, s'intéresse tout particulièrement aux effets de l'amour : «Nous essayons en ce moment de comprendre ce que sont les variables de l'amour et de déterminer leur impact sur le système endocrinien, explique-t-il. Nous n'avons aucune idée des hormones qui sont associées à l'amour, ni de la façon dont l'amour aide les lymphocytes et améliore la fonction immunitaire. C'est ce sur quoi je travaille en ce moment.»

Pendant que certains étudient l'amour, d'autres le mettent en pratique. Lors d'une émission de télévision à laquelle je participais, Niro Asistent, une jeune rescapée du sida, expliqua très simplement comment, de séropositive, elle était redevenue séro-négative : « Quand on vit dans son cœur, il se produit des choses magiques. » Voilà qui décrit sobrement une vérité pas toujours facile à comprendre et souvent difficile à vivre !

Les variables de l'amour dont parlait McClelland sont l'amour de soi et ce qu'il appelle plaisamment « amdiv » (pour ne pas dire « amour divin », expression qu'il n'osait employer dans une publication psychologique). « Amdiv » décrit le détachement serein que McClelland a observé chez beaucoup d'êtres inspirés par la foi. « Amdiv » veut dire qu'« on ne se préoccupe pas le moins du monde de son ego, qu'on se fiche éperdument de réussir ou d'échouer. On pourrait appeler cela vivre selon son cœur. Cette qualité de détachement s'obtient en reconnaissant qu'on est en accord avec soi-même ».

Etre en accord avec elle-même, tel est l'objectif que s'est fixé une jeune femme extraordinaire nommée Evy McDonald qui souffrait d'une sclérose latérale amyotrophique diagnostiquée en 1980. Son neurologue lui avait dit alors : « Evy, il vous reste entre six mois et un an à vivre. Si vous voulez faire une bonne action, donnez votre corps à la science. » L'après-midi même, elle perdait son emploi d'infirmière. Elle rentra chez elle pour découvrir que sa porte avait été fracturée et tous ses biens volés. C'est alors qu'elle décida de suivre, à sa façon, le conseil de son médecin.

Dans une de ses lettres, elle m'écrit : « La mort me paraissait inévitable, et une partie de moi-même désirait effectivement en terminer avec la vie. Mais il me restait quelque chose à faire : je voulais absolument découvrir *avant de mourir* ce qu'était l'amour inconditionnel. » (C'est moi qui souligne.) Remarquez qu'Evy ne remettait pas sa mort en question. Mais les gens de sa trempe ne se mettent pas docilement à attendre la mort sous prétexte qu'un quelconque docteur les a condamnés. Leur diagnostic est l'aiguillon qui les incite à vivre enfin, après quoi ils se sentent trop bien pour mourir.

Evy savait que le début du voyage consistait à accepter son corps qu'elle avait toujours détesté. Elle décrit dans un article comment s'accomplit son premier pas vers l'amour d'elle-même :

« Assise dans mon fauteuil roulant, je m'approchai d'un miroir. En six mois, depuis qu'on m'avait appris la nature de mon mal, mes muscles autrefois ronds et fermes étaient devenus flasques, sans force, inutiles. Je mourais d'une forme particulièrement rapide de cette maladie incurable, et il me restait, au mieux, six mois à vivre. Je considérais avec dégoût ce corps qui se détériorait à vue d'œil. Je le détestais. L'image d'une jambe maigrichonne et contournée (héritage d'une attaque de polio remontant à mon enfance) posée à côté d'une jambe épaisse et molle me paraissait hideuse.

« Comme j'étais condamnée à passer toutes les heures de mes journées seule, assise dans mon fauteuil, je me mis à observer au lieu de juger de façon négative. J'avais toujours été obsédée par mon poids. J'étais sûre que, si je devenais "assez mince", un corps splendide s'offrirait magiquement à ma vue dans le miroir. Et j'étais là, dans mon fauteuil d'infirme, avec mes muscles pressés de s'atrophier, mes bras et mes jambes qui rétrécissaient.

« N'y avait-il qu'une coïncidence entre le fait que j'avais toujours voulu un corps moins imposant et le fait que la maladie réalise précisément ce désir ?

« Alors, clouée dans mon fauteuil, promise à une mort certaine, il me vint un désir ardent, obsédant. Pendant les quelques mois qu'il me res-

45

tait à vivre, je voulais connaître l'amour inconditionnel, je voulais découvrir cette douceur.

« Mais pouvais-je espérer y arriver si je ne commençais pas par accepter mon corps ?

« Mon premier travail consista à remarquer et à noter toutes les pensées négatives et toutes les pensées positives qui me venaient au cours de la journée à propos de mon corps. Je ne tardai pas à m'apercevoir que la balance pesait lourdement du côté négatif, donnant la mesure de la haine que je vouais à ce corps.

« Pour combattre cette tendance ancienne et par trop systématique, je me suis appliquée à dégager chaque jour un aspect de mon apparence physique qui me paraissait acceptable, si minime soit-il. Cela me permettrait ensuite de réécrire l'histoire. Chaque pensée négative devait être accompagnée d'une affirmation positive comme "et j'ai de beaux cheveux", ou "mes mains sont jolies", ou encore "le sourire de ma bouche et de mes yeux illumine mon visage". Tous les jours, un élément positif s'ajoutait à la liste, et le travail de réécriture avançait peu à peu.

« Je recomposais mon image, morceau par morceau, avec l'impression d'être un puzzle et, quand la dernière pièce fut en place, je découvris que l'image était parfaite. Impossible de dire à quel moment le changement s'était produit, mais un beau matin je m'aperçus que je n'avais plus de pensées négatives vis-à-vis de mon corps. Je pouvais désormais me voir nue dans un miroir et m'extasier sur ma beauté. J'étais totalement en paix avec moi-même et en accord profond avec l'image que me renvoyait mon miroir : celle d'une méduse affalée dans un fauteuil roulant.

« Pour la première fois de ma vie, je savais que mon corps était agréable à voir. Le scénario du film était réécrit [au début de son article, Evy avait défini le corps comme étant l'"écran sur lequel on projette le film"], et j'habitais désormais un corps doux et sensuel.

« Une fois le vieux scénario et les images dépréciatives oubliés, ils ne devaient plus jamais revenir. J'acceptais mon corps. Il n'avait pas besoin d'être différent, il pouvait bien être ce qu'il était et devenir ce qu'il devait devenir...

« Ce fut la première étape d'un voyage au cours duquel se produisirent des améliorations physiques inattendues et inespérées. Mais, même si les choses s'étaient passées autrement, même si la détérioration de mon corps avait continué, je n'en aurais pas moins continué à voir sa beauté inhérente.

« Ma maladie fut pour moi un défi et un cadeau. Grâce à elle, je me suis interrogée sur mes pensées, mes croyances et mes désirs les plus profonds. Ce voyage à la découverte de moi-même m'a permis de restructurer ma vie et de connaître le pouvoir de la relation corps-esprit. »

Evy dit encore dans sa lettre : « Mon corps physique cessa de se détériorer (en d'autres termes, je ne mourus pas), et le processus de destruction engagé par la maladie s'inversa, ce mouvement d'inversion n'étant qu'une conséquence de tous les autres changements intervenus dans ma vie. Je fus guérie non parce que j'avais décidé de me soigner, mais parce que j'avais encore des choses à faire sur cette terre... Depuis lors, je me réveille le matin joyeuse, enthousiaste, et je continue à jouer mon rôle dans la transformation de la pratique médicale. » Notez que son but n'était pas d'échapper à la mort mais de connaître l'amour inconditionnel. Elle ne s'engageait donc pas vers une impasse mais vers une expérience qu'elle pouvait encore s'offrir.

On peut toujours aimer et «guérir» sa vie même quand on ne réussit pas à guérir sa maladie.

Evy m'a beaucoup appris. Quand elle a su que je conseillais aux gens de vivre mois par mois, elle m'a écrit pour me dire que je n'étais pas assez exigeant, que, pour penser réellement à sa vie, il fallait vivre dix minutes par dix minutes, comme elle-même avait dû le faire. Nous reparlerons d'Evy, car elle a encore bien des choses à nous dire sur sa progression vers la santé.

La paix spirituelle : communiquer avec son guérisseur interne

Bien des scientifiques pensent aujourd'hui qu'on ne devrait plus parler d'un système nerveux central, d'un système endocrinien et d'un système immunitaire, mais plutôt du système guérisseur qui constitue une sorte de superintelligence inconsciente. De même que le système guérisseur peut être déclenché par des affirmations, les sentiments négatifs ou réprimés peuvent provoquer la réaction contraire. Comme le dit Woody Allen : «Je n'arrive pas à exprimer ma colère, alors je l'intériorise et je me fabrique une tumeur à la place.»

Intérioriser, voilà l'erreur. Quand on vous demande de vos nouvelles, si vous dites que tout va bien alors que ce n'est pas vrai, vous intériorisez. C'est un comportement qui me révolte tellement que, pour en guérir les gens, je leur propose de se recouvrir, de la tête aux pieds, d'un sac opaque et insonorisé et d'aller faire un tour dans la rue. Tout le monde objecte : «C'est un truc à se faire tuer !» Tout à fait exact. C'est précisément ce que je veux dire. Vous avez des yeux, des oreilles, cinq organes sensoriels pour vous protéger du monde extérieur et un sixième sens, votre système immunitaire, pour cicatriser vos blessures et vous protéger des bactéries, des virus et des maladies. Mais en niant vos besoins, en dissimulant votre détresse, vous enfermez votre système guérisseur dans un sac étanche. Le message que vous lui envoyez, en sauvant les apparences, c'est «je ne veux pas aller mieux», et votre corps vous y aide en vous entraînant vers la mort.

Alors, n'essayez pas d'être positif. Ce serait tricher et c'est épuisant. Ce qu'il faut, c'est rechercher la sérénité intérieure, la paix spirituelle, qui donnera à votre système guérisseur un véritable message de vie.

Il existe diverses techniques pour acquérir la paix intérieure — la relaxation, le biofeedback, l'hypnose, la visualisation, le yoga et autres techniques d'éveil de la conscience en font partie. (Sandra Levy y ajouterait la joie et David McClelland l'amour et le détachement.) L'efficacité de ces techniques peut être mesurée expérimentalement.

Déjà, les gens se sentent mieux quand ils les utilisent. Mais, avec les nouveaux outils de la biologie moléculaire, certains de leurs effets peuvent maintenant être vérifiés au niveau cellulaire.

Si le mécanisme exact du processus d'autoguérison reste encore à élucider, on sait depuis longtemps que ces techniques réalisent effectivement la communication et l'unité corps-esprit. Elles nous permettent d'acquérir le contrôle de ce que nous considérons généralement comme des fonctions automatiques. Un bon entraînement à la relaxation permet, par exemple, de diminuer la pression sanguine, de ralentir la respiration ou les battements du cœur et de réduire la tension musculaire.

Des études ont prouvé que la relaxation et autres techniques similaires peuvent également faciliter la lutte contre les effets négatifs du stress prolongé sur le système immunitaire. Or le dysfonctionnement de ce système peut tout dérégler en nous, depuis notre sensibilité au rhume jusqu'à notre capacité à tuer les cellules cancéreuses ou le virus du sida et peut aussi jouer un rôle dans l'asthme, les allergies, le diabète, la sclérose multiple, l'arthrite rhumatoïde, le lupus et autres maladies auto-immunes dans lesquelles l'organisme s'attaque lui-même.

Dans son livre *Penser le corps, panser l'esprit*, Joan Borysenko, psychologue et biologiste cellulaire, décrit quelques applications de la relaxation qui permettent, entre autres, aux diabétiques de diminuer leur besoin d'insuline. Je connais personnellement une patiente qui a ainsi réussi à s'en passer complètement. Les bienfaits de cette technique sont aujourd'hui si bien admis que certains hôpitaux diffusent en circuit fermé des séances de relaxation télévisées pour les malades. La liste des maladies sur lesquelles la relaxation permet d'influer de façon positive est tellement longue qu'elle remplirait toute une page.

La psychothérapie et les autres techniques qui ramènent au conscient les émotions refoulées peuvent aussi nous guérir, tant psychologiquement que physiquement, en nous aidant à trouver la paix spirituelle. Une remarquable étude a été réalisée par le psychologue James Pennebaker et Janice Kiecolt-Glaser auprès de vingt-cinq adultes auxquels ils ont demandé de tenir un journal des événements douloureux ou traumatisants de leur vie et de décrire leurs réactions. Un groupe de contrôle, d'importance égale, tenait aussi un journal mais en n'y rapportant que des faits sans importance. Très rapidement, la formule sanguine de ceux qui décrivaient leurs émotions prouva une nette amélioration des défenses immunitaires tandis que celle du groupe de contrôle restait inchangée. Six mois après la fin de l'expérience, la santé du premier groupe continuait à s'améliorer. En exprimant ses émotions, en travaillant sur des événements que la plupart des gens s'empressent d'oublier, on envoie donc à son corps des messages de vie. Je crois aussi qu'en faisant ce travail par écrit on se donne la possibilité de repenser ses émotions. Les événements qui les ont produites restent les mêmes mais perdent leur pouvoir destructeur.

Cela nous ramène, une fois de plus, à l'idée que, si l'environnement et la génétique jouent un rôle effectivement signifiant dans notre vulnérabilité au cancer et autres maladies, l'environnement émotionnel que nous créons en nous-mêmes peut activer des mécanismes de destruction ou de guérison. C'est pourquoi deux individus élevés dans les mêmes conditions, fussent-ils de vrais jumeaux au bagage génétique identique, ne souffrent pas forcément des mêmes maladies au même moment. Par exemple, un homme de cinquante-neuf ans se présenta à mon bureau parce qu'il avait un cancer. Trente ans plus tôt, son jumeau était mort de cette maladie. Il m'expliqua qu'il avait toujours vécu heureux et actif jusqu'à l'année précédente, où, totalement désespéré, déprimé, il avait voulu mourir. Son frère, par contre, avait toujours été malheureux. Dans certains cas, le facteur déterminant n'est pas tant l'offensive de la maladie que notre vulnérabilité.

Les techniques d'éveil de la conscience mentionnées ici et dont il sera encore question dans ce livre peuvent nous rendre moins vulnérables à la maladie ou plus aptes à en détourner le cours si nous sommes déjà atteints. En nous aidant à trouver la paix intérieure, elles nous donnent accès à notre « système guérisseur » interne. Il faut une forte dose de désespoir ou de poison pour tuer quelqu'un qui est serein et qui aime la vie.

Les molécules messagères de la communication corps-esprit

Le corps et l'esprit sont des expressions différentes de la même information — l'information transportée par les transmetteurs chimiques appelés peptides. Hommes, animaux, plantes, graines, œufs et jusqu'aux organismes unicellulaires possèdent des peptides qui circulent dans tout l'organisme. Chez l'homme, ils permettent le passage des perceptions, pensées ou émotions aux messages transmis par le cerveau, aux sécrétions hormonales, puis à l'action cellulaire dans le corps — et le retour à l'esprit et au cerveau, en une boucle sans fin. A la jonction de cette boucle se trouve l'endroit où corps et esprit se rencontrent et se croisent par l'action des peptides, la région limbique-hypothalamique du cerveau. C'est là que les savants ont découvert une myriade de récepteurs groupés en ce qu'ils appellent des «points chauds». Les peptides s'adaptent à ces récepteurs, comme la clé s'adapte à la serrure, pour stimuler le fonctionnement interne des cellules sur lesquelles sont situés ces récepteurs.

Mais ces groupes de récepteurs ne sont pas tous situés dans le cerveau. On en trouve dans les parois des viscères et de l'estomac. Cela explique peut-être que certaines personnes situent là leurs émotions. On parle de «réaction viscérale», eh bien, il apparaît aujourd'hui que l'expression serait littéralement, physiologiquement exacte. En fait, nos émotions seraient réparties dans tout notre corps, et non regroupées dans le cerveau. «Elles sont exprimées dans le corps et font partie du corps», dit Candace Pert, qui ajoute : «Je ne peux plus faire de distinction nette entre le cerveau et le corps... Plus on en découvre sur les neuropeptides, plus il devient difficile de penser en termes traditionnels de corps et d'esprit. Il faudrait parler d'une seule entité, d'une entité intégrée, d'un "corps-esprit". »

Le travail que la chercheuse et son mari Michael Ruff, lui-même immunologiste, ont effectué sur les peptides pourrait même fournir des bases physiologiques au concept d'inconscient :

« Pour Freud et Jung, l'inconscient était encore une construction hypothétique. Pour nous, l'inconscient se définit plus précisément comme les niveaux psychobiologiques de fonctionnement échappant à la conscience. Les processus inconscients très, très profonds s'expriment à tous les niveaux physiologiques jusqu'aux organes individuels tels que le cœur, les poumons ou le pancréas. Notre travail consiste à démontrer que toutes les cellules du système nerveux et du système endocrinien sont fonctionnellement intégrées par des réseaux de peptides avec leurs récepteurs. »

Si l'on a toujours pensé que la communication entre le cerveau et les autres systèmes organiques se faisait essentiellement à sens unique, les découvertes récentes, tant anatomiques que biochimiques, permettent d'affirmer qu'il s'agit d'un mouvement réciproque. L'immunologiste J. Edwin Blalock suppose qu'en présence d'envahisseurs, bactéries et virus par exemple, les peptides produits par le système immunitaire fonctionnent comme une sorte de sixième sens fournissant au cerveau une information supplémentaire à celle qu'il reçoit des cinq sens, ce qui expliquerait peut-être pourquoi certaines personnes pressentent leur maladie en l'absence de tout symptôme. C'est une expérience que je fais régulièrement avec mes patients, surtout quand nous étudions leurs rêves ou leurs dessins. Ils sont bien souvent incapables de préciser pourquoi ils sentent que quelque chose ne va pas, mais quelque part ils le savent. Quand une femme vient me consulter en me disant qu'il faut lui ôter le poids qu'elle a sur la poitrine depuis des années, quel que soit le résultat des examens ou d'une mammographie, je l'opère. Je sais que, si nous avons cinq sens pour nous protéger et nous informer de ce qui se passe à l'extérieur, notre Créateur nous a également donné ce sixième sens pour gérer notre environnement interne. Et il s'agit d'un système unifié, global et autorégulé doué d'une magnifique intelligence. Comme l'a dit Albert Szent-Györgyi, le cerveau ne sert pas seulement à penser, c'est un organe de survie.

Écouter le message

Pour la plupart d'entre nous, l'unité corps-esprit n'a d'intérêt qu'en fonction des possibilités d'amélioration de la santé qu'elle suggère. Comme l'explique Candace Pert : « Nous savons que les mêmes neuropeptides sécrétés par le cerveau peuvent aussi faciliter le mouvement des globules blancs du système immunitaire vers l'endroit d'une blessure. Pourquoi ne pourrions-nous pas diriger consciemment ce mouvement ?... C'est une idée folle puisqu'elle ne peut être vérifiée expérimentalement, mais rien n'exclut que ce soit possible. »

Non seulement rien n'exclut cette possibilité, mais la preuve est aujourd'hui faite que ce que nous considérons comme des processus physiologiques automatiques peut être contrôlé par le conscient. Les yogis, par exemple, sont capables de modifier leur rythme cardiaque de trente à trois cents pulsations par minute, comme l'a démontré Swami

54

Rama à la satisfaction des savants occidentaux réunis à la Menninger Foundation.

Mais ce genre d'exploit n'est pas réservé aux seuls mystiques orientaux, ni même à notre espèce. Les dauphins savent très bien, quand ils le veulent, diriger leur flux sanguin de manière à empêcher qu'on leur fasse une prise de sang. Des études effectuées sur des rats et des souris ont montré que même la réponse immunitaire peut être éduquée : si l'on administre à des cobayes un immunodépresseur d'un goût particulier, ce goût provoque ensuite, à lui seul, la même réaction immunodépressive. Le principe de la vaccination est d'ailleurs fondé sur la capacité d'apprentissage du système immunitaire.

Mais il y a quelque chose qui m'intéresse plus que le contrôle des fonctions physiologiques, c'est la possibilité d'accéder, par les techniques de méditation et d'éveil de la conscience, à la superintelligence que nous possédons tous, j'en suis convaincu. Cette superintelligence n'est autre que le message véhiculé par la psyché et le soma via les peptides, le schéma de notre ADN, le code de la vie elle-même. C'est elle qui fait de nous ce que nous sommes et qui, si nous l'écoutons, nous permet de rester sur le bon chemin.

Plus j'en apprends sur les rouages de l'univers, plus je deviens mystique. Et je ne suis pas mystique bien que chirurgien, je suis mystique parce que chirurgien. Dans ma pratique, j'assiste quotidiennement à des miracles. Quand j'incise un corps, c'est de lui que dépend la guérison. Je n'ai pas d'instructions à lui donner sur la façon de procéder, le corps en sait bien plus long que moi. En tant que chirurgien, je dois compter sur sa sagesse, car j'ignore pourquoi une blessure se referme ou comment fonctionne l'anesthésie (et personne ne le sait, comme je dois souvent le préciser à des étudiants qui s'excusent de ne pouvoir expliquer ces phénomènes en disant qu'ils ont certainement manqué un cours!). Je ne comprends pas non plus comment un œuf fécondé évolue jusqu'à former un être humain. Mais je sais que chaque cellule, chaque organe, chaque organisme et chaque individu est dirigé par ce que j'appelle l'«intelligence aimante de l'énergie».

Ainsi donc, les peptides et neuropeptides qui circulent dans notre corps pour former un réseau d'autoguérison intégré, guidés par la superintelligence qui est la clé même de la vie, peuvent nous aider à réaliser au maximum nos potentialités — si nous sommes attentifs aux messages de notre corps. Cela n'empêchera pas que certains d'entre nous mourront à deux ans et d'autres à cent deux ans, mais cela permettra à notre système de fonctionner au mieux de sa capacité, nous assurant la meilleure santé et la plus grande longévité dont nous soyons par nature capables.

C'est souvent en vieillissant que nous devenons sourds aux suggestions de notre sixième sens. Dans ma pratique, je suis souvent amené à opérer des petits enfants, ce qui m'a permis de faire certaines observations. Après une intervention chirurgicale, l'enfant reste tranquillement dans son berceau, dort beaucoup et récupère, jusqu'au jour où il commence à s'agiter et à tirer sur l'aiguille ou sur le tuyau de sa perfusion. Je comprends alors que le corps de l'enfant a récupéré suffisamment de vigueur pour pouvoir se passer de la perfusion, puisque l'enfant le sait et l'exprime. C'est ce savoir-là que nous devons nous efforcer de retrouver.

Le physicien quantique David Bohm propose de remplacer le mot «psychosomatique» — qui, pour lui, perpétue la scission entre psyché et soma, corps et esprit — par un mot nouveau: «somasignifiant», qui accentue l'unité du soma et de la signification, et finalement du sens, avec toutes ses implications

56

et ses possibilités. Notre corps sait ce qu'il veut nous dire et il l'exprime en termes de santé ou de maladie. Devenons responsables de notre état de santé en apprenant à écouter notre corps et à lui répondre, nous saurons alors tirer parti de nos maladies pour réorienter notre vie.

Certains prétendent qu'il est dangereux d'encourager les patients à se sentir responsables de leur santé et de leurs émotions, que cela risque de les culpabiliser s'ils ne réussissent pas à guérir. Mais il ne s'agit pas de cela. Nous demandons aux gens de prendre consciemment et activement soin d'eux-mêmes, nous ne leur demandons pas de guérir. Les patients exceptionnels n'essaient pas d'échapper à la mort. Ils s'efforcent de *vivre* jusqu'à leur mort. Et ils ne peuvent que réussir puisque, quelle que soit l'issue de leur maladie, ils auront «*guéri*» *leur vie*. Dans le chapitre suivant, nous décrirons différentes manières d'écouter le message que la psyché et le soma nous envoient pour nous aider à trouver notre voie personnelle, singulière.

2

SYMPTÔMES ET SYMBOLES, RÊVES ET DESSINS : LE MOI PROFOND S'EXPRIME

> « Plus je travaille sur le corps, en gardant momentanément mes suppositions pour moi, plus j'apprécie chaque maladie et plus je sympathise avec elle [...]. Le corps ne m'apparaît plus comme un démon malade ou irrationnel mais comme un processus possédant sa logique et sa sagesse propres. »
>
> Arnold MINDELL

> « Le pathos aiguise la perception des yeux et des oreilles. Dans les moments de pathos, la maladie permet d'appréhender une réalité insaisissable du point de vue de la santé. »
>
> Jean HOUSTON

On ne peut pas vivre sans souffrir. Carl Jung nous dit que le but de la thérapie est d'ouvrir la voie pour « une vie normalement désillusionnée » et Woody Allen écrit : « La vie est une suite de misère, de solitude, de malheur et de souffrances, mais tout cela se termine beaucoup trop vite. » Norman Vincent Peale raconte qu'un jour, rencontrant un ami qui se lamente sur ses malheurs, il lui dit : « Je connais un endroit à New York où il y a vingt-cinq mille personnes sans le moindre problème. — Formidable, dit l'ami, et quel est cet endroit ? — Le cimetière Woodlawn », répond Norman.

Destinés à souffrir, nous pouvons tout de même

tirer profit de nos souffrances. Certains de mes patients se plaignent : « Pourquoi moi ? Pourquoi Dieu s'en prend-Il à un type formidable comme moi ? » Dans le film *Harold et Maud*, Harold demande à Maud : « Mais pourquoi êtes-vous si bonne avec les gens ? » et elle répond : « Parce qu'ils font partie de mon espèce. » Si vous êtes vivant, si vous appartenez à l'espèce humaine, vous aurez des problèmes. Mais vous pouvez aussi vous demander : « Pourquoi pas moi ? » comme les patients exceptionnels qui comprennent la vie à un autre niveau et connaissent le sens du deuxième vers du Psaume XXVI : « Regarde-moi, Seigneur, et éprouve-moi. » Ils savent que les épreuves sont autant d'occasions d'apprendre et que les maladies veulent nous dire quelque chose.

Le message que nous envoie notre moi profond et que traduit la maladie est une manifestation de ce que j'appelle l'« intelligence aimante de l'énergie ». C'est la source de nos rêves ou, comme l'a dit le psychologue jungien Russel A. Lockhart : « la voix et la vision de l'âme ». Jung pensait que Dieu nous parle dans nos rêves et nos images, la Bible le dit également. On pourrait donc voir dans le message exprimé par notre corps une manifestation de Dieu — la force de vie, le moi profond, l'ADN ou la superintelligence qui réside en nous.

Le psychiatre Alfred Adler parle du « jargon des organes » et le psychiatre Karl Menninger estime qu'on « le dit avec des symptômes ». Mais que disons-nous exactement avec nos symptômes ? Venant du corps qui ignore ces catégories mentales, le message ne contient en tout cas aucune notion de culpabilité, de péché, d'échec ou de refus de vivre. Nous savons tous, au plus profond de nous-mêmes, que nous mourrons un jour. Les gens qui considèrent la mort comme un échec ignorent ce qu'est la réussite. Une existence réussie ne nie pas la mort, elle exalte la vie. J'ai connu des enfants de deux ans, de neuf ans qui, par leur faculté d'aimer, ont fait évoluer beaucoup de gens. Leur vie, bien que brève, a été réussie. Par contre, j'ai connu des gens qui ont vécu beaucoup plus longtemps et n'ont laissé derrière eux que le vide.

L'ADN de l'âme

Quel que soit votre âge, si vous apprenez à écouter, votre voix intérieure vous parlera de ce qu'Evy McDonald appelle son (votre) «boulot sur terre». Il s'est produit pour elle, comme pour beaucoup d'autres personnes que j'ai connues, une guérison miraculeuse qui, selon ses propres termes, n'était qu'une «conséquence des autres changements», changements rendus possibles par la connaissance de ce qu'elle avait à faire. En guérissant sa vie, on peut du même coup se débarrasser d'une maladie. Mais quand on voit dans sa maladie «un défi et une grâce», le plus grand miracle, c'est la guérison intérieure, celle qui se produit parce qu'on a trouvé ou retrouvé sa voie.

Cette sagesse qui vous guide de l'intérieur, c'est votre patrimoine. C'est ce qui permet à l'œuf fertilisé de savoir ce qu'il doit devenir, physiquement, intellectuellement, psychologiquement et spirituellement, et c'est une intelligence qui se manifeste dès les premiers moments de l'embryon. A un certain stade de son développement, l'œuf fécondé ressemble à une boule qu'on appelle «gastrula». C'est alors qu'un léger renfoncement se dessine à l'une de ses extrémités, définissant la place de la tête. A partir de ce moment-là, si l'on prélève une cellule côté tête pour la placer de l'autre côté, elle remonte et vient reprendre sa place. Elle sait ce qu'elle est et où elle doit être. (Nous connaissons tous des gens qui donnent l'impression d'avoir la tête du mauvais côté, mais ce n'est qu'une exception à la règle.)

Je suis convaincu que l'œuf fécondé contient déjà le message, la sagesse intérieure qui dit : « C'est cela ta voie, c'est comme cela que tu deviendras le meilleur être humain possible. » Si vous l'écoutez, vous vous épanouirez pleinement dans toutes vos virtualités avant de quitter l'Arbre de vie (que vous mouriez à deux ans ou à cent deux ans, je le répète). Si vous ne l'écoutez pas, vous serez déséquilibré psychologiquement ou spirituellement. Et si cela ne vous incite pas à retrouver votre voie, votre corps tombera malade. La sculptrice Louise Nevelson, qui adorait son travail et ne s'arrêta qu'à sa mort, à quatre-vingt-huit ans, savait qu'elle était sur terre pour sculpter. Elle dit un jour : « J'ai cessé de travailler pendant un moment et je me suis couverte d'abcès et de furoncles [...]. Quand on est une Rolls Royce, il ne faut pas essayer de marcher à pied, il faut rouler, c'est tout [...]. »

Des dizaines d'années avant la découverte de l'ADN, Jung utilisait une métaphore très proche pour décrire comment l'empreinte originelle du moi est inscrite dans l'inconscient. Comme l'explique le thérapeute jungien Tom Laughlin, le concept de l'inconscient formulé par Jung insiste sur sa sagesse, non sur son irrationalité :

« L'inconscient, loin de n'être qu'une ardoise vierge, un cloaque d'énergies primordiales aveugles ou de composants refoulés de l'ego, recèle effectivement une intelligence instinctuelle qui contient dans son plan originel toute une série de schémas de comportements intégrés qui, une fois activés, donneront naissance à tout notre développement psychologique futur de la même façon que l'ADN contient un schéma de tout notre développement biologique. »

Pour chaque personne, ajoute Laughlin, le schéma est différent:

« Bien que nous ayons tous deux yeux, deux oreilles, un nez et une bouche, il n'existe pas deux visages absolument semblables. Bien que l'ADN soit le dénominateur commun de l'humanité tout entière, de milliards d'entre nous, il s'arrange pour faire de chaque être humain un individu unique.

« Et l'ADN psychique, le moi, s'il est commun à toute l'espèce humaine, contient un schéma pour chaque individu, un schéma unique et particulier. Bien que les modèles de comportement puissent être similaires, il n'existe pas deux personnalités, pas deux visages exactement identiques. »

Nous avons tous besoin d'être rappelés à l'ordre quand nous dévions de notre schéma personnel — la plus parfaite expression du moi — et, comme le rappelle Laughlin, la maladie est l'un des moyens de nous rappeler à l'ordre.

« Toute maladie, si bénigne soit-elle, devrait nous inciter à nous demander: "Qu'est-ce qui, dans ma vie actuelle, va à l'encontre des desseins de la Nature qui voudrait que je fasse autre chose — quelque chose qui soit bon pour moi parce que plus cohérent avec ma vraie nature, avec le schéma particulier qu'Elle a dessiné pour moi et qui est enfoui dans mon inconscient?"

« Plus la maladie est grave, plus nous nous sommes fourvoyés, et ce n'est généralement pas dans notre intérêt propre que nous l'avons fait mais pour répondre à la pression ou à l'amour d'un parent, d'un groupe ou d'une autre instance.

« Nous ne cessons de nous rebeller contre le fait qu'il existe en nous une force cachée qui exerce en permanence un contrôle plus fort que celui du moi conscient. Cette force intérieure ne nous laissera pas de répit tant que nous n'aurons pas développé pleinement notre potentiel, de même qu'elle ne nous laisserait pas avec un vocabulaire de deux cents mots après nous avoir appris à parler.»

Se référant au schéma individuel d'une personne, Jung aimait parler de son mythe personnel. Je pense que nous avons tous besoin de découvrir notre propre mythe. Nos maladies peuvent nous y aider, car l'expérience de chacun dans ce domaine a une signification unique qui exprime en partie l'individualité de la personne. Il n'y a pas de maladie plus signifiante symboliquement qu'une autre et pas non plus de maladie plus effrayante qu'une autre. Je ne trouve personne qui soit disposé à changer de maladie, que l'on demande à l'aveugle s'il préférerait être cancéreux, au diabétique s'il préférerait être cardiaque, au tétraplégique s'il aimerait mieux avoir le sida, ou inversement. Chacun d'entre nous doit apprendre à vivre sa propre maladie et à déceler le message symbolique qu'elle contient.

«La question clé, dans toute maladie, dit Tom Laughlin, c'est: qu'est-ce que mon moi essaie de m'apprendre sur moi-même?» Je m'efforce d'aider mes patients à trouver la réponse à cette question, et c'est pourquoi je me considère comme un chirurgien jungien. Pour entrevoir une réponse, commençons par quelques questions... Ces questions nous aideront à entrer dans l'univers intime du patient, et pas simplement dans le monde mécanique de sa maladie.

Les cinq questions

Dans mon premier livre, je proposais aux lecteurs de se poser quatre questions concernant leur maladie. Il y en a maintenant cinq. Par ailleurs, les réactions des participants à différents stages que j'ai organisés dans le pays m'ont incité à remanier la présentation des quatre premières. Je vous invite donc à les relire même si vous les connaissez déjà.

1. VOULEZ-VOUS VIVRE JUSQU'À CENT ANS?

Au départ, c'était une façon de demander aux gens s'ils se sentaient suffisamment maîtres de leur destinée pour envisager l'avenir sans crainte, malgré les souffrances et les deuils, et s'ils seraient capables d'utiliser ces souffrances et ces deuils pour réorienter leur vie. Je n'ai obtenu que 15 à 20 p. 100 de réponses positives. La plupart des gens ne voulaient pas vivre aussi longtemps sans avoir la garantie qu'ils resteraient en bonne santé, qu'ils auraient assez d'argent, etc. Je me suis donc rendu compte qu'il n'était pas facile de vivre jusqu'à cent ans.

Que dire de tous les coups de fil vous annonçant la mort d'un ami? Que faire de toute cette souffrance? J'ai soumis le problème à Dieu (nous discutons souvent, tous les deux, les chirurgiens n'ont pas besoin de rendez-vous) et maintenant, quand je pose la question, j'annonce aux gens que j'ai un paquet de cartes aux couleurs préférées de Dieu (violet et or) à distribuer à qui en veut. On peut y lire : « Au porteur de cette carte, nous garantissons une vie de cent ans avec toutes les ressources nécessaires. » Mais Dieu m'a bien précisé : « N'oublie pas de leur faire lire ce qu'il y a au dos avant de la prendre parce qu'il y a une condition : "En cas de mauvaise utilisation, le porteur survivra à tous ceux qu'il aime." » Pensez à ce que cela veut dire de vivre cent ans et de voir mourir un enfant, sa compagne ou son compagnon, des amis. Vous pensez probablement qu'il vaut mieux partir le premier, mais je vais vous dire comment éviter de survivre à tous ceux que vous aimez : faites-vous sans cesse de nouveaux amis.

Chaque fois que j'ai une personne de quatre-vingts ou de quatre-vingt-dix ans à ma consultation, je ne manque pas de la présenter à l'étudiant qui m'assiste à ce moment-là. Pour son bénéfice, je demande à cette personne : « Vous avez eu la vie dure, je suppose », et la réponse est presque toujours : « Moi ? non, pas particulièrement. Sinon, je ne serais pas là. — Votre maison n'a-t-elle pas brûlé ? — Si. — Et vous avez été ruinée ? — Oui. — Vous vous êtes brouillée avec vos enfants ? — Oui. — Votre plus jeune fils est mort ? — Oui. — Votre premier mari est mort ? — Oui. — Et le deuxième aussi ? — Oui. » Finalement, elle dit : « C'est vrai, finalement, la vie n'a pas été rose pour moi. » Mais ces gens-là, qui ont vécu à peu près tout ce qu'un être humain peut vivre, continuent à aimer, trouvent toujours des gens nouveaux à aimer. Et c'est possible parce que Dieu nous a donné un nombre infini de gens à aimer. La souffrance est un bon moyen de les rencontrer, de les aider, de les guérir. C'est ce qui se passe dans des groupes comme les Alcooliques anonymes ou ceux que j'ai fondés, l'ECAP (Exceptional Cancer Patients). Comme je le dis souvent, ceux qui ont la chance d'être alcooliques, drogués, malades trouvent facilement des groupes auxquels s'intégrer, des gens nouveaux à aimer ou de qui se faire aimer. Il devrait exister des groupes pour les gens qui aiment tout bonnement la vie.

2. QUE S'EST-IL PASSÉ AU COURS DE L'ANNÉE OU DES DEUX ANNÉES PRÉCÉDANT VOTRE MALADIE ?

Dans mon esprit, cette question devait inciter les gens à réfléchir sur l'événement, le traumatisme qui auraient pu les rendre vulnérables à la maladie.

Autrement dit, puisque vos organes s'expriment, de quel événement particulier vous parlent-ils? Mais bien des gens m'ont reproché de les accuser d'avoir eux-mêmes provoqué leur maladie, ce qui n'était évidemment pas mon propos. Mon seul but, c'est de les encourager en leur suggérant des moyens d'aller mieux. Je voudrais leur faire comprendre que, si les événements importants de leur vie ne dépendent pas toujours d'eux, leur réaction à ces événements, par contre, n'appartient qu'à eux. Quand, par exemple, une femme me dit tranquillement : «Je sauverai mon ménage, même si je dois y laisser ma peau», je voudrais qu'elle entende ce qu'elle dit, qu'elle sache quel mal elle peut se faire avec ce genre d'affirmation. L'esprit et le corps ne font qu'un ; on ne peut pas les séparer. Considérez les événements de votre vie en cessant de vous détruire.

3. POURQUOI AVEZ-VOUS BESOIN DE CETTE MALADIE ET QUEL BÉNÉFICE EN RETIREZ-VOUS ?

Si je pouvais changer quelque chose à mon premier livre, ce serait la formulation de cette question, qui a beaucoup dérangé. La question est inséparable de la précédente : étant donné ce qui vous est arrivé dans les années précédant votre maladie, à quel besoin correspond-elle et quel bénéfice en retirez-vous ? Freud a montré depuis longtemps l'intérêt que présente la maladie mentale pour les malades. La littérature psychanalytique fourmille d'exemples où la maladie correspond à un besoin érotique, autopunitif ou agressif. Malheureusement, on ne nous apprend pas, à nous, spécialistes du corps, que les maladies physiques peuvent jouer un rôle similaire. Notre approche de la maladie est souvent purement physiologique, et nos actes médicaux ne tiennent pas compte du fait qu'un corps, c'est aussi une personne et un esprit. L'homme est une unité, et pour comprendre la maladie d'un patient nous ne devons jamais perdre de vue la possibilité qu'elle corresponde à certains besoins psychiques impossibles à satisfaire autrement.

Notre fille Carolyne m'a montré un jour un dessin humoristique où un homme s'exclamait : « Quelle belle journée ! je me sens en superforme aujourd'hui. Je vais téléphoner au bureau pour dire que je suis malade. » Car, dans cette société, on ne s'autorise à prendre le repos ou le temps dont on a besoin que quand on se sent vraiment malade. C'est pourquoi ma femme et moi avons toujours permis à nos enfants de prendre un jour de repos, un congé de santé, non de maladie, quand ils en éprouvaient le besoin. Cela leur a donné une vision différente de la vie. Je crois que nous avons tous besoin de repenser nos attitudes face à la maladie et à la santé.

Quand on envisage les choses dans cette optique, on constate qu'il y a souvent une bonne raison pour que la maladie s'attaque à certaines parties du corps ou se déclare à certains moments. Prenons l'exemple d'un présentateur de télévision fatigué. S'il se casse le poignet, cela ne l'empêchera pas de faire son travail, alors il attrape une laryngite. Dans certains cas, la maladie comble tellement le besoin d'attention et de soins éprouvé par le malade que son entourage s'épuise à le satisfaire. C'est ce que j'appelle le « signal de Siegel » et qui me sert souvent à établir mon diagnostic. Quand une famille vient à ma consultation et que tout le monde a l'air écrasé de fatigue sauf une personne, je sais que c'est celle-là qui est malade et qu'elle manipule tous les autres à sa guise.

Une vieille dame, qui vivait dans une maison de retraite, vint un jour me voir en se plaignant de maux et d'affections multiples. Je lui conseillai de chercher autour d'elle quelqu'un qui aille encore plus mal, de l'aider et de voir alors si elle-même ne se sentait pas ragaillardie. Quinze jours plus tard, elle revenait me voir et me dit : «J'ai bien cherché, mais je n'ai trouvé personne qui soit plus mal en point que moi.» Les gens comme cette dame ont besoin de leurs maux comme mode de relation au monde. Ils ont trop peur des autres pour pouvoir les rencontrer en dehors de cette médiation.

4. QUE REPRÉSENTE POUR VOUS CETTE MALADIE ?

Les gens qui vivent leur maladie comme un échec sont généralement ceux que leurs parents (ou une autre figure d'autorité) ont dévalorisés ou culpabilisés. Mais cela ne veut pas dire qu'ils soient coupables ou dénués de valeur. Une femme m'a expliqué un jour que sa maladie était un échec ; or son père et sa mère s'étaient suicidés. Il n'est pas difficile de comprendre pourquoi elle avait cette impression.

Beaucoup de gens voient dans leur maladie une punition, un martyre. Cette femme, par exemple, qui liait sa maladie à sa culpabilité de n'être pas restée auprès de sa mère quand celle-ci était malade. Elle lui répétait sans cesse : «J'espère que tu souffriras un jour tout ce que j'ai souffert.» L'influence des parents peut aller jusque-là — mais nous pouvons aussi nous soustraire à cette influence en en prenant conscience, comme cette femme était en train de le faire. Elle avait compris qu'elle avait droit à la rédemption, que son calvaire pouvait prendre fin.

Il y a bien sûr des parents qui développent chez leurs enfants des attitudes positives, qui considèrent, par exemple, qu'un échec scolaire n'est pas une preuve d'incapacité mais une incitation à travailler davantage. Ces parents-là savent que, comme le dit le Livre de Job, les chagrins guérissent et l'adversité permet de s'ouvrir à une nouvelle réalité. En considérant votre maladie sous cet angle-là, vous et votre famille pourrez sortir grandis et « guéris » de cette expérience. Comme vous le verrez dans les chapitres 6 et 7, la personne qui est malade peut devenir le guérisseur de toute sa famille en prouvant que l'on peut vivre et aimer malgré tout. Par son exemple, les autres apprendront que, si la vie est pleine de défis, ces défis sont autant d'occasions de faire preuve d'héroïsme. Une fois cette personne partie, les autres n'oublieront pas la leçon.

Par contre, ceux qui ne se pardonneront pas l'échec que constitue à leurs yeux la maladie, soit parce qu'ils estiment l'avoir provoquée, soit parce qu'ils se reprochent de n'avoir pu s'en débarrasser — faute d'avoir mieux combattu, visualisé plus nettement ou prié plus longtemps —, ceux-là ne feront aucun bien à leur famille. Ils feront sentir à chacun qu'à moins d'une guérison définitive l'expérience se solde par un échec. N'ayant « guéri » personne, ils laisseront derrière eux un grand vide — pas simplement la sensation de manque liée à la perte d'un être cher mais un sentiment de désespoir et d'inutilité. Ne léguez pas à vos enfants le message d'impuissance dont vous avez vous-même hérité. Voici venu le moment de dire non à ces sentiments négatifs et à ceux qui vous les ont inculqués, afin que votre vie, et celle des gens qui vous entourent, change, quel que soit le temps qui vous reste à vivre.

Plus tard, dans ce chapitre, vous lirez que votre maladie est peut-être votre plus grand rêve sur le point de se réaliser. Je sais que cela peut être dur à admettre quand on souffre d'une maladie grave, mais, à force d'entendre tellement de gens affirmer que leur maladie est la meilleure chose qui leur soit arrivée, on finit par le croire. Quoi qu'il en soit, vous êtes le seul à pouvoir choisir de considérer votre mal comme un échec personnel ou comme l'occasion d'un nouveau départ.

5. Que ressentez-vous ? Décrivez votre mal.

Contrairement à ce que dit Susan Sontag dans son livre *La Maladie comme métaphore* (1979), la maladie ne se résume pas à un simple diagnostic physique. Quand on demande aux gens de décrire ce qu'ils ont, moins de 5 p. 100 s'expriment en disant : « J'ai un cancer de l'ovaire avec des métastases » ou : « C'est un sida déclaré. » Seuls quelques médecins et intellectuels le font, et ce sont les gens les plus difficiles à aider. Je sais comment traiter leur affection mais j'ignore ce qu'ils ressentent.

Les gens les plus faciles à aider sont ceux qui décrivent ce qu'ils ressentent parce que les mots qu'ils emploient à propos de leur maladie s'appliquent également à la vie qui l'a déclenchée. Une de mes amies m'a raconté qu'elle avait eu très mal au pied pendant plusieurs jours sans comprendre pourquoi, jusqu'au moment où elle s'était adressée directement à sa douleur, lui demandant ce qu'elle faisait là. Elle s'était alors souvenue de son frère qu'elle qualifiait souvent de « casse-pieds ». Il était mort l'année précédente et lui manquait énormément. Ayant compris qu'elle l'avait rappelé à sa mémoire de cette façon imagée et douloureuse, elle décida qu'elle pouvait dorénavant se contenter d'évoquer son souvenir sans se faire aussi mal. Et la douleur disparut.

Un couple vint me consulter pour me parler de ses difficultés de communication. Quand je demandai au mari de me décrire sa maladie, il dit : « Je suis en rémission. » Quand je demandai à la femme de me décrire la maladie de son mari, elle dit : « C'est un enfer. » Lui en rémission, elle en enfer, on comprend qu'ils aient eu du mal à se comprendre.

J'ai discuté avec une femme qui me disait : « Mon cancer est invisible, personne ne peut même savoir où il a commencé. » Elle comprit alors qu'elle dépensait une énergie considérable pour dissimuler quelque chose. Je lui demandai ensuite si, dans sa famille, on ne lui avait pas appris à cacher ses véritables sentiments. Mes questions déclenchèrent chez elle un processus de réflexion qui l'aida à « guérir » sa vie.

Quand une jeune femme hospitalisée pour des douleurs abdominales m'expliqua qu'elle avait l'impression d'avoir un ballon de basket dans le ventre, je l'interrogeai sur les obligations de sa vie quotidienne. Il s'avéra que tous les jours elle devait servir de chauffeur à ses filles pour les accompagner à leur entraînement de basket. Cela l'épuisait. Je lui dis qu'à mon avis, si elle trouvait quelqu'un d'autre pour transporter ses filles, le ballon de basket disparaîtrait de son ventre.

Un homme était venu me voir avec sa fille, qui me dit qu'il ne vivait pas. « Et en vous, que se passe-t-il ? demandai-je au père. — Oh, il y a quelque chose de fou, d'incontrôlable en moi », répondit-il. Les gens qui vivent des existences très tranquilles, très policées, ont souvent ce genre de problèmes avec leur corps qui se rebelle afin de créer l'excitation qui manque à leur vie. Je suggérai donc à cet homme de s'affirmer davantage, de faire un peu plus de bruit pour ne plus avoir besoin de cette chose folle en lui. Quelques semaines plus tard, j'eus un coup de téléphone de sa fille : « Notre père revit ! Il s'exprime, il s'affirme et il a des activités qui lui plaisent. »

Le fait de vous interroger sur le rôle métaphorique de la maladie dans votre vie peut vous donner beaucoup de pouvoir sur elle. Le psychothérapeute et écrivain jungien Arnold Mindell raconte cette histoire d'un enfant qui, en se promenant dans la forêt, trouve une bouteille bouchée au pied d'un arbre. Il la ramasse, fait sauter le bouchon, et un génie apparaît. Le génie lui dit : « Ha ! ha ! maintenant je te tiens en mon pouvoir ! » Mais l'enfant n'est pas bête. Il regarde le génie et lui répond « Quel pouvoir ? Es-tu seulement capable de rentrer à nouveau dans ta bouteille ? » Le génie s'exécute et l'enfant s'empresse de reboucher la bouteille, emprisonnant le génie. Quand nous nous adressons à notre maladie pour lui demander : « Pourquoi me menaces-tu ? Que veux-tu de moi ? Pourquoi es-tu venue ? » ou même « pourquoi veux-tu me tuer ? » nous pouvons remettre nos symptômes dans la bouteille et hériter de leur pouvoir potentiel. Et, en agissant ainsi, nous commençons aussi à voir le côté positif de notre maladie.

« Je ne crois pas que l'on se crée véritablement une maladie, je crois qu'à travers la maladie notre âme nous délivre un message important », dit Arnold Mindell. Cette idée était communément répandue, en d'autres temps et dans d'autres cultures, mais la médecine moderne se focalise à ce point sur les aspects mécaniques de la maladie qu'elle perd complètement de vue le message. Pourtant, dès que l'on se met à le chercher, on se rend compte qu'il existe.

Un soir, j'étais à l'hôpital quand un homme me demanda d'aller voir sa femme. Rachel avait été une patiente exceptionnelle, m'expliqua-t-il, mais elle était maintenant dans le coma, sur le point de mourir. J'entrai dans sa chambre, m'approchai d'elle et lui murmurai — car je sais que dans le coma, endormis ou sous anesthésie, les malades entendent et comprennent ce qu'on leur dit — : « Votre mari m'a dit que vous étiez une femme exceptionnelle; mais si vous êtes fatiguée, si vous n'avez plus envie de vivre, vous pouvez partir. Votre famille conservera votre amour. »

Le lendemain, quand j'entrai dans sa chambre, elle était éveillée et me dit: «Je n'ai pas envie de mourir. » Je lui demandai alors de me décrire sa maladie. «C'est une obstruction», dit-elle. Je lui suggérai alors de réfléchir à tout ce qui pouvait constituer des obstructions dans sa vie. Cinq jours passèrent avant que j'aie l'occasion de lui rendre à nouveau visite, mais, en entrant dans la chambre, je vis que le lit était vide. Assise près de la fenêtre, une jolie femme me regardait. Je lui demandai où se trouvait Rachel. «Rachel? c'est moi, dit-elle, je rentre chez moi aujourd'hui.» Neuf mois plus tard, elle y était encore, et je suis persuadé, bien que je n'aie plus eu de ses nouvelles, qu'elle s'est efficacement occupée des éléments qui obstruaient sa vie. Son histoire n'est qu'un des multiples exemples dont j'ai été le témoin et qui confirment la thèse selon laquelle la maladie symbolise les dilemmes de l'existence. «Le malaise corporel, dit Jung à ce propos, [apparaît comme] l'expression mimétique de la situation psychique.»

Dans une lettre récente, une femme me raconte un autre cas où la maladie apparaît comme l'expression directe d'un dilemme intérieur. «Pierre était entouré d'amour et de bonheur, dit-elle, mais il ne se passait pas un seul jour sans qu'il souffre amèrement des horreurs endurées par son peuple pendant l'holocauste.» Elle raconte:

«En juin 1985, Pierre subit une opération, qui dura quatorze heures, à laquelle aucun des médecins ne croyait qu'il survivrait. Ils étaient déjà effarés par le diagnostic, une énorme tumeur maligne au cœur. Après l'opération, Pierre souffrit le martyre pendant vingt mois et nous, nous passions notre temps à chercher de l'aide, des réponses à nos questions, un traitement. Nous nous demandions surtout comment un homme qui menait une vie aussi saine pouvait avoir un cancer. Et nous n'étions pas les seuls. Bien d'autres malades du cancer butent sur cette même question. Ce qui rendait le cas de Pierre assez inhabituel, c'était la localisation de sa tumeur. Notre quête nous amena à rencontrer des médecins versés dans l'étude des aspects psychologiques de la maladie [...].

« Alors, tout devint tragiquement clair. Il s'agissait d'une manifestation physique de l'holocauste. Le cancer de Pierre était l'expression de l'horreur dont il avait été le témoin et qu'il gardait vivace dans son cœur. Pierre ne pouvait ou ne voulait pas revenir sur son passé pour "s'en libérer", comme les thérapeutes le lui conseillaient. Il n'arrivait pas à traduire en mots sa rage et sa douleur subconscientes. Bien qu'il ait toujours été d'un naturel tolérant, il refusait avec véhémence de "pardonner au monde" d'avoir laissé se produire l'holocauste. »

Cette lettre pleine d'amour, de compréhension et de sagesse nous rappelle, une fois de plus, tout ce que la maladie peut apporter à celui qui en perçoit et qui en accepte la signification. Si, au lieu d'en accuser le hasard, nous comprenons la maladie comme une occasion de découvrir et de développer notre authenticité personnelle, nous guérirons spirituellement et parfois aussi physiologiquement. Comme le dit un de mes patients : « Il nous faut une guérison interne qui s'extériorise. »

L'une des descriptions de maladie les plus intéressantes que j'aie jamais lues m'a été envoyée par une femme atteinte de sclérose en plaques :

« Mes crises ressemblent à l'activité soudaine et imprévue d'un volcan endormi. Au début, il crache juste assez de fumée pour être agaçant. Dans ces moments-là, je ne me sens pas menacée. Mais quand la véritable irruption se produit, j'ai envie de fuir, de quitter l'île. Il n'y a nulle part où se cacher. Je dois rester et assister au lent écoulement de la lave brûlante dans mon corps. Je ne sais jamais dans quel recoin elle va aller, jusqu'où elle va monter, quels dégâts elle va provoquer. Je ne sais jamais si des fleurs pourront encore s'épanouir dans les endroits dévastés, ni si des arbres repousseront pour me protéger de la brûlure du soleil. Poussera-t-il encore des fruits sur cette terre aride, aurai-je quelque chose à offrir aux autres ? Ce flot de lave me terrifie. Je ne sais pas quelles zones protéger ni quand les protéger. Les brûlures sont si douloureuses et la cicatrisation si lente... Les pertes causées par ces brûlures peuvent être définitives. Mais quand la guérison s'amorce, c'est merveilleux. Au début, j'étais très déçue qu'en se cicatrisant les brûlures ne me ramènent pas à moi-même. J'enrageais de n'avoir aucun contrôle sur le flot de lave. En se réveillant, le volcan fait même fuir certains de mes amis. Mais, avec ceux qui restent, brûlures et apaisement sont partagés. Il faut vivre la douleur et la joie de la guérison ensemble pour se sentir vraiment bien à l'intérieur. »

Cette description fut pour son auteur la première étape d'un voyage à la découverte d'elle-même qui devait transformer sa vie. « Quand je mesure le bénéfice que j'ai retiré de ma maladie depuis huit ans, m'écrit-elle dans une lettre récente, je dois reconnaître qu'elle a été pour moi une bénédiction, car elle m'a permis et me permet encore d'accomplir le travail de mutation dont j'avais besoin pour

devenir moi-même. » Y a-t-il là l'ombre d'un sentiment de culpabilité ou d'échec ?

Autre exemple de description d'une maladie,
celle d'un homme qui vint me consulter dans un
état véritablement critique et me dit qu'il souffrait
d'une « indisposition ». « On peut mourir d'une
indisposition », lui rétorquai-je. Il se donnait un mal
fou pour faire croire à ses voisins et à ses collègues
qu'il n'était pas vraiment malade. Tous les matins, il
allait travailler, tous les soirs, il rentrait chez lui et
s'écroulait. Sa famille le nourrissait et le mettait au
lit pour qu'il puisse recommencer le même scénario
le lendemain. Ayant décidé de nier la réalité de son
mal et de faire semblant, il n'avait plus la moindre
disponibilité pour vivre et communiquer avec les
siens. Leurs efforts de mise en scène les épuisaient
tous. Je travaillai avec cet homme et réussis à le
convaincre de prendre le temps de rester chez lui,
avec ceux qu'il aimait, pour qu'ils puissent se
retrouver. L'expérience s'avéra bénéfique pour tout
le monde.

A ceux qui considèrent leur maladie comme un
blocage ou comme quelque chose qui veut s'empa-
rer de leur vie, je demande toujours ce qui les tire
en arrière, ce qui monopolise leur énergie. Une
femme me dit : « Mes tumeurs sont des parasites »,
et je découvre que sa mère s'accroche à elle. Un
homme décrit son mal comme une lumière incroyablement belle. « Trop belle pour qu'on veuille
l'éteindre », lui dis-je, ce qui l'oblige à voir combien
il est dépendant d'elle. Un autre qui parle de la
« prolifération » de sa maladie se sent envahi par sa
famille. La femme qui compare sa maladie à une
prison refuse tous les traitements que je lui propose
— l'opération, c'est trop douloureux, les radiations
vont la brûler, la chimio lui faire tomber les cheveux —, si bien que je finis par lui suggérer une
cure de légumes crus. « Je n'aime pas les légumes »,

me répond-elle, se refusant à tout choix puisqu'elle se sent en prison.

Toutefois, en vous servant des cinq questions pour réorienter votre vie, vous verrez que le vécu de votre maladie va changer. Ce que vous considériez comme un volcan, un parasite, une indisposition, peut vous apparaître comme un défi, une grâce, un signal d'éveil ou un grain de beauté, comme le diront certains malades au chapitre 6.

En attirant votre attention sur des sentiments ou des problèmes dont vous n'étiez peut-être pas conscients, la maladie peut constituer un premier pas vers le dépassement et la résolution de vos conflits intérieurs. C'est pourquoi je pense que les cinq questions sont importantes, et j'aimerais que les médecins en tiennent compte quand ils interrogent leurs patients. Mais, avec leur vision mécaniste de la maladie, mes confrères ne s'intéressent généralement qu'aux défaillances des mécanismes physiques parce que c'est tout ce qu'on leur a appris à faire.

Dans une enquête effectuée à l'université Ben-Gourion en Israël, le psychologue Dan Bar-On a interrogé quatre-vingt-neuf patients ayant eu une crise cardiaque et leurs médecins respectifs sur les causes de cette crise. Dans presque tous les cas, le médecin accusait des facteurs purement physiologiques comme l'obésité ou l'usage du tabac, tandis que les malades faisaient plus volontiers intervenir des éléments psychosociaux tels que des difficultés professionnelles. Les sujets qui comprenaient leur rôle dans le déclenchement de la crise — se disant par exemple « énervés » par des tensions professionnelles — envisageaient également de prendre des mesures pour modifier la situation et se rétablirent mieux que les autres. Mais, qu'ils se soient plus ou moins bien rétablis, les patients furent, dans l'ensemble, plus capables que les médecins de prédire leur degré de rétablissement, ce que Dan Bar-On attribue à leur meilleure compréhension des causes de la crise. Je suis du même avis et je vois dans cet exemple une raison supplémentaire de souhaiter que les médecins apprennent à comprendre la maladie comme les malades la comprennent. Demander une description de ce que ressent le patient constitue un pas dans cette direction.

Le langage des symboles

SYMPTÔMES ET SYMBOLES

Combien j'aurais aimé découvrir dès mes études de médecine que C.G. Jung posait déjà, il y a cinquante ans, des diagnostics à partir de rêves! Cela aurait probablement influé sur ma pratique médicale, m'empêchant de devenir un médecin mécaniste. Jamais je n'avais imaginé que la maladie puisse être symbolique ni qu'il soit possible de la comprendre ou de la diagnostiquer en interprétant des rêves.

Mais pourquoi, vous demandez-vous peut-être, pourquoi avons-nous besoin de la symbolique pour en saisir le sens? C'est une question que je me suis également posée. Ce serait si simple de recevoir, pendant notre sommeil, nos consignes de vie et de santé sous une forme non codée. Pourquoi le Créateur n'y a-t-il pas pensé? C'est ce que je Lui ai demandé au cours d'une de nos conversations privées. Le Créateur m'a répondu : « J'y ai pensé, Bernie, mais il y a tellement de langues sur terre que si j'avais voulu rédiger des messages "en clair" pour chaque peuple, la Création m'aurait demandé au moins un jour de plus. Alors j'ai inventé les symboles, qui sont universels. » Soyez attentifs à ces symboles, car ils nous parlent de notre âme. On peut parcourir le monde avec une boîte de crayons et communiquer avec les gens au moyen des symboles.

Ce que j'ai découvert était déjà connu depuis des milliers d'années. Les Grecs anciens élevaient à Esculape, le dieu des Guérisseurs, des temples où les malades venaient passer la nuit pour voir en rêve leur diagnostic ou même le remède dont ils avaient besoin. Hippocrate, que nous appelons le père de la médecine, Aristote, le grand philosophe rationaliste et même Galien, le dernier des grands médecins grecs, né sous notre ère, croyaient tous aux rêves, tant pour leur valeur de diagnostic que pour leur pouvoir de guérison. Et tous les respectaient comme des messages divins.

Russel A. Lockhart oppose l'attitude des anciens Grecs à notre approche actuelle et souligne ce que nous y avons perdu :

«La maladie avait pour finalité la souffrance, pour signification de forcer l'individu à prendre conscience de sa coupure avec les dieux, à sacrifier ses acquis présomptueux et à se remettre dans l'état d'esprit propre à la communication en se re-liant *(re-ligare)* grâce à une souffrance offerte aux dieux.

«L'homme moderne et sa médecine ont perdu la notion de l'importance et de la valeur de la maladie, mais aussi du rôle essentiel que jouent les rêves comme lien entre l'âme humaine et les pouvoirs qui la dépassent. Nous devons à Jung d'avoir redécouvert cette attitude religieuse envers le rêve mais aussi envers les maux de l'homme. "L'homme a besoin de ses difficultés, a-t-il dit, elles sont nécessaires à sa santé." Malheureusement, cette attitude n'a pas pénétré la pratique médicale, et le rêve n'est guère écouté dans les chapelles médicales. Le rêve n'est plus consulté pour l'établissement du diagnostic ni utilisé dans le traitement. Nous pouvons nous demander s'il y a encore place dans la culture moderne pour l'ancienne attitude théurgique envers la maladie, la souffrance, la guérison et le rôle central du rêve. »

Je répondrai oui à cette question en citant Meredith Sabini et Valerie Maffly, analystes jungiennes qui, comme Lockhart, travaillent essentiellement sur les rêves :

« Les patients, mais aussi les médecins doivent inventer [...] une attitude nouvelle qui tienne compte de ce paradoxe : la maladie contient les germes d'un processus de guérison. Ceux qui travaillent avec des cancéreux ont découvert que cette approche originale implique de se tourner vers le docteur interne, ou guérisseur archétypal, via les rêves et l'imagination active afin de voir quelle voie s'ouvre devant chaque patient. Cette attitude risque d'engendrer des conflits avec les approches médicales traditionnelles, mais elle semble néanmoins constituer la seule façon pour le moi isolé d'espérer retrouver ses "fondations" et pour l'homme seul de découvrir son moi. »

J'ajouterai simplement que cette approche me paraît potentiellement aussi valable pour le sida, les maladies neurologiques, l'arthrite, la sclérose en plaques, le lupus, les affections cardiaques, bref, pour toutes les maladies graves, qu'elle l'est pour le cancer. Comme l'affirmait Jung : « On ne peut pas dire que tout symptôme soit un défi ni que toute guérison s'opère dans un domaine intermédiaire entre psyché et physis. On peut seulement dire qu'il est recommandé d'envisager toute maladie dans son aspect psychologique aussi, parce que cela peut être extraordinairement important pour le processus de guérison.» C'est pourquoi, chaque fois que mes patients doivent prendre des décisions concernant leur traitement (ou tout autre domaine important de leur vie), je leur demande de décrire leur maladie, de dessiner les différents aspects de la situation et de me raconter leurs rêves.

JOYEUSES FÊTES DE MOELLE

J'ai devant moi une carte de vœux qui dit : «Passez de Joyeuses fêtes de Moelle. Cent mille milliards de mercis pour m'avoir aidée à me décider en faveur de cette greffe de la moelle épinière.» Mais ce n'est pas moi qui ai pris la décision, c'est l'inconscient de cette femme, Marie. Son histoire tient en quelques lettres, dont la première est datée de septembre 1986 :

> «Je souffre d'une lymphomatose ganglionnaire et j'ai besoin de savoir s'il faut que j'accepte une greffe de la moelle épinière — qui a 50 à 65 p.100 de chances de me sauver mais qui peut aussi me tuer en cas d'infection — ou si je dois choisir la voie de la "rémission spontanée" pour laquelle je suis prête à me battre. Ma troisième possibilité serait de retarder la greffe jusqu'à une éventuelle rechute.»

C'est en 1983 que l'on avait découvert chez Marie, alors enceinte de son troisième enfant, un lymphome. Les médecins prévoyaient une évolution lente, mais, quand elle accoucha, par césarienne, on s'aperçut que la tumeur pesait déjà plus de 700 grammes et s'était fixée sur l'ovaire. Les analyses montrèrent qu'elle était maligne, et les médecins recommandèrent un traitement chimiothérapique très agressif qui avait « entre 40 et 50 p. 100 de chances de réussite ». Marie lut le livre des Simonton, *Guérir envers et contre tout*, fit de la relaxation, de la visualisation et porta tous ses efforts sur l'acceptation de son traitement et l'harmonisation de sa vie. Le résultat parut prometteur : si le scanner effectué après sa chimiothérapie était décevant, la technique exploratrice permit de constater que la tumeur avait disparu.

Cette rémission apparente dura presque deux ans, au cours desquels, du propre aveu de Marie, elle négligea ses propres besoins pour s'occuper de ses trois enfants et perdit plusieurs personnes proches (à cause de cancers). En juillet 1986, on lui découvrit un nouveau nodule au cou, et on lui proposa une greffe de la moelle épinière par une méthode expérimentale extrêmement risquée qui se pratiquait au Dana Farber Cancer Institute. La procédure consistait à ponctionner la moelle épinière de la patiente, à la traiter à l'aide d'anticorps monoclonaux et à la réinjecter par voie intraveineuse. « Et le corps est tellement malin, écrit Marie, qu'il sait exactement où envoyer ces cellules. » Mais, en tant qu'infirmière, elle comprenait et redoutait les risques d'une telle intervention.

Pour prendre sa décision, il fallait qu'elle tienne compte non seulement des risques mais aussi des inconvénients que l'opération représentait pour sa famille. Après la greffe, elle devait rester cinq ou six semaines en isolement à l'hôpital :

« [...] il faudra me faire des tas de transfusions parce que, d'après mon médecin, je serai littéralement vidée de mon sang et vulnérable à toutes les infections, connues ou inconnues [...]. Après ces six semaines d'isolation, je devrai rester encore six semaines à proximité de Boston pour continuer les transfusions à l'hôpital.

« Quand je n'en serai plus qu'à une transfusion par semaine, je pourrai rentrer chez moi, mais si l'un de mes enfants tombe malade, je devrai quitter la maison. Il faudra donc que quelqu'un d'autre s'occupe d'eux.

« J'adore mes gosses, docteur Siegel. Je veux être là quand ils seront étudiants et je veux voir naître mes petits-enfants. Les médecins me disent que, dans la mesure où cette maladie s'est déclarée après ma chimio, il n'existe pour moi aucun autre traitement.

« Je m'y résoudrai s'il le faut, mais le problème, ce sont toutes ces cellules saines qui vont être détruites, y compris dans mes yeux. Et je ne me sens vraiment pas malade. Je n'ai pas de fièvre, je ne transpire pas la nuit.

« Ce qui me terrifie, c'est l'idée d'attraper quelque chose là-bas, à Boston, et de mourir toute seule dans une chambre d'hôpital en novembre 1986 [...]. Une partie de moi-même (mon esprit rationnel) me dit que c'est peut-être une grâce divine d'avoir les cellules B nécessaires à ce genre de greffe et que les médecins m'offrent là un vrai espoir de guérison.

« Mais d'un autre côté je n'arrive pas à croire que je suis malade et j'ai l'impression qu'on veut tuer une mouche à coups de canon. Je me demande si, avec un cocktail harmonieux d'exercice, de vitamine C et de méditation, associé à un régime alimentaire strict et à une vie aussi calme que possible, je n'arriverais pas à me guérir toute seule [...]. En plus, je serais entourée de la tendresse de mes enfants et de mon mari.

« Le plus important c'est qu'en ce moment je me sens bien, en bonne santé, et que j'ai l'intention de le rester, d'une manière ou d'une autre. »

Je lui répondis en lui demandant de me raconter tous les rêves qu'elle pourrait faire. Elle m'en envoya un dont nous étudiâmes ensemble le symbolisme, ce qui lui permit de prendre une décision sans conflit. Voici la description qu'elle m'en fit :

« J'étais avec mon mari et mes enfants dans un hôtel de San Antonio, une tour immense, et j'avais envie d'y rester. Apparemment, nous étions en vacances. Alors, plutôt que de rentrer pour ma chimio, j'allais frapper à plusieurs portes de l'hôtel, et trois personnes me disaient : "Allez voir le docteur Bonelund." Deux étaient des homosexuels, la troisième, une femme.

« [...] Dans l'autre partie du rêve dont je ne vous ai pas parlé, écrivit-elle plus tard, la femme qui occupait la chambre voisine de la mienne était une amie dont la fille s'appelle Dana. »

Pour analyser ce rêve, nous avons procédé par étapes. Je lui ai d'abord demandé pourquoi il se passait à San Antonio. La ville elle-même ne lui évoquait rien, mais saint Antoine, oui. C'est le patron des objets perdus et elle cherchait une réponse. Ensuite, on lui avait recommandé un certain docteur Bonelund : *bone* veut dire « os » et *lund*, « terre » ou « moelle ». Je crois que les deux homosexuels étaient associés dans son esprit (à cause du sida) au système immunitaire, la femme représentait Marie elle-même, et tous trois lui conseillaient le docteur « Os-Moelle ». « Vous savez maintenant que vous devez accepter cette greffe », lui dis-je. Mais où ? L'amie qui occupait la chambre voisine avait une fille prénommée Dana, cela évoquait sans doute le Dana Farber Cancer Institute de Boston. Son rêve disait donc à Marie d'aller à Boston et d'y subir une greffe de la moelle épinière. La seule chose qui restait inexpliquée, c'était la taille de l'hôtel, mais, plus tard, Marie me téléphona depuis l'hôpital où elle venait d'entrer pour me dire qu'on l'avait installée au douzième étage.

Le symbolisme et les coïncidences ne s'arrêtent pas là. En fait, l'histoire de Marie donne un sens nouveau à ma conviction que le hasard n'est qu'un truc de Dieu pour rester anonyme. Quelques mois après ce travail sur le rêve de Marie, nous revenions, ma femme Bobbie et moi, d'un stage en province et en reprenant notre voiture sur le parking de l'aéroport, nous trouvâmes un petit mot glissé sous l'essuie-glace. Ma voiture est immatriculée ECAPMD (par référence aux groupes ECAP que nous avons fondés et à ma qualité de MD, docteur en médecine), et le message disait : « Est-ce bien la voiture de Bernie Siegel ? Je l'espère. Je voulais simplement vous remercier pour la sérénité que vous et votre groupe nous avez apportée. Ma sœur va bientôt subir une greffe de la moelle épinière au Dana Farber Institute, et toute la famille s'est préparée en écoutant vos cassettes de méditation et d'autoguérison. Nous vous aimons. *P.-S.* C'est en venant accompagner un ami à l'aéroport que j'ai remarqué votre voiture. »

La voiture était donc juste au bon endroit, au bon moment pour que nous recevions des nouvelles de Marie. Quand on commence à croire aux signes, aux messages, on en reçoit de plus en plus. L'an dernier, je courais le marathon de New York. Je n'étais pas sûr d'arriver au bout, mais il me semblait qu'un signe allait me guider, une pièce de monnaie, peut-être. Toujours est-il que, sur la ligne de départ où nous étions vingt-trois mille, je regarde à mes pieds et trouve effectivement une petite pièce. C'est tout ce qu'il me fallait. Je me mets à courir et, environ dix kilomètres plus loin, je vois à nouveau une piécette briller devant moi. N'osant pas m'arrêter de peur de me faire renverser, je me dirige vers le trottoir et, au moment où je me baisse pour ramasser mon trésor, un passant dit à un autre : « Il doit être vraiment fauché, ce type ! »

Pièces de monnaie dans des endroits inattendus, portes d'ascenseur qui s'ouvrent toutes seules, pneus crevés, tout peut être un message. C'est ce que j'appelle les « pannes spirituelles », à cause d'une anecdote que je vais vous raconter. Nous étions à Keystone, dans le Colorado, Bobbie et moi, et nous devions prendre l'avion à Denver pour rentrer chez nous. Dès le matin, tout alla de travers. Le portier de l'hôtel nous réveilla en retard. Je me trompai de direction et nous nous égarâmes dans la montagne. Je fus obligé d'arrêter un automobiliste pour lui demander mon chemin, nous trouvâmes enfin l'autoroute et là, crévaison.

Je change la roue, la jette dans le coffre et reprends la route. Nous étions donc non seulement en retard mais sales et énervés. Arrivés à l'aéroport, nous nous précipitons vers la porte d'embarquement, mais elle venait de fermer. Notre avion était manqué. Assez abattus, nous nous dirigeons vers la sortie quand une certaine agitation se produit dans le public. L'avion venait de s'écraser. Nous avons regagné le parking, ouvert le coffre de la voiture et embrassé avec émotion le pneu crevé qui nous avait sauvé la vie. Il est maintenant plaqué or et suspendu au-dessus de la cheminée de notre salon. (Seule la première partie de ce récit est véridique, mais le reste vous aura, je l'espère, convaincus.)

Soyez toujours ouvert, attentif, pour recevoir ces messages qui vous sont destinés. Ils vous aideront à rester en prise avec le plan général de l'univers au lieu de vous accrocher à vos propres projets qui répondent souvent à des questions telles que : « Vais-je arriver à l'heure ? Suis-je présentable ? Que vont penser les gens ? » Ils vous amèneront à vous poser les *vraies* questions : « Comment vais-je vivre et comprendre ce moment ? » Les maladies peuvent être de ces «pannes spirituelles». Elles bouleversent notre quotidien, se présentant parfois comme de véritables catastrophes, mais finissent par réorienter notre vie d'une façon plus signifiante. Sachons donc rester en contact avec la partie intuitive, vigilante de notre inconscient.

Peu après le billet déposé sur le pare-brise de ma voiture, je reçus de Marie une lettre qui faisait état d'autres coïncidences paraissant confirmer la justesse de sa décision :

«Il y a neuf jours aujourd'hui que j'ai subi ma greffe de la moelle épinière. Tout va bien et je voulais vous remercier mille fois encore. Je n'ai plus peur. Mon moral est excellent et je récupère à la vitesse grand V. Mon médecin est satisfait et moi, enchantée. Mais il faut que je vous raconte une chose qui va vous plaire, j'en suis sûre. Le chirurgien m'a parlé de cette greffe comme d'une véritable re-naissance, or elle a eu lieu le 11 décembre à 6 heures, jour de mon anniversaire. Avec moi, il y avait le chirurgien et une infirmière, que je ne connaissais pas et que je n'ai jamais revue, qui s'appelait Maura, *comme ma mère* ! J'ai trouvé ça vraiment extraordinaire que nous soyons là, le docteur, mon infirmière-mère-Maura et moi, tout comme en 1953 lors de ma naissance. Après la transfusion, j'ai été prise de tremblements, comme cela arrive souvent en pareil cas, et Maura m'a enveloppée, frictionnée et réchauffée avec une couverture. Je suis certaine d'avoir fait ce qu'il fallait.»

Avec tant de signes, comment aurait-elle pu se tromper ? J'ai rencontré Marie tout récemment, à un colloque. Comme je finissais de raconter son histoire, elle s'est levée et a dit : «C'est moi!» Elle se porte à merveille, preuve qu'au fond de lui-même chacun sait ce qu'il lui faut et comment guérir ; si toutefois il a la sagesse de s'écouter.

RÊVES ET SYMBOLES

Les rêves annoncent parfois la maladie bien avant les premiers symptômes. Marc Barasch, journaliste et éditeur, raconte qu'un matin il a fait un rêve horrible où des bourreaux lui brûlaient la gorge avec des charbons ardents. «Je sentais très nettement la brûlure pénétrer mon cou et je me suis mis à pousser un cri de désespoir rauque, violent et animal, tandis que les tisons me dévoraient le larynx.» Réveillé, il luttait pour échapper à l'horreur de ce rêve quand le téléphone sonna. C'était son amie qui l'appelait du Colorado parce qu'elle venait de faire un cauchemar où ils étaient couchés ensemble dans un lit plein de sang. «Qu'est-ce que cela peut bien vouloir dire ? lui demanda-t-elle. — Cela veut dire que j'ai un cancer, répondit-il, un cancer qui se développe dans ma gorge.» Ce diagnostic devait être confirmé quelques mois plus tard.

Comme il commençait à avoir des symptômes, Barasch alla consulter un médecin. Celui-ci se montra sceptique : «Vous n'avez même pas de ganglions enflés, et votre formule sanguine est normale. Ce n'est sûrement rien de grave.» Barasch lui raconta alors un autre rêve où des médecins faisaient cercle autour de lui et enfonçaient de longues aiguilles dans ce qu'ils appelaient son «cerveau du cou». Cette image pouvait-elle évoquer un organe réel ? Mais le médecin estimait probablement avoir affaire à un hypocondriaque d'un genre un peu spécial, et c'est sans conviction qu'il lui prescrivit un check-up complet. A l'occasion de ces examens, on découvrit une anomalie, et le médecin dit à Barasch

88

qu'il fallait lui faire un scanner. « De quoi ? demanda celui-ci. — De la glande thyroïde, répondit en souriant le médecin, "le cerveau du cou." »

Par la suite, Barasch fit des rêves qui suggéraient des méthodes de traitement alternatives mais, dans le doute, préféra suivre les conseils de son médecin et se faire opérer. J'ai connu beaucoup de gens, par contre, qui se sont décidés pour le type de traitement évoqué dans leurs rêves.

Il y a quelques années, j'ai rencontré un homme qui venait d'apprendre qu'il était leucémique et je lui ai posé des questions sur ses rêves. Trois d'entre eux me parurent signifiants. Dans le premier, il se baignait tranquillement quand une grue laissait tomber un énorme camion sur lui. Il avait juste le temps de plonger pour l'éviter. J'en ai déduit qu'il guérirait et je le lui ai dit. Les deux autres rêves concernaient son frère. Dans l'un, il le sortait du cratère d'un volcan, dans l'autre, il tendait les bras pour le recevoir au moment où le rêveur tombait par la fenêtre du haut d'un immeuble. Je lui dis qu'à mon avis son frère serait le donneur le plus compatible et qu'une greffe de la moelle épinière lui sauverait la vie. Par la suite, les spécialistes d'un institut renommé lui conseillèrent cette greffe et suggérèrent sa sœur comme donneur, mais il leur dit que son frère serait sans doute plus compatible. Cela se révéla exact, évidemment, et en octobre il était admis à l'hôpital pour subir cette greffe. Je suis certain que l'opération a parfaitement réussi.

L'interprétation des rêves peut donner des informations non seulement sur les aspects physiques de la maladie mais également sur ses composantes psychologiques. La psychologue Meredith Sabini a étudié soixante rêves de malades, recueillis auprès de ses propres patients, de ceux de collègues ou dans des publications médicales. Elle dit, dans la conclusion de l'un de ses articles :

« Quand j'ai commencé à étudier les rêves de malades, j'ai été frappée par ce qu'ils révélaient, car la maladie y apparaissait dans bien des cas comme faisant partie d'un processus plus vaste mettant en jeu les données essentielles de la vie des rêveurs. Même une maladie considérée comme organique — la sclérose en plaques — était associée avec la répression ; le cancer était vu comme une "invention", une projection sur le corps de problèmes négligés depuis trop longtemps ; la crise cardiaque était rapprochée (dans un rêve non cité ici) d'un suicide par arme à feu. Des symptômes simples, ordinaires, tels que la sinusite ou le mal de reins s'avéraient n'être qu'un petit morceau d'iceberg, la partie visible de problèmes intérieurs fantastiquement complexes. »

Sabini et d'autres analystes qui se sont plus particulièrement penchés sur la question des rêves s'accordent à penser que ces derniers, comme les symptômes physiques, sont souvent un commentaire sur les blessures psychologiques qui affectent le rêveur. Je vois là un double discours : si les symptômes organiques n'attirent pas suffisamment l'attention sur les problèmes profonds, les rêves y parviendront peut-être. Comme l'a dit Jung, « il n'est pas rare que les rêves trahissent une combinaison symbolique, intime et singulière, entre une maladie physique indéniable et un problème psychique donné », dans la mesure où nous savons utiliser ces rêves pour éclairer cette combinaison.

L'interprétation des rêves peut être d'une incroyable complexité. Si vous deviez lire la description faite par Jung du processus intellectuel qui a été le sien, il y a un demi-siècle, pour arriver au diagnostic évoqué plus haut, vous abandonneriez probablement, en souhaitant que Dieu ait choisi de nous parler en clair. Mais bien des rêves s'expliquent sans le talent d'un Jung, et la plupart des rêveurs n'ont pas besoin d'un professionnel pour interpréter leurs symboles. Comme le dit la psychologue Ann Faraday, spécialiste du rêve, dans un de ses livres, *The Dream Game* :

« Le langage symbolique semble bien être le mode d'articulation le plus efficace d'une large variété de sensations [...]. Poètes, dramaturges, cinéastes et artistes l'ont toujours utilisé. A bien des égards, le rêve est semblable à un film qui projette dans l'espace mental du dormeur une série d'images et véhicule son message par le biais d'une imagerie visuelle et d'associations d'idées [...].

« L'élaboration d'images et d'associations d'idées visuelles est probablement le plus primitif des modes de pensée. Il remonte à l'aube de l'humanité, quand le pouvoir du discours commençait tout juste à s'affirmer et quand la pensée abstraite n'existait pas encore. Il est probable que l'homme préhistorique regardant sa femme entrer dans la caverne *voyait* effectivement en elle une louve ou une biche bien avant de concevoir l'idée qu'elle était *comme* un animal — forme de pensée qui peut manquer d'acuité scientifique mais qui possède une remarquable immédiateté émotionnelle. Nous y avons d'ailleurs toujours recours dès qu'il s'agit d'exprimer des sentiments [...]. Car l'essentiel de notre langage se compose d'images traduites en métaphores verbales. "Le loup dans la bergerie", "nager en eau trouble", "rater le coche", "se mouiller", "grimper aux murs" et une infinité de tournures de phrases comparables [...]. C'est pourquoi, quand l'esprit s'exprime en images cinématographiques, éludant les "comme si" et montrant le rêveur engagé sur un pont ou une route quand il doit prendre une décision importante, littéralement dévoré quand il se sent "bouffé" par un aspect de sa vie, il fait appel au plus fondamental des langages, celui qui est partagé par l'ensemble des hommes et des femmes de tout âge et de toutes races.»

C'est ce même langage qui, selon les termes d'Aldous Huxley, nous montre «pendant quelques heures éternelles le monde du dehors et celui du dedans non comme ils apparaissent à un animal obsédé par les mots et les concepts mais comme ils sont appréhendés directement et inconditionnellement par l'Esprit libéré». Proche de nous dans l'enfance, ce mode d'expression nous échappe ensuite à mesure que notre obsession pour les «mots» et les «concepts» altère le langage symbolique. Mais, comme n'importe quelle autre langue, il peut être réappris. Pour retrouver le contact avec son inconscient, il n'y a pas de meilleure méthode que de noter ses rêves par écrit. Ayez toujours auprès de votre lit un carnet et un stylo pour être en mesure de le faire avant que le souvenir du rêve ne s'efface. Cette technique convaincra peut-être aussi ceux d'entre vous qui croient ne pas rêver qu'ils rêvent effectivement.

Tout le monde rêve. Dès l'instant où vous commencez à noter systématiquement vos rêves, vous signalez à votre fonction onirique que les «portes de la perception», comme les appelle Aldous Huxley, sont ouvertes, et vos rêves parviennent de plus en plus souvent à la conscience. Quand j'ai commencé à pratiquer la méditation et, en un sens, à délivrer mes symboles profonds, j'ai rêvé d'un jeune homme qui s'avançait vers moi en souriant et qui me disait: «Merci de nous avoir libérés», avant de s'en retourner. Et j'ai su qu'il me remerciait d'avoir permis à cette partie de moi-même de monter à la surface à ce moment-là. J'avais ouvert les portes du cabinet noir de mon inconscient.

Maintenant, je me sers de mes rêves pour résoudre toutes sortes de problèmes, pratiques ou philosophiques. Au moment où j'avais des douleurs dans la nuque, un rêve m'a suggéré de lire *Le Voyage à Ixtlan* de Carlos Castaneda. Au cours du récit, Don Juan dit à Castaneda d'utiliser un sac à dos plutôt que de porter ses affaires à la main, et le message s'appliquait également à moi qui trimbalais sans arrêt une mallette pleine de livres, de papiers, de cassettes, ce dont mon cou et mon dos commençaient à pâtir.

Dans un autre rêve, j'étais en Californie et je transportais sous mon bras un sapin à la fois énorme et très léger. Etait-ce l'indice que je devais partir m'installer en Californie ? Tom Laughlin me fit remarquer que l'arbre était déraciné et que l'image s'appliquait sans doute à tous les voyages que nous faisions à ce moment-là, Bobbie et moi. Le fait que l'arbre soit déraciné mais facile à porter me fit comprendre que ces voyages étaient bien ce que je devais faire à ce stade de ma vie au lieu de planter de nouvelles racines.

Mes rêves récents se réfèrent tous à l'activité incessante qui a été la mienne depuis la parution de *L'amour, la médecine et les miracles* — conférences à travers tout le pays, organisation de stages, réponses aux milliers de lettres que j'ai reçues, sans compter mon travail de chirurgien. Dans l'un de ces rêves, il ne restait qu'une place sur un parking où il fallait garer une remorque, et personne ne voulait le faire car la place était minuscule. Mais je sautais sur le siège du camion en disant « je m'en charge ! », je reculais et emboutissais les autres camions. J'en déduisis qu'on n'arrive pas toujours à tout caser, dans un emploi du temps, par exemple. Dans un autre rêve, je roulais sur des routes glissantes pour essayer d'échapper à tous les gens qui me suivaient. Je ne me sentais pas menacé, simplement fatigué d'être suivi. En me réveillant, je me dis qu'effectivement j'étais très demandé, très sollicité.

Le dernier rêve dont je veux vous parler me conseillait de lire *Le Dit du vieux marin*. Quand j'arrivai dans une librairie pour acheter ce livre, il était présenté en bonne place sur un comptoir. Je le pris, l'ouvris au hasard et lus : «Il prie mieux/ Celui qui mieux aime/ toutes choses petites et grandes ; / Car le Dieu bon qui nous aime/ nous a tous créés et tous aimés.» Le message m'était destiné et me disait que celui qui décide d'aimer doit aimer tout le monde, sans exception.

Si vous désirez vous documenter sur les rêves et leur interprétation, le livre de Stephen LaBerge, *Lucid Dreaming*, vous apprendra à participer activement... et constructivement — «lucidement» — à votre vie onirique. Pour l'interprétation de vos rêves, je vous recommande *The Dream Game*, d'Ann Faraday. Autre référence intéressante, *Creative Dreaming*, de Patricia Garfield. Mais celui qui me paraît essentiel c'est *La Voie du rêve*, de Marie-Louise von Franz et Fraser Boa, qui constitue une excellente introduction à l'approche jungienne. Le titre du livre d'Eugene Gendlin, *Let Your Body Interpret Your Dreams*, décrit bien la technique qui est la sienne. «La pierre angulaire de la méthode, écrit-il, c'est votre expérience physique de quelque chose qui s'épanouit en vous... un changement ressenti de l'intérieur*.»

---

* Ces ouvrages ne sont actuellement pas disponibles en français. A défaut, nous pouvons vous recommander : *Rêver pour renaître*, de Georges Roney, éd. Robert Laffont coll. «Réponses», Paris, 1982. *La Symbologie du rêve*, de Jacques de La Rochetterie, Imago, 1986. *Le Rêve*, d'Ernest Aeppli, Petite Bibliothèque Payot, Paris, 1970.

Je voudrais aussi vous recommander la plus grande bienveillance dans vos rapports avec le monde de vos images intérieures. Les rêves ne parlent jamais dans un esprit répressif ou moralisateur, ils sont là pour vous aider. Si vous croyez y déceler un jugement négatif, tâchez de faire taire votre voix consciente pour n'entendre que votre voix intérieure. La même précaution s'applique aux cauchemars, en particulier les rêves de mort ou de menace de mort. Ne vous hâtez pas de leur donner un sens. Bien que certaines personnes aient effectivement des rêves prémonitoires (il m'arrive d'ailleurs de remettre une opération si mon patient en a eu un), je pense qu'il ne faut pas prendre ce genre d'images au pied de la lettre. La mort peut signifier une foule de choses en dehors du décès, que ce soit le vôtre ou celui de vos proches. Comme l'explique Ann Faraday :

« Normalement, la mort est, pour l'esprit du rêveur, une métaphore exprimant le fait qu'un sentiment nous liant à quelqu'un ou liant quelqu'un à nous est mort, ou que nous avons laissé mourir quelque chose en nous [...]. Le rêve de mort le plus intéressant est celui qui met en scène notre propre mort, car il indique la mort d'une image de nous-mêmes devenue caduque, précédant notre renaissance à un stade supérieur de la conscience, ou même l'accession à l'authenticité de l'être. »

Vous êtes peut-être particulièrement enclin à faire ce genre de rêve si, étant malade, vous vous êtes engagé sur la voie de l'exploration intérieure. D'après l'expérience que j'en ai, cet espace intérieur que vous découvrez n'est ni hostile ni dangereux. Toutes les histoires racontées par mes patients ou mes correspondants indiquent que l'« intelligence aimante de l'énergie » qui nous guide de l'intérieur est exactement ce qu'indique son nom : aimante.

Un psychologue m'a écrit, à propos d'une de ses patientes, que des guides intérieurs avaient aidée à guérir d'une leucémie et d'un cancer du poumon :

« Ma patiente et moi avons entrepris un processus de communication interne avec ses maladies, et elles ont répondu, nous donnant certaines instructions. Au début, les messages de ces "sources intérieures" nous parvenaient par signaux kinesthésiques, en réponse à nos questions. Puis la communication s'est installée sur un mode plus direct, par le biais de ce que nous prîmes d'abord pour des rêves. Maintenant, ma patiente arrive à décaler momentanément son niveau de conscience et à recevoir messages ou instructions directement d'une sorte de "guide" ou "source d'énergie". Et nous y obéissons, dans la mesure où nous comprenons les messages. »

Retraçant l'histoire de cette communication, il explique :

« Il y a trois mois, nous avons conclu un accord avec une certaine "structure interne" pour éliminer ses tumeurs. "Elle" a dit que ce serait fait en cinq jours. Ma patiente fut examinée à l'hôpital à la fin de ce délai, et ses tumeurs avaient bel et bien disparu. Le mois dernier, nous nous sommes arrangés avec le "système immunitaire" pour que soit effectuée une reconnaissance du côlon. Nous avons également passé un accord avec le "système leucémique" pour qu'il cesse de produire des globules blancs cancéreux. Ces deux "systèmes internes" étant coordonnés, le "système immunitaire" a répondu que l'infection du côlon serait nettoyée en trente jours et que la formule

96

sanguine serait normale trente jours plus tard. Nous avons pris rendez-vous pour des examens le trente et unième jour [...]. Son côlon est aujourd'hui propre, et elle avait cette infection depuis 1979. Ses analyses de sang sont normales, pour la première fois de sa vie, normales, sans aucune trace de leucémie [...].

« Ensuite, on lui a fait une ponction lombaire. L'échantillon de moelle révèle qu'elle est *encore* leucémique, alors que son sang dit le contraire. Notre prochaine démarche sera bien sûr de contacter le système cérébro-spinal et de demander un changement à ce niveau [...]. »

Quatre mois plus tard, je recevais la relation des derniers événements :

« L'une de nos "instructions" récentes demandait que ma patiente soit examinée par son médecin traitant — analyses de sang, de la moelle épinière, radio du côlon, etc.

« Le médecin fut très embarrassé par les résultats :

« 1. Elle ne présente plus aucun signe de maladie, ni cancer ni leucémie, dans son corps physique. 2. Son corps ne garde aucune trace de ces deux maladies. C'est cela surtout, je crois, qui embarrasse le médecin.

« Alors voilà, Bernie. Son docteur ne sait que penser. Il l'aime beaucoup et craint qu'elle ne se soit égarée en territoire dangereux et qu'elle ne soit menacée par ce qui a provoqué cet état de choses. Il refuse de me rencontrer, et je crois qu'il est inquiet et furieux.

« Moi aussi, j'ai eu peur d'aller lui parler (à lui ou à qui que ce soit, d'ailleurs) de ce que nous faisons [...]. Il me semble évident que ces "guides", tout en étant une forme d'énergie intérieure de l'individu, se situent au-delà de lui..., bien au-delà, dans des êtres spirituels, peut-être. »

Je sais que ce genre de phénomène se produit parfois, même si la médecine refuse de l'admettre ou s'insurge contre les résultats obtenus. Récemment, un médecin m'a écrit pour me raconter comment il s'est débarrassé d'un cancer généralisé. Il ajoute que ses collègues se sont montrés tellement incrédules, comme s'il essayait de les «bluffer», qu'il prétend maintenant s'être guéri en mangeant des tiges de céleri. Cela suscite moins de remous !

Je sais que nos maladies peuvent nous parler. Si nous ouvrons les «portes de la perception», nous serons sans doute surpris par ce qui va y passer, mais je ne crois pas que nous devions avoir peur.

LES DESSINS COMME SYMBOLES

Les dessins permettent également d'ouvrir une porte sur notre moi intime. Outre les cinq questions mentionnées plus haut, je demande toujours à mes patients de dessiner, en leur donnant les instructions suivantes :

1. Sur une feuille de papier blanc posée verticalement, vous dessinerez : vous-même, votre traitement, votre maladie et vos globules blancs en train de combattre la maladie. Servez-vous de toutes les couleurs de l'arc-en-ciel plus le marron, le noir et le blanc.

2. Sur une autre feuille, posée horizontalement, dessinez un paysage ou un souvenir, toujours en couleurs.

3. Vous pouvez également représenter votre maison, les membres de votre famille ou toute autre image qui vous semble intéressante ou importante. Si vous êtes en train d'affronter des conflits ou des

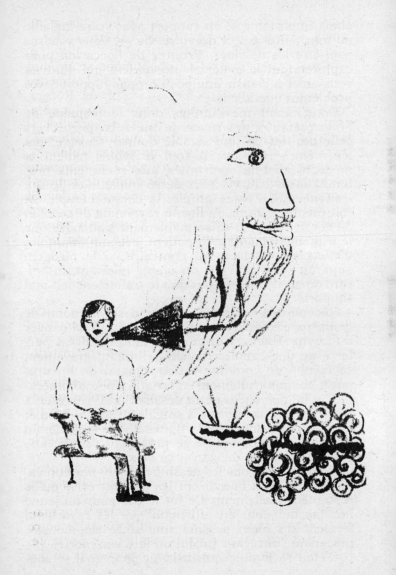

choix importants — en rapport avec votre maladie ou tout autre aspect de votre vie —, vous voudrez peut-être lés dessiner. Profitez de l'occasion pour explorer tout le matériel inconscient qui pourrait vous aider à choisir une position par rapport à vos problèmes quotidiens.

Connaissant mes limites dans le domaine de l'interprétation des rêves, je me suis tourné vers celle des dessins, qui semble donner sensiblement les mêmes résultats. A tout le moins patient et médecin sont-ils confrontés aux sentiments profonds du patient vis-à-vis de sa maladie et de son traitement. Si, par exemple, la chimiothérapie est représentée comme un flacon rayonnant de soleil et d'énergie, on peut raisonnablement s'attendre que le traitement guérisse le patient, avec un minimum d'effets secondaires. Au contraire, si le médecin apparaît sous les traits du diable injectant un poison, on ne s'étonnera pas que le traitement soit mal supporté.

Récemment, un jeune médecin sur le point de démarrer sa carrière se trouva atteint d'un cancer du larynx. Une laryngectomie l'aurait obligé à parler avec une canule trachéale, limitant gravement sa faculté de communication. Quand on lui proposa, comme traitement alternatif, une radiothérapie, je lui demandai de la dessiner, et il représenta le générateur de rayons X sous les traits de Dieu et les rayons émanant de la figure divine (voir dessin p. 99). La radiothérapie se présentait comme une chance inespérée de sauver sa voix.

Il arrive aussi que les dessins révèlent une contradiction entre ce que disent les patients et ce qu'ils ressentent réellement. Ce fut le cas pour un jeune homme qui, tout en affirmant que les rayons lui feraient du bien, dessina une sorte de monstre mécanique dirigeant sur lui un faisceau mortel.

C'était sa famille qui insistait pour qu'il se sou-

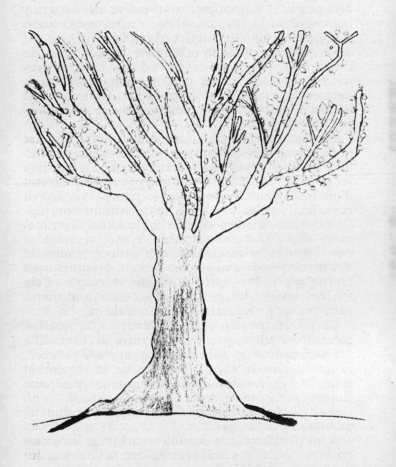

mette à ce traitement, mais son refus était si profond qu'il en arrivait à vomir à la seule vue d'un feu rouge parce qu'il lui rappelait la lumière témoin du générateur. Le problème sous-jacent de ce jeune homme était la responsabilité. En lui confisquant son pouvoir de décision, sa famille le privait du droit de disposer de sa propre vie. A la lumière de cette interprétation du dessin et de son contenu profondément négatif, ses parents comprirent qu'ils devaient lui laisser le choix de son traitement. Il décida d'interrompre la radiothérapie et accepta de se faire opérer.

Le dessin peut donc constituer un outil précieux pour déterminer les facteurs psychologiques impliqués dans le traitement. Il arrive aussi qu'à l'inverse les dessins révèlent une attitude positive à l'endroit d'un traitement redouté par le patient au niveau conscient, et cela peut être très rassurant pour lui. Comme je suis persuadé que l'efficacité d'un traitement donné est subordonnée à son acceptation consciente et inconsciente par le patient, je me sers des dessins pour amener tout conflit éventuel à un niveau où il peut être envisagé et résolu. Cela amène souvent les patients à accepter une thérapeutique qu'ils refusaient de prime abord.

Ce fut le cas d'une jeune femme qui vint me consulter avant de prendre une grave décision. Elle avait un cancer du sein, détecté à un stade précoce, et devait choisir entre l'ablation de la tumeur et celle du sein. A cause de ses antécédents familiaux, sa mère et sa sœur ayant eu le même cancer, on lui conseillait la mastectomie, alors que son état ne paraissait pas l'exiger.

A ma demande, elle dessina un arbre, et je remarquai que toutes ses branches étaient taillées à angle droit (voir p. 101). Son inconscient lui disait que, pour la santé de l'Arbre de vie, il fallait parfois élaguer, et que la mastectomie serait le traitement

approprié à son cas. Une fois ce message parvenu à sa conscience, grâce à ce dessin et à d'autres, faits par elle et sa famille, elle put considérer l'ablation de son sein comme un bienfait et non comme une mutilation. Après l'opération, dans la salle de réveil, elle me prit dans ses bras et me dit : « Je vous aime, merci de m'avoir guérie », ce qui me fit énormément de bien en m'aidant à voir que l'amputation que je venais de pratiquer était vécue comme un don.

Les dessins peuvent aussi être utiles dans la détermination de diagnostics et de pronostics. Le docteur Caroline Bedell Thomas, dont les recherches (nous en reparlerons au chapitre 5) se sont orientées vers les rapports entre personnalité et maladie, a montré que les autoportraits faits par des sujets dans leur jeunesse pouvaient prédire différentes maladies, physiques et mentales, y compris des maladies de cœur et le suicide, mais aussi, à sa grande surprise, le cancer. J'ai moi-même souvent été amené à me servir de dessins pour établir un diagnostic.

Un jour, on m'amena en consultation une petite fille dont les ganglions lymphatiques du cou et de la mâchoire étaient enflés. Ses parents étaient très inquiets parce que, des deux côtés de la famille, il y avait des cas de lymphome. Je donnai à l'enfant de quoi dessiner pour l'aider à exprimer les craintes qu'elle pouvait ressentir par rapport à l'hôpital et aux examens qu'on allait lui faire. Elle se dessina elle-même et dessina son chat avec des griffes exagérément longues (voir p. 103). En considérant ces dessins, je me demandai pourquoi le chat prenait une telle importance dans un moment où elle souffrait, et il m'apparut soudain comme une évidence qu'elle avait la maladie des griffes de chat. Des examens confirmèrent ce diagnostic, tandis que le diagnostic lui-même confirmait une fois de plus que notre corps sait se faire comprendre.

J'ai bien souvent constaté que les dessins pouvaient révéler le pronostic général d'un patient, y compris le moment et la cause de sa mort. Une petite fille de quatre ans, souffrant d'un sarcome extensif de la tête et du cou, dessina un ballon violet flottant dans l'air avec son nom écrit dessus, un tas de décorations multicolores et un objet qui ressemblait à un gâteau. Il me sembla que cela représentait sa mort prochaine offerte à sa mère pour la soulager d'une longue souffrance, et la fillette mourut effectivement le jour anniversaire de sa mère.

En tant que médecin, il ne me viendrait pas à l'idée de suggérer à un patient qu'il va mourir — c'est une décision qui n'appartient qu'à lui —, mais il est vrai que je me sers de ce que je peux lire dans ses dessins pour l'aider (lui et sa famille) à prendre conscience de sa mort et à l'accepter quand il semble en être proche, ou l'inciter à se battre s'il en a encore le désir. Les dessins constituent de précieux auxiliaires lorsqu'un patient désire affronter certaines réalités, mais par une approche indirecte.

Il n'est pas nécessaire d'être malade pour procéder ainsi. J'ai reçu une lettre très émouvante d'une femme qui a assisté à l'un de mes stages destinés à des professionnels de la médecine. Elle ne faisait qu'accompagner son mari, dentiste, et n'avait pas d'intérêt particulier pour le sujet traité. Mais, en tant que «gribouilleuse acharnée», elle décida de rester parce qu'elle avait compris, en voyant des crayons sur les tables, qu'il y aurait un exercice de dessin.

Son dessin la représentait, en bleu et en noir, avec un trou dans la poitrine et son cœur posé par terre à côté d'elle. Il se trouve que, ce jour-là, j'avais cité le cas d'une personne qui avait contracté un sarcome du cœur à la suite d'un deuil dans sa famille. Ce récit avec le dessin qu'elle avait fait d'elle-même lui firent soudain comprendre ce qu'il lui arrivait. Elle se rendait malade de chagrin parce que son père était aux prises avec une grave maladie dégénérative depuis deux ans. Le simple fait de voir clairement sa situation pour la première fois lui permit de la mettre en perspective.

« La tragédie que vit mon père n'a pas changé, mais [...] j'ai retrouvé la joie de vivre et cessé de voir l'ensemble du monde sous un jour tragique », m'écrit-elle. Toutefois, la guérison la plus extraordinaire est celle de sa fille de cinq ans. « Sensible et intuitive, elle était en état de déséquilibre intérieur depuis presque un mois. Maussade, obstinée, difficile, elle était toujours triste et pleurait à l'école. » Une semaine après que sa mère eut compris sa propre douleur, elle était transformée :

« D'après son institutrice, ce n'est plus la même enfant. Elle se montre heureuse, spontanée, généreuse et passionnée. Personne n'y comprend rien, mais moi, si. Je sais à quel point les enfants peuvent s'imprégner de nos humeurs, surtout dans le non-verbal. C'est mon changement d'attitude qui a déteint sur elle. N'est-ce pas merveilleux ? Nous allons toujours voir mon père régulièrement. Son état continue d'empirer, mais nous ne pleurons plus en rentrant à la maison. »

J'ai appris l'essentiel de ce que je sais sur l'interprétation des dessins au cours de stages organisés par Elisabeth Kübler-Ross, en lisant des articles de la thérapeute jungienne Susan Bach qui travaille sur cette question depuis des dizaines d'années, et grâce aux milliers de gens avec lesquels j'ai été amené à travailler. La psychologue Joan Kellogg pratique une méthode d'interprétation fondée sur les mandalas, ces images circulaires utilisées dans l'art sacré de l'Orient et de l'Inde*.

Les dessins peuvent nous être d'une aide précieuse dans les circonstances délicates de notre vie. Comme les rêves, ils s'expriment par le langage des symboles, des métaphores. Si nous sommes disposés à entendre ce langage et à nous en servir pour affronter nos peurs, il se produira des révélations. Nous serons dirigés, avec toute l'énergie et la sagesse nécessaires, l'amour et la sérénité entreront dans nos vies. Je souhaite que tous les médecins ajoutent une boîte de crayons de couleur à leur arsenal diagnostique et thérapeutique.

ÉCRANS DE CINÉMA ET MÉTAPHORES

Rêves, dessins, langage métaphorique et vécu de la maladie sont autant d'expressions du moi. Arnold Mindell dirait que ce sont les aspects de ce qu'il appelle le «corps de rêve», notre personnalité réelle, totale, se manifestant par différentes voies. Il parle, à propos de sa découverte de ce nouveau concept, du travail fait avec l'un de ses patients qui mourait d'un cancer de l'estomac, travail qui permit au malade de comprendre qu'il voulait «exploser», s'exprimer enfin, lui qui ne l'avait encore jamais fait. Juste avant d'entrer à l'hôpital, l'homme avait rêvé qu'il souffrait d'une maladie incurable nécessitant un traitement qui serait comme une bombe. Mindell vit soudain très clairement l'unité

* Le sujet est trop vaste pour que je l'aborde ici en détail, mais, si vous voulez en savoir plus, il existe maintenant un ouvrage sur le symbolisme des dessins, *The Secret World of Drawings : Healing through Art*, par Gregg Futh, publié en 1988 par Sigo Press, à Boston.

sous-jacente des symptômes, du rêve, du besoin
d'exprimer ses sentiments refoulés en hurlant :

> « A ce moment-là, j'ai su que le cancer était la
> bombe de son rêve. C'était son expression perdue
> essayant de se faire jour et, ne trouvant pas
> d'autre voie, apparaissant dans son corps sous
> forme de cancer et dans son rêve sous forme de
> bombe [...]. Son corps explosait littéralement
> d'une expression refoulée. C'est ainsi que son mal
> devint son traitement, comme l'affirmait son
> rêve, en guérissant son problème d'expression.
> « Le corps de rêve apparaissait visuellement
> sous forme de pétard dans son rêve. Il était res-
> senti de manière proprioceptive sous forme de
> douleur. Il apparut ensuite sous forme de hurle-
> ment, au niveau verbal ou auditif. Le corps de
> rêve est donc un émetteur d'informations dispo-
> sant de plusieurs voies pour nous presser de rece-
> voir ses messages et vérifier que ses informations
> se manifestent bien de façon répétée dans les
> rêves et les symptômes physiques. »

Bien que très proche de la mort au début de son
travail avec Mindell, le patient se rétablit suffisamment pour quitter l'hôpital et mettre en pratique sa
connaissance toute neuve de lui-même. Il vécut plusieurs années encore, et sa vie fut transformée par
sa nouvelle capacité d'expression. A la lumière d'un
exemple comme celui-là, on commence à comprendre comment Mindell a pu écrire : « Un symptôme terrifiant, c'est souvent votre plus grand rêve
qui cherche à se réaliser. »

Evy McDonald, dont nous avons déjà parlé au
chapitre précédent, considère la relation entre
symptôme et psyché sous un angle similaire. Dans
un article intitulé « Le corps comme écran de
cinéma », elle part de l'idée, exprimée par le docteur

Irving Oyle, que notre état de santé est le miroir de notre état psychique et développe la métaphore en l'adaptant à son propre cas:

« Mais mon corps n'était pas simplement un miroir. C'était un écran sur lequel se dessinaient mes attitudes, mes sentiments réels, qu'ils soient reconnus ou ignorés [...]. Au cinéma, si nous n'apprécions pas ce qui est projeté, la seule solution efficace, c'est de changer la bobine dans le projecteur. Il en est de même avec notre corps ; puissant émetteur de messages, il peut nous faire comprendre quelles sont nos véritables attitudes par rapport à nous-mêmes. Au cinéma de mon corps et de mon esprit, j'avais le choix entre quitter la salle (mourir), travailler sur mon corps uniquement (l'écran) par une thérapie physique, un régime approprié, des traitements médicaux ou des thérapies alternatives et/ou mettre une nouvelle bobine dans le projecteur, c'est-à-dire modifier mes attitudes par rapport à mon corps. Tant que la scène de ma vie restait soutenue par les piliers de ma laideur et de mon incapacité à susciter le désir, aucun changement dans mon vécu ni dans mon corps n'était possible. Mes pensées étaient à la fois le juge et le geôlier qui emprisonnaient mon existence corporelle. Nous connaissons tous la formule : "On est ce qu'on mange", mais il me paraît plus juste de dire : "On devient ce qu'on pense." »

« *La plupart du temps*, la maladie n'est pas un acte prémédité ; *toujours*, il existe une relation entre la maladie et nos pensées. Rien ne nous arrive, *nous* arrivons. Corps et esprit marchent ensemble, le corps étant l'écran sur lequel le film est projeté. »

Je vous ai déjà raconté comment Evy a réécrit le scénario de sa vie en restant devant un miroir et en apprenant à s'aimer. Vous aussi, vous pouvez changer la bobine dans le projecteur en communiquant avec votre moi profond. Méditation, relaxation, visualisation, verbalisation et sensations directes ne sont, comme vous allez le découvrir dans le chapitre suivant, que certaines des voies permettant d'établir la communication.

3

COMMUNIQUER AVEC SON CORPS

> « C'est cette chose intangible, l'amour, l'amour
> sous toutes ses formes, qui entre dans toute relation
> thérapeutique. C'est un élément dont le médecin
> peut être le porteur, le véhicule. Et c'est un élément
> qui lie et guérit, qui réconforte et régénère, qui
> accomplit ce que nous devons bien appeler — pour
> le moment — des miracles. »
>
> Karl MENNINGER, *The Vital Balance*

Après avoir exposé comment recevoir les messages émanant de notre corps, je voudrais expliquer
comment nous pouvons lui répondre. Le courrier
reçu à propos de *L'amour, la médecine et les
miracles* m'a fourni un grand nombre d'informations pratiques sur les moyens de diriger vers
l'inconscient des messages et des suggestions symboliques dont l'importance peut être déterminante.
Le fait est que, pour notre bien mais aussi, parfois,
pour notre malheur, nous communiquons en permanence avec notre moi profond. Et notre entourage également, en particulier ceux qui entre-
tiennent avec nous des rapports de confiance, de
pouvoir ou d'autorité — parents, professeurs et
médecins, par exemple. Nous devons donc faire en
sorte que les messages qui nous atteignent soient
des messages bénéfiques.

La communication avec notre moi profond peut

prendre différentes formes. Nos sensations en sont peut-être la forme la plus évidente. Les émotions suscitées en nous par le contact d'une main, le son d'une musique, l'odeur d'une fleur, la vue d'un beau coucher de soleil ou d'une œuvre d'art, l'amour, l'espoir, le rire et la foi s'inscrivent en nous tant au niveau inconscient qu'au niveau conscient et ont également des conséquences physiologiques. Même les animaux qui vivent près de nous peuvent jouer un rôle dans notre bien-être physique. Une étude récente du National Institute of Health, reprenant les travaux de différents chercheurs, conclut que la compagnie d'un animal aimé peut modifier le rythme cardiaque et la tension sanguine.

Mais la plus directe et la plus consciente des formes de communication qui nous affectent est probablement le langage. Comment les mots nous atteignent-ils? Comment le verbe est-il traduit en événements physiologiques? Selon la psychologue Jeanne Achterberg, ce sont les images qui servent d'intermédiaire. Dans son livre *Imagery in Healing*, elle écrit que les messages verbaux «doivent être traduits par l'hémisphère droit en terminologie non verbale, picturale, avant de pouvoir être compris par le système neurovégétatif, non volontaire».

Une fois formée l'image mentale de ce que les mots ont nommé ou décrit, le message devient signifiant pour l'environnement interne de notre corps. Dans la mesure où nous avons le contrôle sur cette traduction des mots en images, nous devrions être capables de ne créer que des images d'affirmation, d'exaltation de la vie. Le fait que certaines prophéties s'accomplissent est une réalité que nous pouvons tourner à notre avantage. Nous pouvons même en faire une réalité physiologique.

Pour étayer sa théorie, Achterberg cite des études prouvant l'impact de l'imagination sur des processus physiologiques aussi divers que la salivation, le rythme cardiaque, la tension musculaire, la résistance cutanée, le taux de glucose dans le sang, l'activité gastro-intestinale, la formation d'ampoules, la tension artérielle et la respiration. Ces différentes réactions impliquent des modifications au niveau du système neurovégétatif, que nous considérons généralement comme échappant au contrôle conscient, et au niveau des tissus osseux et musculaires. Une liste comparable d'effets thérapeutiques, liée aux travaux de l'hypno-thérapeute T.X. Barber, est citée par Ernest Rossi dans son livre *The Psychobiology of Mind-Body Healing*. Toutes ces modifications se produisent en réaction à la mise en images réalisée par l'esprit quand on lui demande de se représenter (ou d'entendre, de sentir, de toucher, de goûter) un événement ou un objet. Comment la suggestion peut-elle entraîner ces modifications, la question reste posée. Barber avance l'hypothèse d'une altération du flux sanguin ou du taux de neuropeptides. Quoi qu'il en soit, il est indiscutable que ces modifications se produisent.

Cependant, ne prenant pas le pouvoir des mots-images très au sérieux, nous nous détruisons bien souvent à coups de messages négatifs émanant de nous-mêmes ou de figures d'autorité, au lieu de nous dynamiser par des messages positifs. Les mots peuvent tuer autant que guérir, réalité que les médecins ne devraient jamais perdre de vue. Le cardiologue Bernard Lown raconte, dans son introduction au livre de Norman Cousins, *The Healing Heart*, deux anecdotes qui illustrent bien le caractère vital de la communication, domaine qui mériterait d'être étudié en faculté de médecine.

Un médecin visitant les malades d'un hôpital avec ses étudiants se met à parler du cas d'une patiente en utilisant les initiales de sa maladie, la stenosis tricuspide. Pour le bénéfice de ses assistants et des autres malades de la chambre, il annonce : « Voilà un exemple classique de ST », et s'en va. Dès son départ, Lown remarque le trouble de la malade en question ; son pouls s'accélère, ses poumons, auparavant clairs, s'emplissent de liquide. Lown lui demande ce qui la met dans cet état, et elle répond que le grand docteur l'a déclarée au « Stade Terminal ». Il s'efforce de lui expliquer son erreur et de la rassurer, en vain — le grand docteur a parlé, n'est-ce pas ? —, elle ne veut pas admettre que son état soit relativement bénin. A la tombée de la nuit, la femme souffre d'une grave insuffisance cardiaque et meurt.

Des années plus tard, faisant à son tour la visite des malades hospitalisés, Lown s'arrêta devant un malade très mal en point dont le cœur présentait ce que Lown décrivit comme « un bon rythme de galop ». Dans la terminologie médicale, un rythme de galop veut dire un triple bruit cardiaque provoqué par une insuffisance ventriculaire grave. L'homme était donc dans un état plus que sérieux. Il effectua néanmoins un spectaculaire retour à la santé dont il expliqua la raison quelques mois plus tard. En entendant le docteur Lown dire que son cœur avait « un bon rythme de galop », il avait compris que c'était bon signe, que son cœur était fort comme un cheval, et, du coup, il avait repris confiance et guéri.

Mais l'histoire la plus dramatique est peut-être celle qu'une femme m'a racontée à propos de sa tante. Celle-ci avait appris qu'elle avait une tumeur maligne au cerveau et qu'il lui restait trois mois à vivre. Désespérée, elle avait fait le voyage à Mexico pour acheter de la Laetrile. Un an plus tard, elle allait beaucoup mieux puisqu'elle avait repris son travail et recommençait même à conduire. Et voilà qu'un jour elle croise son ancien médecin qui se montre visiblement surpris et choqué de la voir encore en vie. Elle lui raconte ce qu'elle a fait, et lui, plein d'une vertueuse indignation, proclame que la Laetrile n'est qu'une imposture, qu'elle a perdu son temps et son argent et qu'il peut lui en donner la preuve. Résultat, la dame est morte dans la nuit. En quoi cela gênait-il le médecin qu'elle aille mieux, et qu'elle soit vivante ?

La morale de l'histoire met en cause l'ensemble des médecins et du corps médical et n'a rien à voir avec les mérites (relatifs) de la Laetrile. Car si la foi en ce médicament a permis à cette personne de guérir, qui sommes-nous pour nous élever contre ce succès et en détruire les effets ? Je sais que l'espoir et la confiance peuvent inciter les malades à faire des choix qui s'avèrent efficaces là où la médecine officielle n'avait plus rien à offrir. Tous les charlatans du monde le savent également, eux qui ont occupé le vide créé par les médecins et leur vision purement mécaniste de la maladie. Ceux-ci devraient se rendre compte que c'est à eux de combler ce vide, et qu'il suffit souvent d'un peu d'espoir et d'une prière.

Mais certains, non contents de laisser un vide, le remplissent de messages négatifs. Quand leur science se révèle inopérante, quand ils ne réussissent pas à guérir, la frustration les rend destructeurs. Mais pourquoi refuser, nier et tuer les cas particuliers ? Je vous en prie, docteur, quand un cas particulier se présente à vous, ne le tuez pas. Si vos patients trouvent un remède à leurs maux en dehors de votre système de référence, acceptez-le et aimez-les, sans obligatoirement les approuver. Ainsi se sentiront-ils plus à l'aise, mieux compris dans le système médical et plus à même de profiter de toutes les solutions qu'il peut leur offrir. Les malades peuvent supporter un désaccord avec vous mais pas une attitude destructrice.

Pour s'opposer au pessimisme destructeur des médecins, il faut une très forte personnalité. C'est le cas de cet homme dont on m'a parlé récemment. Atteint d'une forme rare de cancer, il ne lui restait, selon les médecins, qu'entre trois mois et un an à vivre. Il se porta volontaire pour un traitement expérimental, mais, au lieu de l'encourager, le personnel médical s'ingénia à lui répéter que ses chances étaient minimes, que les radiations auxquelles il allait se soumettre seraient inutiles et qu'il subirait certainement des effets secondaires très éprouvants après la chimiothérapie (comme il n'en avait encore eu aucun, l'infirmière se crut obligée de préciser : «Les symptômes peuvent apparaître plus tard chez certaines personnes»). Pour se défendre, il rédigea et afficha sur son mur le «Credo d'Edouard» adressé «à toute personne devant s'occuper de mon cas».

CE QUE JE SAIS

1. J'ai un cancer et, connaissant mon dossier, je sais qu'il peut me tuer.

2. Je sais à quel point ce cancer est grave. J'ai travaillé dans un hôpital.

3. Je sais que mon traitement comporte des risques, y compris la mort.

4. Beaucoup de gens meurent de la maladie dont je souffre, je connais les statistiques.

C'EST POURQUOI

1. Il est inutile de me répéter tout cela. Je l'ai déjà entendu mille fois de la bouche de gens bien intentionnés qui estiment de leur devoir de rappeler sans cesse aux malades le côté noir des choses, surtout quand ceux-ci se montrent trop optimistes.

2. Bienveillance, amitié, conseils encourageants,

espoir, amour, énergie, sourires seront acceptés avec reconnaissance. Mais soyez assez aimable pour laisser au vestiaire pessimisme, découragement, amertume, pitié et leçons de morale, sans pour autant vous montrer hypocrite.

SACHEZ AUSSI QUE

1. Je sais que vous pouvez m'apporter une aide précieuse si vous le voulez. Mais souvenez-vous que ma vie n'appartient qu'à moi, à ceux que j'aime et qui m'aiment.

2. Ma femme et moi sommes convaincus que, pour être bonne, la médecine ne doit pas se résumer à un vaste savoir doublé d'une habileté technique, à des produits chimiques et à du protoplasme. Nous croyons aux pouvoirs mentaux de l'organisme, à ses capacités immunologiques autant que spirituelles. Nous avons besoin de toute l'aide possible pour canaliser ces forces dans la lutte contre mon mal et pour vous aider à m'aider.

3. J'ai d'importantes raisons de vivre et je m'applique de toutes mes forces, tant physiques que mentales, pour rendre tout ce que vous pourrez me prescrire ou me faire aussi efficace que possible.

4. Je connais personnellement des gens atteints du même mal que moi qui s'en sont sortis malgré un pronostic défavorable. J'ai l'intention d'en faire autant, en gagnant du temps, du bon temps, pour moi et ceux que j'aime. Peut-être même pourrons-nous faire mieux. C'est pour cela que je suis ici.

5. J'ai le cœur plein d'espoir. Ne faites rien qui risque de transformer cet espoir en pessimisme ou en amertume, car cela détruirait inévitablement mon équilibre et ne ferait qu'empirer mon état.

Je souhaite que médecins et malades lisent le « Credo d'Edouard ». Les médecins pour qu'ils cessent de saper les effets potentiellement bénéfiques de leur médecine à coups de messages destructeurs et les malades pour qu'ils en tirent le courage de défier ces praticiens qui s'obstinent à condamner leurs patients à mort.

Diagnostics, pronostics et protocoles

Au cas où les mots prononcés ne seraient pas assez destructeurs, les mots écrits dans les textes médicaux, les analyses statistiques et les protocoles de traitements suffiraient à vous achever. Un de mes correspondants décrit fort bien les ravages que peut causer la médecine quand elle lance ce triple assaut contre un patient.

Il parle tout d'abord de la terreur provoquée par « les rapports effectués, parfois d'heure en heure et sans qu'on le leur demande, par les jeunes médecins » qui insistent pour tenter d'interpréter les résultats de ses examens. Il dit ensuite son désespoir en entendant tomber le diagnostic : cancer du poumon avec métastases et une espérance de vie de dix à trente jours. Sa réaction est des plus normales :

« Je n'avais plus qu'une idée, c'était de rentrer chez moi, de mettre ma situation financière au clair, de m'assurer que mon testament, mes contrats d'assurance, etc. étaient en ordre pour que mon avocat puisse s'y retrouver et faire en sorte que les miens soient pris en charge [...]. Je voulais passer ces quelques derniers jours avec ma famille et mes amis avant de partir à la chasse avec mon calibre 12 préféré afin de quitter cette vallée de larmes à ma façon. »

Encore un homme condamné à mort par ses médecins et qui retrouva l'espoir grâce aux efforts conjugués d'un ami et d'un cancérologue qui l'envoyèrent dans l'un de mes ateliers. Et qu'y trouva-t-il ? « Un objectif, un but, une implication personnelle, une chance [...] l'envie de prendre en main ma destinée, de venir en aide à d'autres, peut-être, de gagner du temps, certainement. »

Je ne suis pas magicien, et l'on ne pratique aucune cérémonie secrète dans ces ateliers. Je ne sais pas ce qu'est devenu cet homme parce qu'il ne m'a écrit qu'une seule fois. Je ne peux donc revendiquer aucune guérison miracle, ni même affirmer qu'il y a eu rémission sur la seule foi de cette lettre, bien qu'il dise que son programme de chimiothérapie, de visualisation, d'exercice et de régime alimentaire lui réussit fort bien.

La seule chose que je revendique, c'est ma capacité de susciter l'espoir. J'ai donné à ce monsieur une chance de se montrer héroïque, et il l'a saisie. Il a décidé de ne pas abandonner, et cela lui a fait du bien. Pour moi, c'est un miracle suffisant, surtout au moment où l'on commence à en savoir davantage sur les conséquences physiologiques de l'optimisme. Quand on pense à l'avenir qu'envisageait cet homme après son diagnostic, on peut se poser des questions sur les médecins qui craignent de donner de « faux espoirs » à leurs patients. Le vrai problème n'est-il pas de ne leur laisser aucun espoir, de les projeter dans un vide où la seule envie qui leur reste soit de se faire sauter la cervelle ? Je crois à l'espoir comme moyen de faciliter les étapes du processus de guérison. Il y a dix ans, j'étais aussi timoré que les autres et j'ai presque dissous mon premier groupe ECAP, quand j'ai constaté que les gens allaient mieux pour des raisons illégitimes. Maintenant, je n'ai plus aucun scrupule à utiliser tous les outils dont je dispose, y compris l'espoir, pour aider les malades à vivre.

Les messages négatifs proposés à l'homme dont je vous parle ne se limitaient pas au diagnostic et au pronostic des médecins. Comme il était gravement malade, il fut soumis à un traitement qui était décrit en termes exclusivement destructeurs dans le document émanant du département de la Santé et intitulé « La chimiothérapie et vous ». « C'est une lecture épatante quand vous venez d'apprendre que vous avez le cancer. Si elle ne vous fait pas déjanter complètement, c'est que rien d'autre n'y réussira », m'écrit cet homme.

Essayez donc de lire la notice de certains médicaments utilisés en chimiothérapie. Pas un seul mot n'y suggère que le traitement peut vous faire du bien, l'information est 100 p. 100 destructrice. Le seul élément qui soit à peu près neutre, c'est la description du produit. Il n'est pas étonnant que tant de gens préfèrent mourir rapidement plutôt que de se soumettre aux tortures décrites dans ces notices, pas étonnant non plus que les téméraires qui s'y risquent se retrouvent affligés de presque tous les effets secondaires indésirables qu'on leur a si bien décrits.

Si ceux qui rédigent ces notices avaient le moindre sens psychologique, ils feraient passer les mêmes informations dans un contexte d'affirmation et de suggestion positive afin que le médicament, mais aussi son mode d'emploi deviennent porteurs d'espoir, c'est-à-dire de guérison.

Adriamycine

Description : Liquide rouge après dissolution.
Mode d'administration : Injection intraveineuse.

Effets secondaires fréquents : Nausées et vomissements pouvant se produire une à trois heures après la prise et pouvant durer jusqu'à vingt-quatre heures.

— Perte totale des cheveux intervenant généralement deux semaines — ou plus — après le début du traitement. Non définitive.

— Coloration des urines (en rose ou rouge) pouvant se produire jusqu'à quarante-huit heures après la première prise.

— Numération globulaire réduite, de une à deux semaines après le traitement.

Effets secondaires moins fréquents : La détérioration du muscle cardiaque pouvant se produire, des tests doivent être faits avant l'administration du produit et se prolonger durant le traitement pour vérifier le fonctionnement du cœur. En cas de difficulté respiratoire ou d'enflure des chevilles, prévenir le médecin.

— Fatigue — Faiblesse — Nausées.

— Ulcération de la muqueuse buccale.

— Le produit peut provoquer l'irritation des tissus s'il s'échappe de la veine. A la moindre sensation de brûlure, de douleur ou de démangeaison, prévenez la personne qui vous pique. Si la zone d'injection présente des signes de rougeur et d'enflure, prévenez votre médecin.

L'écoute subliminale

La suggestion agit sur l'inconscient autant que sur le conscient. Mon expérience personnelle m'a depuis longtemps convaincu que les personnes inconscientes, qu'elles soient dans le coma, endormies ou sous anesthésie, continuent à entendre, et je me suis toujours comporté avec elles comme si tout ce qui était dit en leur présence pouvait les toucher. Dans la mesure où l'ouïe est probablement le dernier de nos sens à s'endormir quand nous perdons conscience, il n'y a rien d'extraordinaire à ce que beaucoup de gens apparemment insensibles continuent à entendre.

Comme l'explique Henry L. Bennett, psychologue au département d'anesthésiologie de l'université de Californie, qui a fait beaucoup de recherches dans ce domaine, «même sous anesthésie, les centres auditifs du cerveau peuvent ne pas être affectés, jusques et y compris le cortex auditif où est enregistré le sens». Une fois qu'ils ont repris conscience, les gens ne se souviennent pas nécessairement de ce qui a été dit pendant qu'ils étaient sous anesthésie, mais cela ne veut pas dire qu'ils ne l'aient pas enregistré.

Il en est de même pour les comateux. L'information reçue agit au niveau inconscient et peut affecter les attitudes ou les comportements subséquents, donc la santé. Le magazine *The Lancet* a publié une intéressante étude concernant trente personnes dans le coma, qui montre comment la stimulation auditive et/ou tactile peut influencer les malades jusqu'à les empêcher de mourir. Les seize patients qui, dans le cadre d'un «programme d'enrichissement de l'environnement», furent choisis pour qu'on leur parle et qu'on les touche se rétablirent tous, tandis que, sur les quatorze du groupe de contrôle qui n'avaient pas reçu ce traitement, onze moururent.

Des recherches comme celle-là permettent de conclure qu'il existe divers modes de communication possibles avec les gens inconscients, dont le toucher. Parler et toucher sont deux formes d'«enrichissement» que nous pouvons apporter à l'environnement clinique et neurologique des malades, de façon à les orienter vers la santé et l'épanouissement.

Je sais cela non seulement grâce à mes lectures, mais aussi par des anecdotes qui m'ont été racontées. Cette lettre, par exemple, où un prêtre méthodiste me parle d'une de ses fidèles, âgée de quatre-vingts ans, qui avait failli périr dans un incendie et dont les brûlures aux poumons laissaient peu d'espoir de guérison.

« Une semaine environ après l'incendie, je la trouvai dans le coma, sans aucune réaction [...]. J'ai eu le sentiment très net qu'elle allait mourir et que je ne la reverrais plus vivante.

« Ruby était un magnifique personnage de grand-mère qui adorait faire des gâteaux et en apportait toujours à l'église pour les enfants de l'école du dimanche [...]. Soudain, j'eus une inspiration. Je lui pris la main et lui dis d'une voix ferme : "Ruby, j'ai l'impression que vous vous laissez aller, que vous allez mourir. Vous ne pouvez pas faire ça ! Si vous mourez, qui va préparer tous ces délicieux gâteaux pour le Noël des enfants de l'école du dimanche ? Nous avons tous besoin de vous. Guérissez et revenez vite nous faire des gâteaux."

« Le lendemain, elle était moins apathique et commençait à reprendre des forces. Très vite, elle put se remettre à manger et finalement elle rentra chez elle à temps pour préparer des gâteaux de Noël. Quelques années plus tard, ma femme et moi recevions Ruby [...]. Elle se mit à parler de l'incendie et de sa maladie. Elle dit : "J'étais tellement mal, voyez-vous, que j'avais abandonné et que je voulais mourir. Mais j'ai soudain eu le sentiment que non, je ne devais pas mourir. Je devais me rétablir et continuer à faire des gâteaux." »

Bien qu'il ne lui ait jamais avoué lui avoir parlé pendant son coma et qu'il en ait même été gêné pendant des années, ce prêtre a aujourd'hui décidé de suivre son instinct et il parle et prie avec tous les malades inconscients au chevet desquels il est appelé.

Le chirurgien David Cheek étudie le phénomène de la vigilance sous anesthésie (la «perception inconsciente») depuis plusieurs dizaines d'années. Il a collecté toutes les informations scientifiques sur le sujet et cite des expériences comme celle où l'anesthésiste adresse à ses patients en fin d'opération le message suivant : «Monsieur, nous venons de vous enlever la vésicule biliaire. L'opération s'est très bien passée, et vous n'aviez rien de grave. La cicatrisation ne vous fera pas souffrir. Le tube que nous plaçons dans votre nez vous empêchera d'avoir des nausées. Vous ne vomirez donc pas, et ce tuyau ne vous occasionnera aucune gêne.»

Sur les mille cinq cents patients ayant reçu ce genre de message, une bonne moitié n'eut besoin d'aucun analgésique après l'opération. Des études similaires sur des groupes plus restreints de patients eurent même des résultats plus probants. D'autres travaux démontrent l'efficacité de messages tels que : «Vous n'allez pas saigner pendant l'opération» ou : «Vous allez maintenant détendre vos muscles pelviens de façon à pouvoir évacuer normalement après l'opération.» Il est désormais prouvé que les suggestions positives faites aux opérés sous anesthésie permettent non seulement une diminution de la douleur postopératoire mais également un rétablissement plus rapide. Les anesthésistes commencent aussi à comprendre la valeur de ces suggestions quand elles sont faites dès la visite préopératoire, de préférence la veille de l'intervention, et répétées au cours de l'opération.

Cheek estime que, pour être efficace, le message doit émaner d'une source autorisée — le médecin ou l'anesthésiste — et être délivré au bon moment, c'est-à-dire peu avant la fin de l'opération. Ce dernier point me semble trop restrictif. Personnelle-

124

ment, je commence à parler au futur opéré dès mon entrée en salle d'opération, quand il est encore conscient. Au moment où l'anesthésiste lui pose le masque sur le visage, je lui fais remarquer que nous en portons tous et qu'il ne doit pas avoir peur. J'ai entendu parler d'une femme qui s'est assise sur la table d'opération et a demandé à toute l'équipe d'enlever son masque et de se présenter. Sa peur en a été considérablement diminuée. D'autres ont besoin d'une approche différente : avant l'anesthésie, l'une de mes patientes ne cessait de répéter combien elle était contente d'être opérée par des gens tellement bien, tellement gentils, tellement formidables. Je finis par lui chuchoter à l'oreille : « Vous savez, je les connais, ils ne sont pas gentils du tout », ce qui la fit sourire, puis rire et oublier toute appréhension.

Une fois mes patients endormis, je leur demande de détourner leur flux sanguin de la région où j'opère pour qu'ils ne saignent pas ; je leur dis qu'ils vont se réveiller en forme, ayant faim et soif, et qu'ils n'auront aucun mal à évacuer ; je leur dis également tout ce qui peut les aider à chaque étape de l'opération. Au moment où l'anesthésiste annonce « vous vous sentez partir », j'ajoute « en vacances » pour que l'image prenne une coloration positive. Je reste auprès d'eux et je leur tiens la main, les guidant vers le sommeil par des mots rassurants et de la musique douce. Certains m'ont demandé si j'opérais d'une seule main, car ils avaient eu l'impression que je n'avais pas lâché la leur de toute l'intervention !

Je parle également en travaillant pour décrire ce qui se passe et, éventuellement, demander à mes patients leur participation. Je leur suggère par exemple de ne plus saigner, de faire baisser leur tension ou leur pouls. Les collègues qui ont travaillé avec moi en salle d'opération savent à quel point ces suggestions peuvent être efficaces. Un jour, comme je me préparais à sortir après une opération, l'anesthésiste me tendit un bon mètre d'électro-cardiogramme en me disant : « Maintenant, à vous de jouer. » Le patient était en pleine phase d'arythmie cardiaque. Je lui murmurai : « Vous êtes sur une balançoire et vous vous balancez, bien régulièrement, d'avant en arrière, d'avant en arrière, calmement, tranquillement », et son cœur reprit peu à peu un rythme normal.

Bien souvent, quand le pouls d'un patient est trop rapide pendant une opération, je dis : « Nous aimerions que votre pouls redescende à 86. » Je donne toujours un chiffre précis pour que tout le monde puisse vérifier la précision de l'effet obtenu. Comment cet effet se produit-il ? Comment le corps traduit-il ces messages en réalités ? Nous ne le savons pas encore. Mais quelque chose en nous entend la suggestion et sait y répondre, pour peu que l'on nous parle ou que nous nous parlions à nous-mêmes.

Il y a dix ans que j'ai commencé à mettre en pratique ces techniques pour prouver leur validité. La première réaction de mes collègues fut négative. Les gens n'aiment pas le changement. Ils ont leurs habitudes et ne veulent pas y renoncer. Mais les infirmières n'ont pas tardé à remarquer les réactions positives des patients et à me soutenir dans mon travail. Encore récemment, une infirmière m'a fait un beau compliment en me disant, comme j'entrais en salle d'opération : « Ah ! je suis contente que ce soit vous et pas un des autres tordus ! »

Si j'avais eu le moindre doute sur notre capacité d'attention inconsciente, il aurait été aussitôt dissipé par ce qui s'est passé avec ma femme quand elle s'est fait opérer. J'étais auprès d'elle pendant l'anesthésie et je lui ai tenu la main jusqu'à ce qu'elle soit endormie, mais quand j'ai voulu la retirer pour ne pas indisposer le chirurgien, je n'ai pas pu. Bobbie s'accrochait à moi. Même inconsciente, elle voulait exprimer que nous étions liés par l'amour et indissociables.

Une autre fois, nous étions en avion, et le décollage fut retardé par je ne sais quel incident technique. Bobbie s'était endormie et j'étais malheureux à l'idée que nous ne nous tiendrions pas la main, comme c'est notre habitude, au moment du décollage. Pourtant, au moment où l'avion prenait de la vitesse, je sentis une main sortir de dessus la couverture et agripper la mienne. Je crus que Bobbie s'était réveillée à temps, mais, une bonne heure plus tard, elle se tourna vers moi pour dire : «Je suis triste. Je dormais et je ne t'ai pas pris la main quand nous avons décollé.» J'ai compris alors qu'elle était profondément endormie lorsqu'elle avait fait le geste approprié ; quand je le lui ai dit, elle s'est montrée surprise.

Perception sélective (et non sélective)

Une étude récente sur les réactions physiques et mentales à des paroles entendues inconsciemment confirme ce que j'ai dit à propos des effets potentiels des messages reçus de façon inconsciente. Deux psychiatres de Yale, les docteurs Bruce Wexler et Gary Schwartz, ont utilisé un ordinateur spécial pour faire entendre simultanément deux mots à leurs étudiants, l'un émotionnellement neutre, l'autre marqué soit positivement, soit négativement. Les sujets ignoraient qu'ils entendaient deux mots et se souvenaient une fois sur deux du mot neutre, l'autre fois du mot marqué. Mais, souvent, les mots qu'ils n'étaient pas conscients d'avoir entendus restaient dans leur mémoire Un étudiant se souvenait par exemple du mot «seuil» quand on lui avait transmis «seuil» et «sang». Pourtant, lorsqu'on lui demanda ensuite d'associer librement, il décrivit un personnage passant le seuil d'une porte couvert de sang.

Les ondes cérébrales et l'activité des muscles contrôlant le sourire et les sourcils furent également mesurées après l'écoute des deux mots, et, selon Wexler, «la réaction aux mots négatifs était aussi nette quand les mots étaient enregistrés inconsciemment que quand ils étaient consciemment mémorisés».

Cette étude permit aussi de montrer que les réactions physiques aux mots négatifs entendus inconsciemment étaient différentes selon que les sujets appartenaient à l'une ou l'autre des catégories psychologiques déterminées à l'aide de tests par les chercheurs : peu anxieux, très anxieux ou refoulés. Les sujets peu anxieux ou refoulés manifestaient peu d'émotion à l'enregistrement inconscient des mots négatifs. Cela fut confirmé par la mesure de la tension musculaire des anxieux légers, mais non par celle des refoulés. Les refoulés, comme les très anxieux, manifestaient une tension musculaire plus grande quand ils n'enregistraient pas consciemment les mots négatifs que lorsque cet enregistrement avait lieu. Wexler estime que la mise en évidence de cette tension physique peut permettre de comprendre comment les émotions refoulées, vécues de façon inconsciente, s'inscrivent dans le corps et peuvent entraîner des maladies psychosomatiques.

Une autre recherche, assez surprenante, est à rapprocher de la précédente en ce sens qu'elle montre comment certaines expériences peuvent s'inscrire en nous sans atteindre la conscience. Le psychologue Antony Marcel, de l'université de Yale, s'est penché sur le problème des personnes devenues aveugles à la suite d'un coup ou d'une altération du cerveau sans que les yeux eux-mêmes soient lésés. Quand on demande à ces gens de situer un objet placé devant eux, ils répondent, bien sûr, qu'ils ne le voient pas, mais si l'on arrive à les convaincre d'essayer, ils y réussissent avec une précision étonnante. C'est ce qu'on appelle la «vision aveugle». Après maintes recherches, Marcel pense que, la vision elle-même n'étant pas touchée, c'est la conscience de voir qui fait défaut. Ces gens ne savent plus qu'ils peuvent voir parce que l'aire du cerveau qui leur donnait cette conscience ne reçoit plus le message. Dans ce cas-là, on peut réapprendre aux aveugles à voir, d'autres zones du cerveau pouvant être entraînées à assurer les fonctions des zones endommagées. Je connais une jeune femme qui a ainsi réappris à voir.

Le phénomène de la conscience partielle a été décrit dans un contexte complètement différent par Ernest Hilgard, qui étudie le phénomène de l'hypnose. Il raconte que, au cours d'une démonstration réalisée dans une classe, l'instructeur ayant dit à un étudiant qu'il était momentanément sourd, celui-ci ne réagit pas à un coup de feu ni à d'autres bruits forts. Pourtant, l'instructeur lui ayant suggéré que «quelque chose» en lui pouvait peut-être entendre, et que, si c'était le cas, il lève la main, l'étudiant fut très surpris de constater qu'il levait effectivement la main sans le vouloir.

J'ai moi-même été le témoin d'un exemple assez frappant de perception sélective. Un jour, à mon cabinet, j'étais en train d'effectuer une intervention chirurgicale bénigne sur un patient avec lequel j'étais engagé dans une discussion passionnée. Au bout d'un moment, j'aperçois l'infirmière qui, d'un coin de la pièce, me fait des signes désespérés en me montrant la seringue contenant l'anesthésique à laquelle je n'avais pas touché. Je demande alors à mon patient si tout va bien, et il me répond que oui. Nous continuons notre discussion et je termine l'opération sans qu'il ait ressenti la moindre douleur malgré l'absence d'anesthésie. Je lui ai fait une incision de cinq centimètres dans le dos, mais il était tellement absorbé par notre conversation que la douleur n'a pas atteint sa conscience. Je lui ai dit par la suite que nous étions tous deux hypnotisés, ce qui nous a bien fait rire.

J'ai également vécu ce genre de phénomène à une période où je souffrais beaucoup du dos. J'arrivais en salle d'opération perclus de douleur, mais il suffisait que je me mette à opérer pour que, absorbé par mon travail, j'oublie instantanément mon dos. Que l'opération dure dix minutes ou quatre heures, dès qu'elle était terminée la douleur revenait, et j'étais même parfois obligé de m'allonger un moment avant de quitter la salle.

Malheureusement, la capacité de notre esprit à censurer certains phénomènes n'agit pas nécessairement quand nous sommes sous anesthésie, ce qui occasionne parfois bien des désagréments aux opérés quand l'équipe chirurgicale se comporte comme s'ils ne pouvaient ni l'entendre ni la comprendre. S'il s'agissait seulement de ne pas prononcer les paroles encourageantes dont le patient a besoin, ce serait un moindre mal. Mais, pendant toute l'intervention, ce ne sont que blagues, anecdotes et éventuellement même commentaires sur les perspectives funestes qui s'ouvrent devant le patient. A l'état conscient, la perception sélective nous permet de filtrer l'information et de ne pas retenir celle qu'il nous est pénible d'entendre. Mais, sous anesthésie, ces mécanismes de protection peuvent cesser de fonctionner, nous laissant sans défense. Bien que, dans la plupart des cas, les opérés ne se souviennent pas des messages destructeurs qui ont pénétré leur inconscient, des recherches sur le psychisme ont montré qu'ils en subissent néanmoins les effets, ceux-ci se manifestant sous forme de douleurs postopératoires ou d'un rétablissement difficile, allant même parfois jusqu'à un état dépressif prolongé.

Mais les temps changent. On me demande souvent comment mes confrères acceptent mes méthodes. Je peux répondre que je m'en moque, que la seule chose qui compte pour moi, c'est ce qu'en pensent mes patients. Je peux dire aussi que, s'il subsiste encore dans le milieu médical bien des résistances à tout ce qui n'est pas enseigné en faculté, le fait que depuis quelque temps on me demande de prendre la parole à des réunions d'anesthésistes et de chirurgiens indique la diminution progressive de ces résistances.

L'expérience m'a appris que la reconnaissance vient avec la réussite. On ne peut pas modifier le comportement et les croyances acquises à coups de statistiques, et je me garde bien d'essayer. Mais, dans mon travail quotidien, je montre aux gens des techniques efficaces. L'un de mes derniers convertis, chirurgien du cœur, l'a été par sa femme, qui avait participé à l'un de mes ateliers. Il l'appelle un soir pour lui dire qu'il va rentrer tard parce qu'il n'arrive pas à sortir du poumon-cœur artificiel une malade qu'il vient d'opérer. Sa femme lui dit: «C'est sûrement parce que, pendant plusieurs heures, elle t'a entendu te demander si elle allait s'en sortir. Retourne auprès d'elle et rassure-la sur son état, comme le ferait Bernie. » Puis elle sortit faire des courses et, en rentrant, trouva son mari en train de jouer avec les enfants. «Que s'est-il passé? demanda-t-elle. — Eh bien, j'ai suivi ton conseil. Je lui ai dit que tout allait bien, et elle s'est sentie mieux. » Une infirmière m'a aussi raconté comment, appelée d'urgence en salle d'opération pour intervenir sur une rupture d'anévrisme, voyant que le patient saignait énormément, elle avait demandé au chirurgien s'il avait entendu parler du docteur Bernie Siegel et obtenu une réponse positive. «Alors pourquoi ne parlez-vous pas au patient pour lui demander de vous aider? — Faites-le vous-même », répondit-il. Elle s'approcha donc du malade pour lui expliquer la situation et lui demander s'il pouvait cesser de saigner. «En moins de cinq minutes, le sang s'arrêta de couler, et le malade se remit très bien de l'opération.»

Comment améliorer votre confort en salle d'opération

Si ni le chirurgien ni l'anesthésiste ne sont disposés à vous parler pendant l'opération, je vous suggère d'emporter avec vous une cassette. Vous l'enregistrerez vous-même ou demanderez à quelqu'un de le faire, membre de la famille ou ami dont la voix possède assez de conviction ou d'autorité pour vous rassurer. Vous pouvez aussi enregistrer de la musique, classique de préférence; le *Canon* de Pachelbel, par exemple, ou tout autre morceau qui vous semble apaisant. Certains patients m'ont raconté qu'en insistant pour qu'on passe leur musique en salle d'opération ils avaient convaincu une équipe a priori sceptique d'adopter cette pratique qui leur fait oublier leur fatigue. Dans les hôpitaux de New Haven, toutes les salles d'opération sont maintenant équipées de magnétophones, et l'atmosphère de travail en est améliorée.

N'ayez surtout pas peur d'insister pour obtenir ce que vous estimez bénéfique pour vous-même. Il y a quelque temps, j'ai reçu une lettre d'une dame racontant que l'infirmière qui l'accompagnait en salle d'opération avait vu le magnétophone qu'elle emportait et lui avait dit qu'elle devait le laisser dans sa chambre. «S'il reste dans ma chambre, moi aussi», répliqua la dame, passant ainsi le premier obstacle. Mais le chirurgien non plus n'était pas d'accord : «Qu'est-ce que c'est que cet attirail?» Elle lui expliqua que c'était une cassette de méditation, et il ordonna à l'infirmière de s'en débarrasser. La dame lui expliqua que c'était important pour elle d'écouter cette cassette pendant l'opération, mais les chirurgiens ont l'habitude de n'en faire qu'à leur tête, et il déclara : « C'est ma salle d'opération, et je ne veux pas de cette cassette ! » Ce à quoi la dame répliqua que c'était également *sa* salle d'opération et que, si on lui refusait sa cassette, elle refusait de se laisser opérer. Le chirurgien capitula : « Bon, passez-la mais tout doucement. »

C'est la fermeté des patients qui finira par convaincre le personnel hospitalier de la valeur de certaines pratiques. J'adore entendre raconter des anecdotes où les patients annoncent fièrement qu'ils ne vont pas saigner pendant leur opération et où malgré le scepticisme de l'équipe ils font leurs preuves sous le scalpel du chirurgien. Une patiente m'a même dit que le chirurgien était venu lui raconter : « J'étais tellement impressionné par le fait que vous ne saigniez pas que je suis allé chercher six confrères pour assister à l'opération. Je vais demander à tous mes patients d'en faire autant, dorénavant. » La patiente lui dit : « Ce n'est pas si facile ! » Mais beaucoup de gens estiment qu'en faisant l'effort de s'y préparer à l'avance par la visualisation c'est *vraiment* facile. Certains chirurgiens de ma connaissance ont essayé cette technique alors qu'ils se faisaient eux-mêmes opérer et ont été convaincus de son efficacité. Un dernier exemple, cette femme qui, pendant une greffe d'organe, n'a eu besoin que de trois unités de sang alors que normalement ou aurait dû lui en transfuser deux cents.

Les états altérés de la conscience

Bien que l'on commence tout juste à comprendre comment la suggestion mentale peut se traduire en réalité physiologique, on peut d'ores et déjà affirmer qu'il existe en nous une intelligence qui supervise ce mécanisme de conversion. C'est elle qui dirige le sang là où il doit aller, commande aux lymphocytes et aux phagocytes, donne toutes les directives nécessaires pour que le travail s'effectue.

Nous sommes bâtis pour survivre, pour peu que nous sachions émettre et recevoir des messages d'amour. Comment avons-nous perdu cette capacité ? Qu'est devenue notre capacité de nous aimer nous-mêmes ? Nous l'avons perdue, je crois, en intériorisant de faux messages émanant de la société. Mais notre nature aimante est toujours là, enfouie au plus profond de nous. C'est ce moi profond, primaire et parfait qui préside à nos mécanismes de guérison. Comme le décrit si bien Joan Borysenko dans *Penser le corps, panser l'esprit*, le moi primaire contient «une humanité essentielle dont la nature est paix et l'action, amour inconditionnel. Quand nous nous identifions avec ce moi primaire, en le respectant et en l'honorant, chez les autres autant qu'en nous-mêmes, nous nous engageons dans un processus de guérison qui touche tous les domaines de notre vie».

Malheureusement, nous n'avons, au mieux, que des rapports intermittents avec ce moi profond. Il n'est pas localisé dans la conscience et se trouve d'ailleurs éclipsé par les peurs et les préoccupations du moi conscient. Cette superintelligence, ce moi primaire parfait me semble correspondre à la théorie des neuropeptides avancée par Candace Pert et d'autres chercheurs — les neuropeptides comme lieu de rencontre, interpénétration de l'esprit et du corps, expression de l'ADN, du moi, véhicule de la superintelligence-amour de l'énergie. Ce schéma de réalité satisfait en moi à la fois le scientifique et le mystique.

C'est par la méditation que j'ai appris à connaître ce moi primaire parfait Mais, quel que soit le mode d'approche que vous utiliserez, vous aurez la sensation d'être «chez vous» en découvrant ce lieu de silence et de paix au cœur de vous-même, ce lieu où corps et esprit sont unifiés. C'est aussi là que peut commencer la guérison, au centre de ce moi unique et vrai.

Je crois qu'il existe bien des façons d'entrer en communication avec son moi profond. Mots, musique, sensations, relaxation, yoga et méditation, transe hypnotique, visualisation et prière peuvent nous y aider, et certaines de ces voies peuvent être abordées sans autre préparation que la volonté d'essayer. D'autres, bien sûr, nécessitent un entraînement particulier parce qu'elles supposent, pour être efficaces, que nous atteignions un état altéré de la conscience où nous soyons en prise directe avec notre inconscient. Certains chercheurs estiment que ces états sont «altérés» en ce sens qu'ils inversent la connexion habituelle avec notre hémisphère cérébral gauche, siège de la pensée logique, pour nous mettre en relation avec notre hémisphère droit, siège de l'imagerie et de l'expérience immédiate. Pour ces chercheurs, la commutation ainsi effectuée faciliterait le passage des messages thérapeutiques de notre moi conscient à l'environnement interne de notre corps. Comme l'explique Jeanne Achterberg : «Les fonctions spécifiques attribuées à notre cerveau droit et ses connexions avec d'autres aires du cerveau et du corps corroborent la théorie selon laquelle les images peuvent véhiculer l'information depuis le plan conscient jusqu'au plus profond de nos cellules.»

Toute question de suprématie d'un hémisphère sur l'autre mise à part, il est vrai que nous nous sentons différents dans ces états où notre mode habituel de pensée ne prévaut plus. Le moi conscient, perpétuellement en mouvement, auquel nous nous identifions généralement, le «je» est réduit au silence et, dans ce silence, toute notre attention se porte sur ce qui se passe en nous, non sur ce qui se passe à l'extérieur. Dès l'instant où nous échappons à la tyrannie de l'environnement extérieur, nous ressentons à la façon d'une transe notre immersion dans le moment présent. C'est peut-être cela qui nous permet l'accès au moi profond, inconscient, que notre quotidien répétitif nous interdit.

On trouve dans les textes de presque toutes les traditions culturelles ou religieuses de l'histoire la description de pratiques conduisant à ces états d'éveil. Le docteur Herbert Benson, de la Harvard Medical School, cite des sources aussi différentes que la philosophie taoïste reprise par Zhuangzi au IVe siècle avant J.-C., les écrits du bouddhisme mahayana au Ier siècle de notre ère, les textes des premiers mystiques chrétiens et juifs et, plus récemment, les poèmes et la prose des romantiques anglais qui aspiraient à ce que Wordsworth a nommé «une heureuse tranquillité de l'esprit». Soufis, yogis et chamans en parlent également, à leur manière.

Mais si la démarche des mystiques et des contemplatifs consistait à rechercher l'unité avec Dieu ou avec le Cosmos, le projet mis au point par Benson à la fin des années soixante visait uniquement à faire diminuer la tension artérielle. C'est, finalement, grâce à des adeptes de la méditation transcendantale, qui acceptèrent de se soumettre à l'examen de la science, que Benson découvrit ce qu'il appelait l'«effet relaxation». C'est aussi le titre du livre qu'il publia par la suite et dans lequel il montre que la pratique de certaines disciplines spirituelles qui provoquent l'effet relaxation a de nombreuses conséquences physiologiques.

Techniques de relaxation pour la guérison physique et spirituelle

Ce qui distingue l'effet relaxation de ce que nous appelons communément «relaxation» c'est sa physiologie, car l'impression de meilleur équilibre que ressent le corps est une réalité. Rythme cardiaque, métabolisme, respiration et consommation d'oxygène sont ralentis; la pression sanguine et la tension musculaire sont diminuées, l'activité cérébrale est caractérisée par les ondes alpha qui sont de fréquence plus lente que les ondes de l'état d'éveil.

Que votre motivation soit en partie spirituelle ou strictement physiologique, les techniques de relaxation peuvent améliorer votre santé et votre équilibre intérieur, et je les recommande comme remède préventif. N'attendez pas d'être malade pour profiter des bienfaits que constituent un système immunitaire fort et une tension faible. Mais, si vous êtes malade, sachez que la liste des indications thérapeutiques des techniques de relaxation, avec ou sans visualisation, s'allonge de jour en jour.

Le docteur Dean Ornish, cardiologue et directeur d'un centre de recherche de médecine préventive, dirige, par exemple, une étude sur l'impact des changements de mode de vie sur les maladies cardiaques. Il a montré que la relaxation, inscrite dans un programme plus global de changements, peut faire baisser le taux de cholestérol et améliorer la circulation du sang. Le fait a été démontré par des examens angioscopiques comparés d'un groupe de contrôle et d'un groupe pratiquant la relaxation.

Les groupes de travail «Corps/Esprit» de Joan Borysenko ont prouvé que la pratique de la relaxation diminuait le besoin d'insuline chez les diabétiques. D'autres chercheurs ont montré qu'elle est bénéfique pour les asthmatiques et les personnes souffrant de douleurs chroniques ou aiguës. On sait aussi que les Simonton ont réussi à augmenter la résistance immunitaire de cancéreux par la pratique de la visualisation. Cette courte énumération ne prétend pas épuiser la liste des bienfaits thérapeutiques de la relaxation et de la visualisation, mais elle donne un aperçu de sa diversité.

Pour en savoir plus sur les techniques de relaxation, vous pouvez lire les livres de Herbert Benson, *How to Elicite the Relaxation Response* et *Your Maximum Mind*, mais aussi *How to Meditate*, de Lawrence LeShan et, de Joan Borysenko, *Penser le corps, panser l'esprit**. Je donne aussi à la fin de ce livre quelques exemples de méditation dont vous pourrez vous inspirer pour faire vos propres enregistrements.

Quant à la méditation, elle commence souvent par un exercice de relaxation dynamique permettant de libérer le corps des tensions qui peuvent distraire l'esprit. C'est à Edmond Jacobson que nous devons cette technique dérivée du yoga. Assis ou allongé, on commence par prendre conscience de chaque muscle ou groupe de muscles (en alternant tension et détente) en partant des doigts de pied pour remonter jusqu'au visage ou vice versa. En créant volontairement une tension pour la relâcher, on apprend que l'état de tension et l'état de décontraction sont ressentis de la même façon, et l'on peut ensuite, grâce à cette mémoire sensorielle, se détendre à volonté. Après une certaine pratique, on réussira même à se décontracter presque instantanément. Cette technique peut être utilisée chaque

---

* Voici quelques ouvrages disponibles en français sur la relaxation : *Changer par la visualisation*, de Noëlle Philippe, Retz, 1989 ; *Visualisations, relaxations intégratives*, de Monique de Verdilhac et *Cinquante Techniques de méditation*, de Marc de Smedt, Retz, 1979.

fois qu'on se sent tendu. Elle procure une délicieuse sensation de repos. J'ai déjà donné des instructions relatives à ce type de relaxation dans *L'amour, la médecine et les miracles*, je n'y reviendrai donc pas.

Je vous suggère de ménager cinq ou six pauses dans votre emploi du temps de la journée pour vous détendre, soit par la relaxation dynamique, soit en associant relaxation et méditation, prière ou musique. Rappelez-vous seulement que votre but doit être la guérison intérieure et que vous devez alléger vos tensions, non les augmenter. Oubliez pour cela toute idée de performance. Si vous constatez que ces exercices réveillent en vous la volonté de réussir ou l'angoisse d'échouer, n'insistez pas et cherchez une autre façon de vous détendre.

Evitez de faire vos exercices de méditation après le repas ou avant de vous endormir, car vous risquez de passer de la méditation au sommeil sans vous en rendre compte. Idéalement, la méditation relaxe mais sans endormir; elle doit même vous laisser plus alerte et plus concentré. L'endormissement de la conscience qu'elle provoque n'est qu'un prélude à l'éveil de l'inconscient. La relaxation doit permettre à «notre science d'être naturellement bien de se manifester», comme le dit mon ami chiropracteur Jim Parker. Je sais bien que beaucoup de gens s'endorment en écoutant mes cassettes et je n'y vois pas d'inconvénient si cela les aide à trouver le sommeil. Ils continuent à les entendre en dormant. Je leur conseille seulement de les écouter aussi à d'autres moments de la journée pour en tirer le maximum de profit.

Aux infirmières et aux médecins qui travaillent en hôpital, je suggère d'aller à la chapelle plusieurs fois par jour et de s'y recueillir un moment. Cela aura pour eux des conséquences multiples, en particulier celle d'instaurer un rapport différent avec les personnes qu'ils y rencontreront. Si, par exemple, il

139

vous arrive de méditer ou de prier à côté d'un radiologue, vous n'aurez certainement pas envie de vous quereller avec lui au cours d'un travail commun. En modifiant notre état d'esprit, nous modifions notre relation aux autres.

La guérison spirituelle qui s'opère avec la méditation est aussi importante que les bénéfices physiologiques, mais plus difficile à décrire. Chacun la vit différemment, depuis une impression générale de sérénité jusqu'à des prises de conscience extrêmement lucides de certains conflits individuels. Une femme m'a écrit des phrases très émouvantes pour me remercier de la guérison survenue dans sa famille après qu'elle et son mari eurent suivi l'un de mes stages de relaxation. Le mari, qui avait beaucoup pleuré, lui expliqua qu'au moment où je parlais d'ouvrir le coffre dans lequel se trouvait un message il avait vu apparaître une jeune femme, leur fille morte peu après sa naissance, trente ans auparavant. Cette image fut le début d'un processus de réconciliation avec sa belle-fille, à laquelle il n'adressait plus la parole depuis une dispute violente. Il lui téléphona pour lui dire qu'il l'aimait comme la fille qu'il avait perdue, et les relations familiales retrouvèrent leur harmonie. Une femme, qui avait été maltraitée dans l'enfance, vit sa mère, le bras levé au-dessus d'elle, prête à la frapper, mais elle lui attrapa le poignet et lui embrassa la main. Elles s'assirent toutes les deux, la mère lui expliqua pourquoi elle s'était comportée ainsi, et la guérison intérieure de cette femme put commencer.

Ainslie Meares, médecin australien qui s'est spécialisé dans une forme de méditation intensive avec des groupes de cancéreux, a décrit ce qu'il considère comme le but ultime de cette pratique :

« Non seulement il se produit une diminution du niveau d'angoisse et, dans certains cas, une régression du cancer, mais les patients tirent de ces séances une compréhension non verbale de bien des choses, y compris la vie et la mort.

« C'est une compréhension réelle mais qualitativement très différente d'une réflexion intellectuelle sur ces questions. C'est une compréhension philosophique qui échappe à la signification logique des mots… En d'autres termes, ils sentent que la vie et la mort ne sont que des facettes différentes d'un processus sous-jacent. »

Bien que Meares attribue cette compréhension des « mystères de la vie » à la forme particulière de méditation qu'il pratique, j'ai cité ce texte parce qu'il décrit parfaitement ce que chacun d'entre nous peut attendre d'une pratique aboutie de la méditation, quelle qu'elle soit.

Quand Meares parle de l'évolution spirituelle qu'il constate chez ses patients, il évoque la façon dont les bénéfices de la méditation viennent imprégner tous les aspects de leur vie quotidienne. C'est un processus naturel, mais je sais que beaucoup doivent faire des efforts pour retrouver, dans le cours de leur journée active, la conscience de l'instant que permet la méditation. Un article écrit par un des directeurs du Stress Reduction and Relaxation Program de la section médecine de l'université du Massachusetts, Saki F. Santorelli, donne vingt et un « trucs » pour réussir cette intégration. J'en citerai quelques-uns, qui me paraissent propres à vous faire retrouver la paix intérieure que donne la méditation :

« 1. Prenez quelques minutes chaque matin pour vous détendre et méditer — assis ou allongé. Soyez au plus près de vous-même… Regardez par la fenêtre, écoutez les bruits de la nature ou faites une promenade tranquille.

« 2. Profitez des pauses de la journée pour vous

relaxer. Faites une promenade de deux à cinq minutes ou restez assis à votre bureau et faites le vide.

« 3. Pendant votre travail, décidez de vous arrêter une ou deux minutes toutes les heures. Prenez conscience de votre respiration et de vos sensations physiques. Recentrez-vous sur vous-même et faites le vide.

« 4. Faites lucidement les quelques pas qui vous séparent de votre voiture (à la fin de votre journée de travail) et respirez à fond. Essayez d'accepter la sensation de froid ou de chaleur que ressent votre corps au lieu d'y résister. Ecoutez les bruits du dehors.

« 5. Pendant que votre moteur chauffe, restez tranquillement assis et faites consciemment la transition entre votre travail et la maison. Prenez un moment pour être simplement vous-même, avec plaisir. Comme la plupart d'entre nous, vous allez attaquer votre deuxième journée de travail : la maison !

« 6. Changez de vêtements en rentrant chez vous. Cela vous aidera à changer de "rôle", et c'est l'affaire de cinq minutes. Dites bonjour à chacun des membres de votre famille ; centrez-vous sur la maison. Accordez-vous de cinq à dix minutes de calme et de silence, si possible. »

D'une façon générale, même quand on est en parfaite santé (et surtout si on veut le rester), il est bon de se ménager des pauses lorsqu'on se sent dépassé par les événements. Quelques minutes de calme plusieurs fois par jour pour se relaxer et se recentrer, en étant attentif aux sensations présentes et au plaisir d'exister qu'on ne s'accorde pas toujours, il n'en faut pas plus.

Je sais par expérience personnelle que ces moments thérapeutiques peuvent prendre des formes diverses. La méditation à proprement parler n'est pas indispensable, un peu de jogging peut avoir le même effet. Quand je suis dehors très tôt le matin, à courir, les seules choses que j'entende sont mes voix intérieures et le dialogue paisible des arbres, du vent et des oiseaux. A de pareils moments, on comprend comment les Indiens, qui vivaient en étroite harmonie avec la nature, ont pu développer la haute spiritualité qui était la leur.

La visualisation, une méditation imagée

La visualisation est une forme de méditation qui utilise des images. Il s'agit de faire appel à son imagination pour se représenter ce que l'on veut accomplir. Cette technique a prouvé son efficacité dans des domaines aussi différents que la performance sportive ou l'accouchement naturel, mais le lecteur sera sans doute plus intéressé par son application au domaine de la santé, en particulier pour l'amélioration du système immunitaire. Si la pratique de la relaxation simple a démontré son efficacité sur les défenses immunitaires, les travaux de la psychologue Mary Janoski montrent qu'en y adjoignant l'exercice de la visualisation on obtient des résultats meilleurs encore.

Les docteurs Michael Samuels et Irving Oyle donnent également dans leurs livres la preuve que le système immunitaire peut être renforcé par la visualisation. Le docteur Simonton et Stephanie Mattews ont popularisé l'usage des techniques imaginables pour les cancéreux dans l'ouvrage écrit par James L. Creighton, *Guérir envers et contre tout*, qui a inspiré bon nombre de médecins, de soignants et de malades depuis dix ans. J'ai moi-même commencé à pratiquer la visualisation après avoir assisté à l'un de leurs stages en 1978. Ces idées sont tellement répandues aujourd'hui qu'on trouve même des jeux vidéo interactifs où les images apparaissent sur l'écran pour permettre aux jeunes patients de combattre leur maladie en s'amusant.

Certains hypnothérapeutes considèrent l'imagerie mentale comme une forme d'hypnose ou d'auto-hypnose. Dans un entretien avec Ernest Rossi, le psychiatre Milton Erickson raconte comment il a été amené à s'intéresser, sur un plan à la fois personnel et professionnel, à l'auto-hypnose. Après avoir failli mourir de la poliomyélite à l'âge de dix-sept ans, il a passé deux ans à pratiquer ce qu'il reconnut par la suite comme de l'auto-hypnose pour réapprendre à bouger et à marcher. Il se mettait en état de transe et plongeait dans ses souvenirs pour retrouver les sensations physiques que lui procurait le mouvement quand ses muscles lui obéissaient encore. Le souvenir de ces mouvements lui permit d'entraîner ses jambes à fonctionner comme avant.

Il a également utilisé l'auto-hypnose pour vaincre la douleur. Pensant que la fatigue consécutive à une longue marche lui ferait oublier la douleur, il prit l'habitude de s'imaginer en train de marcher longtemps, jusqu'à l'épuisement, et cela lui permit de contrôler sa douleur. Devenu âgé, il se servit de ses souvenirs d'enfance, quand il découvrait les beautés de la nature, pour apaiser ses souffrances. Il s'aidait aussi de scènes de sa vie conjugale. Souffrant d'arthrite, il se mettait en état de transe hypnotique et imaginait la pression du corps de sa femme contre le sien à la place de la douleur. Si vous voulez en savoir plus sur sa philosophie et ses techniques, lisez *Ma voix t'accompagnera: Milton Erickson raconte*, par le docteur Sidney Rosen.

Peu d'adultes possèdent une puissance imaginative comparable à celle d'Erickson, mais les enfants, qui n'ont pas encore opéré de distinction nette entre «réel» et «imaginaire», entrent sans difficulté dans le monde des images. Lors d'une conférence donnée à l'Institut des sciences noétiques, le docteur Karen Olness a décrit certains travaux réalisés avec des enfants souffrant de maladies chroniques telles que l'asthme, l'arthrite rhumatoïde, l'hémophilie ou de cancer.

Un jeune garçon, hémophile au point d'être confiné dans un fauteuil roulant, a appris à diminuer ses douleurs et à « retenir le sang », comme il le dit. Il s'est inventé un scénario où il se voit parcourir le réseau de son système circulatoire aux commandes d'un avion qui pulvérise du facteur VIII, l'agent coagulant qui lui manque, chaque fois que c'est nécessaire. Un autre enfant, après de multiples opérations, a appris à utiliser un appareil de biofeedback sensible à la température des doigts pour diminuer ses douleurs. Ayant constaté qu'il pouvait faire monter sa température en s'imaginant exposé au soleil, il en conclut rapidement qu'il pouvait contrôler d'autres fonctions physiologiques. En dehors de la douleur et de la température, ces enfants ont appris à intervenir sur d'autres fonctions involontaires telles que la résistance galvanique de la peau, la tension artérielle, la saturation en oxygène des tissus transcutanés et la production d'immunoglobines salivaires.

La visualisation peut être provoquée par l'hypnose, sous la direction d'un médecin, d'un psychothérapeute ou d'un hypnothérapeute, ou autoprovoquée. Les gens doués d'une imagination fertile et ceux qui pratiquent déjà la méditation n'auront aucun mal à s'initier à la visualisation. Ils pourront acheter une cassette correspondant à leurs besoins ou enregistrer eux-mêmes leurs exercices, en prenant éventuellement comme base les scénarios proposés à la fin de ce livre.

Quelle que soit la méthode choisie, elle devra impérativement laisser une place à votre imagerie personnelle. Comme je l'ai signalé dans mon premier livre, l'imagerie guerrière proposée par les Simonton pour attaquer la maladie peut ne pas plaire à tout le monde. Bien des gens répugnent à tuer quoi que ce soit, fût-ce leurs cellules cancéreuses. Une jeune fille, bouleversée, fit même crier « au secours » à sa tumeur ainsi menacée. Par contre, Jarret Porter, qui avait neuf ans et une tumeur prétendument incurable au cerveau, élabora un véritable scénario de « guerre des étoiles » pour venir à bout de sa maladie. Il se représenta son cerveau comme un système solaire, sa tumeur comme une planète ennemie et lui-même comme le chef d'une escadrille interplanétaire chargée de repousser l'envahisseur. Cette imagerie belliqueuse fit merveille : en cinq mois, sa tumeur avait disparu, sans l'aide d'aucun autre traitement. C'est maintenant un jeune homme en parfaite santé, qui a écrit avec son thérapeute Pat Norris un livre intitulé *Why me?* et que l'on peut voir dans la cassette vidéo « Fight for your Life », distribuée par l'ECAP.

Mais environ 80 p. 100 d'entre nous sont des colombes, non des faucons. J'ai trouvé ce chiffre dans une étude réalisée auprès de jeunes conscrits à qui l'on demandait s'ils se sentaient capables de tuer pendant une bataille. Plus des trois quarts répondirent non. Pour les gens qui n'apprécient pas le style guerrier, je suggère donc des métaphores plus paisibles. Les cellules malades peuvent par exemple être visualisées comme une nourriture, source de croissance et d'évolution pour qui la consomme. C'est une imagerie qui convient à beaucoup de patients, témoin cette lettre d'une femme dont la mammographie indiquait une récurrence du cancer guéri deux ans plus tôt :

« J'imaginais de jolis oiseaux cherchant leur nourriture dans mon sein. A ma grande surprise, mon cancer m'apparut alors sous la forme d'une multitude de petits grains d'or, une vraie richesse. Chaque jour, les oiseaux venaient picorer ces grains d'or. Je n'en revenais pas de visualiser mon cancer sous cette forme, des grains trop dorés, trop riches pour mon organisme. Une fois les oiseaux rassasiés, je voyais ensuite un rayon d'intense lumière spirituelle pénétrer mon corps. Et je priais Dieu de m'aider, de me guider et de me protéger.

« Un matin, après une balade à vélo particulièrement agréable, je m'assieds pour méditer et tout à coup la lumière blanche apparaît, traverse mon crâne et se répand comme une chaleur blanche dans ma poitrine et mes membres. J'ai senti sa puissance prendre possession de moi et je me suis abandonnée, tandis que mon cœur cognait de toutes ses forces. Au bout d'un moment, très bref et très intense, je me suis écroulée sur le côté, épuisée. Je savais qu'il venait de se passer quelque chose d'extraordinaire.

« Le lendemain, pendant ma séance de visualisation, impossible de trouver le moindre grain d'or ! Une voix intérieure murmurait : "Il n'y a plus rien." Et les jours suivants, même chose. J'ai dit à mon mari : "J'aimerais bien refaire une mammographie. Je suis sûre qu'on ne trouverait plus rien." »

La semaine suivante, quand elle subit cet examen il n'y avait effectivement plus rien. Ce que la première mammographie avait révélé, la « zone douteuse, suspecte de malignité » décrite par le chirurgien, avait disparu.

L'imagerie, comme les empreintes digitales, diffère toujours d'un individu à l'autre. Telle patiente voit ses cellules cancéreuses sous la forme de détritus qu'elle fait manger par des cochons pour décharger ses globules blancs de ce travail ; telle autre transforme ses tâches domestiques en séances d'autoguérison, imaginant par exemple que l'eau de vaisselle est un baume pour sa maladie. Jim Wood, un membre de l'ECAP, s'est imaginé qu'un vaste océan d'écume blanche baignait en permanence son cancer. A la moitié de sa chimiothérapie, il ressentit pendant une dizaine de jours de fortes démangeaisons internes dans la région où était localisé son cancer. Il est persuadé que sa guérison s'est produite à ce moment-là. Quoi qu'il en soit, la chirurgie exploratrice permit de vérifier, quelques mois plus tard, qu'il n'avait plus aucune trace de mésothéliome. Un an plus tard, il n'avait toujours pas de récurrence.

Si vous avez une maladie, comme le lupus ou la sclérose en plaques, dans laquelle votre système immunitaire attaque votre corps, vous aurez peut-être envie d'imaginer que vos globules blancs sont une équipe d'intervention, comme les sept nains du conte, que vous pouvez envoyer effectuer des réparations là où elles sont nécessaires ou tout simplement chasser les attaquants.

Mais en choisissant les images que vous allez utiliser il faut tenir compte du fait qu'elles doivent faire intervenir votre sens le plus développé, la vue, l'ouïe, le toucher ou l'odorat. Chacun d'entre nous privilégie l'un de ses sens dans sa relation au monde. Pour déterminer celui qui est dominant chez vous, soyez attentif aux mots que vous employez ou demandez-vous quel critère déterminerait votre choix, au moment d'acheter une voiture, par exemple. Seriez-vous plus sensible à sa beauté, au ronflement du moteur, au confort des sièges ? C'est en faisant ce genre d'analyse que vous apprendrez à connaître votre nature profonde. J'ai lu quelque part qu'une femme avait besoin d'«entendre» son système immunitaire. Elle se le représentait comme le héros d'un opéra qui affrontait ses cellules cancéreuses en leur chantant des grands airs pour les mettre en déroute. Une autre «sentait» son système immunitaire la parcourir comme un fleuve puissant.

Certains spécialistes de la visualisation affirment que les images utilisées doivent être anatomiquement justes. C'est-à-dire qu'il faudrait apprendre tout ce qui se passe dans l'organisme et comment on guérit avant de pouvoir visualiser en détail chaque cellule effectuant précisément sa tâche particulière, quelle qu'elle soit. Je considère quant à moi que la superintelligence qui nous habite en sait plus que nous n'en saurons jamais sur la guérison, et que nous n'avons pas besoin de connaître l'anatomie pour guérir. C'est aussi la philosophie de Milton Erickson : confiez le problème à l'inconscient et faites-lui confiance pour s'en charger et le résoudre à sa façon.

Intuitivement et instinctivement, l'inconscient sait ce qu'il faut faire. Notre seule tâche, à nous qui affrontons la maladie, c'est de lui permettre d'agir au mieux de nos intérêts en lui envoyant des messages de vie. Ce qui le déroute, ce sont les faux-semblants, les mensonges. Je vous demande : « Comment allez-vous ? » Vous répondez : « Bien. — Des problèmes ? — Aucun », et vous envoyez à votre organisme un message de mort, en lui faisant croire que votre mal ne vous concerne pas. N'agissez pas ainsi, je vous en prie. Exprimez vos besoins. Demandez qu'on vous aide. Parlez de vos problèmes. En vous aimant vous-même, vous donnerez à votre corps toute l'aide dont il a besoin, mais il faut pour cela que vous acceptiez et reconnaissiez vos besoins. Laissez sortir la souffrance, l'amour prendra sa place.

Le pouvoir de l'espoir

Plus puissants peut-être que toute technique d'altération de votre environnement interne, visualisation ou autre, il y a l'espoir et l'amour. Je considère qu'il est de mon devoir de médecin de donner l'un et l'autre à mes patients parce qu'ils en ont besoin pour vivre. Dans la mesure où je ne peux pas prédire l'issue de leur maladie malgré tous les éléments d'analyse dont je dispose, je peux en toute honnêteté donner de l'espoir à chacun.

Lors de mes conférences, je propose toujours aux médecins présents un pari dont l'enjeu serait un an de salaire. Je leur lis un rapport médical et, s'ils réussissent à deviner la date du décès de la personne concernée à six mois près, je leur donne un an de mon salaire. Dans le cas contraire, ce sont eux qui me doivent un an de leur salaire. Bien qu'ils aient une marge d'erreur de douze mois en tout, aucun n'a encore relevé le défi. Mis au pied du mur, ils me répondent qu'on ne peut pas prédire la mort de quelqu'un d'après son dossier médical. Alors comment expliquer qu'ils le fassent si souvent ? qu'ils condamnent tant de patients à mort ? Personne ne peut lire l'avenir dans un dossier médical, et tous ceux qui le font ont tort. Ne confondons pas probabilités et possibilités.

Assis à mon bureau, je me suis demandé pourquoi je passais toutes ces heures avec des personnes souffrant de maladies qu'ils ne peuvent pas vaincre. Mais certains y parviennent et m'envoient des lettres où ils me disent : « Merci de m'avoir laissé le choix de survivre, j'y suis arrivé. » Et cela m'aide à laisser le choix à d'autres, qu'ils aient le sida, le cancer, le diabète, une maladie cardiaque, un lupus, la sclérose en plaques ou la maladie de Charcot. Dans toute maladie, il y a toujours place pour l'espoir. Je ne vais pas mourir à cause des statistiques, vous non plus, j'espère !

4

QUI EST LE GUÉRISSEUR ET QUI EST GUÉRI ? LA DIALECTIQUE MÉDECIN-PATIENT

> « C'est notre devoir, en tant que médecins, d'évaluer les probabilités et de tempérer l'espérance ; mais, partant des probabilités, se dessinent les voies du possible vers lesquelles c'est aussi notre devoir de projeter la lumière, cette lumière qui a pour nom espoir. »
>
> Karl MENNINGER, *The Vital Balance*

> « Les statistiques sont le triomphe de la méthode quantitative, cette méthode quantitative qui est le triomphe de la stérilité et de la mort. »
>
> Hilaire BELLOC

J'ai toujours distingué deux sortes de guérisons. Celle qui concerne l'ensemble de la vie — et qu'on pourrait appeler harmonisation — et celle qui ne concerne que la condition physique. C'est ainsi qu'un malade du sida ou un quadriplégique peuvent être profondément «guéris» tandis qu'un patient guéri du cancer vivra une existence mal équilibrée. Dans cette optique, nous évitons, mes patients et moi, de défier l'inéluctable mais aussi de risquer l'échec, car, si «mortelle» que soit une maladie, si improbable que soit la guérison, on peut toujours «guérir» sa vie.

Même les plus mécanistes des médecins peuvent s'intéresser à cet aspect des choses s'ils comprennent que, dans le cadre d'une vie harmonisée, la guérison physique peut intervenir comme effet secondaire. C'est d'ailleurs ce qui m'a convaincu d'infléchir ma pratique dans cette direction. Depuis, c'est devenu l'essentiel de mon activité, car je considère que la vie de l'individu compte avant tout, la maladie n'en étant qu'un des aspects, qui peut devenir le levier d'une réorientation profonde.

Pourtant, face aux malades, les médecins n'ont appris à voir que la maladie. C'est pourquoi il faut toujours leur rappeler qu'ils ont affaire à des êtres humains. Dans ce but, une dame apposa sur la porte de la chambre de son mari, à l'hôpital, une pancarte annonçant : «Danger, être humain.» Cette pancarte, ajoutée au fait que la dame se couchait dans le lit de son mari pour le réconforter créa un certain émoi dans le grand centre hospitalier où cela se passait. Par la suite, le mari fut hospitalisé dans un établissement plus petit, et la dame remit la pancarte sur sa porte. Cette fois, une infirmière la remarqua et demanda d'où elle venait. Un peu inquiète, la dame répondit qu'elle l'avait achetée dans un magasin du quartier, mais l'infirmière reprit : «Ça vous ennuierait de m'en rapporter une douzaine ?» Il y a aussi cette patiente qui s'est présentée à la clinique oncologique costumée en danseuse orientale. Soyez certains que, depuis ce jour-là, les médecins ont cessé de la considérer comme un «cancer du sein».

Jake, rencontré à l'un de mes ateliers, a inventé sa propre méthode pour rappeler à tout le monde, y compris lui-même, qu'il n'était pas qu'une maladie. Hospitalisé pour une série d'examens qui révélèrent une tumeur au cerveau, il continua à porter ses vêtements habituels, décora sa chambre avec les photos de ses sportifs préférés, poussa son lit sous une fenêtre pour avoir vue sur le ciel, bref, refusa de se comporter comme un patient. Cette attitude eut

152

pour effet d'augmenter sa résistance immunitaire — et de créer une certaine agitation parmi le personnel hospitalier.

Un jour, pendant qu'on l'emmenait en salle d'opération, Jake, qui a un physique impressionnant avec son mètre quatre-vingt-dix, tendit la main au chirurgien qui allait l'opérer. Mais l'homme de l'art refusa la main tendue. Pensant qu'il avait peur qu'on la lui abîme, Jake lui demanda de le prendre aux épaules. Comme le chirurgien refusait encore, sous prétexte que cela risquait de les retarder, Jake s'écria : « Il n'est pas question que cet homme m'opère ! S'il refuse de me serrer la main et de me toucher, je ne vais pas le laisser tripatouiller mon cerveau ! »

Je dois admettre que ce genre de comportement peut perturber nos emplois du temps, mais c'est un réflexe de survie. Jake savait intuitivement qu'on ne peut pas séparer l'homme de sa maladie, et il lui paraissait important que le chirurgien le sache aussi. Les médecins qui persistent à penser qu'ils peuvent soigner une maladie sans se préoccuper du malade sont peut-être d'excellents techniciens, mais ce sont des médecins incomplets parce que leur compréhension de la maladie est incomplète.

A mes yeux, le médecin idéal devrait comprendre que la maladie n'est pas seulement une réalité clinique mais une expérience et une métaphore porteuse d'un message qu'il faut écouter. Ce message nous parle du chemin qui est le nôtre et dont nous nous sommes écartés. Notre vie n'est plus alors l'expression de notre moi profond ou, comme le dirait Lawrence LeShan*, nous ne chantons plus notre propre chanson. Ce n'est qu'en étant attentif à

* Lawrence LeShan, *Vous pouvez lutter pour votre vie*, Robert Laffont, Coll. « Réponses », Paris, 1982.

153

ce message que nous pourrons mobiliser les pouvoirs de guérison qui sont en nous, et c'est ce que chaque médecin doit aider chaque patient à faire. Le psychiatre Milton Erickson propose une métaphore de l'attitude qui devrait être celle des gens de sa profession pour aider les patients à s'autoguérir :

« Je rentrais du lycée, un jour, quand un cheval, la bride sur le cou, dépassa notre groupe pour entrer dans une ferme... afin de se désaltérer. Il transpirait abondamment. Comme le fermier n'avait pas l'air de le reconnaître, nous l'avons encerclé, j'ai sauté sur son dos... et comme il était harnaché j'ai pris les rênes et crié : "Hue" [...] en le dirigeant vers la grand-route. Je savais que le cheval prendrait la bonne direction... mais j'ignorais quelle était la bonne direction. Et le cheval se mit à trotter et à galoper. Il oubliait par moments qu'il était sur une route et bifurquait vers les champs. Alors je le retenais pour lui rappeler qu'il devait rester sur la route. Finalement, à quelques kilomètres de l'endroit où je l'avais trouvé, il obliqua vers une cour de ferme, et le fermier dit : "Alors, tu te fais raccompagner, maintenant ? Où l'avez-vous trouvé ?"

« Je répondis : "A sept kilomètres d'ici, à peu près.

« — Et comment saviez-vous qu'il venait d'ici ?

« — Je ne le savais pas... mais lui le savait. Tout ce que j'ai eu à faire, c'était de maintenir son attention sur la route."

« ... Je pense qu'on devrait faire de même en psychothérapie. »

Ce qui me plaît dans cette conception de la thérapie, c'est que le médecin n'indique pas au patient le chemin qu'il doit prendre. Votre chemin est déterminé par les caractéristiques intrinsèques de l'ADN contenu dans l'œuf fertilisé qui devient vous, et en le suivant vous deviendrez le meilleur vous-même possible. Cette conception de la guérison est aussi pertinente pour les guérisseurs du corps que pour ceux de l'esprit.

Toutefois, le médecin est dans une position différente de celle du psychothérapeute, car les gens qui viennent le consulter ne viennent pas pour changer leur vie. Ils ont des problèmes physiques. Certains ont même envie de mourir. Mais si nous sommes prêts à les soigner en les écoutant, en les réconfortant et en les aimant, nous ferons plus que soigner leurs maux, nous les aiderons à réorienter leur vie.

La voie chamanique

La plupart des médecins, actuellement, se dérobent à la psychothérapie informelle que pratiquaient communément les médecins d'antan. Ils s'en tiennent aux faits, à l'historique d'une pathologie, sans prêter beaucoup d'attention à leur patient. Mais nous ne devons jamais oublier que l'expression d'un visage, le tremblement d'une main, l'altération d'une voix, la timidité d'un regard, les rêves et les dessins sont autant de signes potentiels du véritable trouble et doivent compter pour nous autant qu'une énumération de symptômes. La véritable communication entre médecin et patient s'élabore à tel point dans le non-verbal que j'ai pu soigner un Grec qui ne parlait pas un mot d'anglais. Je l'ai reçu à mon cabinet et je lui ai parlé comme s'il pouvait me comprendre. Il a ressenti l'effet de mes paroles d'espoir et de réconfort sans en saisir le sens. Et, quand je fus amené à l'opérer, je lui passai de la musique grecque, autre forme de communication non verbale.

Il fut un temps où les médecins savaient qu'il faut

traiter non seulement la maladie, mais aussi le patient, car certains, selon Hippocrate, «bien que pénétrés de la gravité de leur mal, recouvrent la santé par la seule satisfaction d'être entre les mains d'un bon médecin». Mais, au cours du siècle dernier, le rôle du médecin a totalement changé, pour le meilleur et pour le pire. Naguère, les moyens manquaient, tant pour élaborer un diagnostic que pour soigner la plupart des maladies. Les médecins ne disposaient donc, en dehors de quelques remèdes simples et d'analgésiques, que de leur compréhension de la nature humaine.

Vers la fin du XIXᵉ siècle, la pratique de la médecine fut révolutionnée par des progrès considérables dans le diagnostic et le traitement. Puis le XXᵉ siècle, avec la découverte des sulfamides dans les années trente et celle des antibiotiques dans les années quarante, salua l'ère de la médecine miracle. La médecine ancienne, l'effet placebo médiatisé par le médecin, semblait définitivement tombée en désuétude.

Il est certain que les pouvoirs thérapeutiques du médecin n'ont jamais été aussi vastes. C'est même la raison pour laquelle je suis resté chirurgien, et je ne renoncerais certainement à aucun des remèdes miracles que la science moderne met à notre disposition. Mais je ne peux pas m'empêcher de remarquer que notre pouvoir de guérir les gens et leur vie semble diminuer dans la mesure exacte où notre capacité de soigner la maladie a augmenté. Cela s'explique par le fait que la connaissance de la nature humaine, outil principal du médecin d'antan, a été abandonnée comme non pertinente à l'ère de la science. La science est devenue Dieu et s'est séparée des hommes. Il y a peu de temps, j'ai rendu visite à une femme qui venait de subir une transplantation cœur-poumons. Imaginez cet événement extraordinaire : ses doigts bleus étaient redevenus roses, elle vivait. Elle avait réclamé l'assistance d'un psychiatre pour l'aider à démêler les problèmes complexes qui se posaient à elle, entre autres la question de savoir si elle devait remercier la famille de la personne dont la mort lui avait permis de revivre. Quand elle en avait parlé à son chirurgien, le seul conseil qu'il avait su lui donner, c'était d'enfourcher son vélo d'appartement et de pédaler.

Ce qui a été perdu, c'est la dimension humaine. Pour se faire une idée de ce qu'était la médecine quand les docteurs dépendaient de leur inspiration, nous devons nous tourner vers des cultures où la tradition a encore sa place. Dans *Imagery in Healing*, Jeanne Achterberg cite un vieil Indien Mohawk expliquant la différence entre médecin blanc et chaman : « La médecine du docteur blanc est souvent très mécanique. Le patient est réparé mais il n'est pas meilleur qu'avant comme personne. Avec la méthode indienne, il est possible d'être une meilleure personne après avoir traversé la maladie et guéri par les bons remèdes. » C'est cette science du chaman que le médecin occidental a, hélas, oubliée. Mais quel est mon propos quand je revendique pour le médecin un rôle de chaman ? Ceux d'entre vous qui s'inquiètent déjà des tendances autoritaires de la profession seront fondés à se méfier d'un médecin qui se réclamerait de l'autorité morale et même spirituelle que ses pairs ont perdue (certains diraient « abandonnée »). Je crois cependant qu'il n'est pas de maladie dont le traitement ne puisse être renforcé par un médecin qui sait inspirer, guider ses patients et mettre ainsi en jeu les « guérisseurs » internes du corps. Quand je peux aider mon patient à trouver ce que Schweitzer appelle le « médecin intérieur » — quand je joue les entraîneurs, comme dirait l'un de mes patients —, je me sens comblé dans mon rôle de thérapeute et vraiment utile à mes patients. Nous formons alors une équipe qui assume conjointement participation et responsabilité.

Dans une très belle lettre, un couple demande son aide au médecin qui vient de diagnostiquer chez la femme une récurrence du cancer :

> « Nous avons besoin de vos talents d'oncologiste mais aussi de votre confiance d'être humain dans le fait que les individus exceptionnels peuvent réaliser des choses exceptionnelles et qu'Isabelle est une personne exceptionnelle [...]. Il nous semble important de vous dire qu'à notre avis le cancer ne peut pas être vaincu par les seules techniques médicales. Il faut aussi garder la joie de vivre au quotidien, la détermination de l'âme et une foi inébranlable. Cela n'est pas possible avec un médecin qui manifeste par son attitude que l'on est "incurable". Nous avons besoin de vous pour soigner Isabelle médicalement mais aussi pour l'encourager et croire en elle. Nous vous demandons d'être patient et amical. »

Le docteur qui croit réellement que chaque patient est unique et particulier peut provoquer des effets autres que les effets mécaniques. J'ai lu récemment, dans *New Frontier Magazine,* une chronique où Alan Cohen racontait comment un chiropracteur avait changé la vie d'un homme. Un jour, un individu débraillé et sale se présenta à son cabinet. Malgré sa répulsion, le chiropracteur, qui avait appris (d'un guérisseur indien) à trouver en chacun de ses patients quelque chose d'aimable, chercha ce qu'il pouvait bien apprécier chez lui. Il vit que l'homme avait des lacets tout neufs, très proprement lacés, et c'est à ce détail qu'il s'attacha pour le traiter avec amour.

Quelques jours plus tard, l'homme revenait le

158

voir, proprement habillé et apparemment beaucoup plus en forme. Il lui expliqua que, la première fois, il était en route vers le fleuve tout proche avec l'intention de se suicider, quand subitement il avait décidé de donner à quelqu'un une dernière chance de le réconcilier avec la vie. «C'est alors que j'ai vu votre plaque et que je suis entré. Je veux vous remercier pour votre accueil. Je me suis senti accepté, aimé. Vous m'avez donné le courage de continuer à vivre, docteur, et je voulais que vous sachiez ce que votre gentillesse a représenté pour moi.»

En tant que médecins, c'est tous les jours que nous avons l'occasion d'agir ainsi. Certains patients viennent à nous tellement mal dans leur peau, tellement dégoûtés d'eux-mêmes par un long passé de mal-aimés qu'ils redoutent, ou qu'ils souhaitent qu'on les maltraite, qu'on les punisse. Mais nous pouvons, en les aimant, les aider à s'aimer eux-mêmes. La leçon la plus pénible pour moi a été de découvrir à quel point la vie des gens peut être difficile. Tous n'ont pas envie de vivre. Certains n'en trouveront le désir que si leur médecin se comporte comme ce chiropracteur.

Il y a aussi ceux qui veulent vivre mais ne savent pas comment. Je pense que c'est d'eux que parle l'Ecclésiaste quand il dit: «Celui qui pèche devant son Créateur, puisse-t-il tomber aux mains d'un médecin.» Le mot «pécher» n'a pas ici le sens que nous lui donnons habituellement, il décrit simplement un mode de vie non harmonieux. Ce n'est qu'en aidant les patients à «guérir» leur vie que nous ferons d'eux des personnes susceptibles d'être délivrées de leur maladie.

J'ai demandé un jour à une femme affligée d'un abcès, qui m'attendait dans mon cabinet: «Pourquoi avez-vous tant de mal à dire non?» Elle rétorqua: «Quelqu'un a téléphoné pour vous parler de moi?» et je lui répondis en toute franchise: «Mais non, je lis dans votre corps. » J'ai appris que les maladies sont souvent des signes et que, si je parviens à déchiffrer le message, je serai en mesure d'aider mes malades à changer non seulement leur état physique mais également le cours de leur vie. Quand on sait cela, on voit effectivement des gens venir vous dire : « Jamais il ne m'est arrivé quelque chose d'aussi positif que ma maladie. Merci de vous être trouvé sur mon chemin et de m'avoir guidé. »

J'ai sur ma table la lettre d'une patiente qui était venue me demander des conseils autant que des soins. Au moment où elle écrit, son cancer de l'ovaire a disparu, grâce à un régime composé d'espoir, de méditation, de visualisation, d'autohypnose, de chimiothérapie, de psychothérapie et d'exercices d'autoguérison. Elle dit : « Vous avez sauvé et embelli ma vie. Vous m'avez appris à aimer. » Ce dont elle parle, ce n'est pas de la disparition de son cancer mais des changements qui se sont produits en elle *à cause* de lui, changements que je l'ai aidée à effectuer.

J'ai un rêve, et ce rêve c'est d'aider tous mes patients à trouver leur rêve. Bien souvent, le facteur qui les incite à vivre et à trouver ce rêve, c'est la maladie. (Rappelons-nous les mots d'Arnold Mindell : « Un symptôme terrifiant, c'est généralement votre plus grand rêve qui cherche à se réaliser. ») Une femme que j'ai opérée il y a plusieurs années m'a écrit ceci :

« Pendant les premières années qui ont suivi mon opération, j'ai tenu un journal pour y noter en détail mes pensées, mes sentiments, et, finalement, c'est devenu le journal de mon évolution et de mon épanouissement. J'en ai tiré un livre que j'ai intitulé : "Du bon usage de l'adversité". Bien évidemment, vous figurez en bonne place dans cette histoire ; vous apparaissez d'abord comme

160

mon sauveur, puis je vous en veux, je vous déteste et enfin je fais la paix avec vous. Saviez-vous que vous pouviez prendre tous ces visages ? »

Non, je ne le savais pas, mais je suis heureux qu'elle me l'ait dit. Quand on réussit à aider quelqu'un à transformer un coup dur en révélation, on fait avancer son rêve.

Le guérisseur compulsif

Comme la plupart des médecins, je dois me rappeler que je ne suis qu'un facteur facilitant la guérison, non le guérisseur lui-même. C'est pourquoi j'ai demandé à mes patients de m'appeler par mon prénom. En tant que Bernie, je suis un être humain accessible à tous, patients et collaborateurs ; en tant que Bernie, on m'accepte tel que je suis, parfaitement imparfait. Et quand plus personne (y compris moi-même) n'attend de moi l'impossible, je me sens soulagé d'un poids considérable. « Docteur Siegel », c'est une étiquette qui m'assigne un rôle déterminé, qui me condamne à la perfection. Or je ne serai jamais parfait.

Parce qu'on risque toujours de se retrancher derrière un rôle, Gwen, infirmière en salle d'opération, m'accueille généralement par un : « Alors, qui sommes-nous aujourd'hui ? Bernie ou le docteur Siegel ? » Un jour où j'étais Bernie, une infirmière qui terminait son service avant la fin d'une longue et difficile opération se pencha sur moi et m'embrassa dans le cou avant de partir. Ce geste me réconforta et me donna du courage pour continuer, car il traduisait toute la peine et tout l'amour que nous venions de partager. Ceux qui se prennent pour des dieux ne reçoivent pas ce genre de cadeau. Ils se tiennent à distance de tous ceux qui les approchent et ne partagent rien. C'est pourquoi je m'efforce toujours d'être Bernie.

Etre humain, c'est échanger non seulement des marques d'affection mais aussi des rires. Un de mes confrères chirurgiens m'a raconté que, pendant une opération du rectum, il avait demandé : « Eclairez-moi ce trou du cul. — Lequel ? » avait ironisé l'infirmière. Ce genre d'humour nous aide à supporter nos difficultés de chirurgien, nous parle d'amitié et nous rappelle, au cas où nous l'aurions oublié, que nous sommes humains. On m'a aussi raconté l'histoire d'une infirmière qui, découvrant qu'un de ses patients était mort, avait appelé un jeune interne pour lui faire constater le décès. Celui-ci s'était lancé dans un cérémonial compliqué de déclamations et de postures avant de conclure pompeusement : « Le patient est mort. — Sans blague ! » s'exclama l'infirmière. En évoquant cette anecdote, l'interne en question avoua qu'elle avait marqué un tournant dans sa vie en l'aidant à changer, à évoluer. Mais les médecins avec lesquels on ne peut échanger ni affection ni plaisanteries posent des problèmes ; pour les autres et pour eux-mêmes.

Qu'est-ce qui fait que les médecins ont tendance à se prendre pour Dieu ? Woody Allen répond que c'est leur besoin d'identification. Des études psychologiques ont montré que c'est une tentative de négation de leur propre mortalité, ceux qui choisissent la carrière médicale étant souvent motivés par la peur de mourir. Chaque victoire sur la mort les confirme dans leur sentiment de puissance, tandis que la perte d'un patient est vécue comme un échec, comme la preuve terrifiante de leur imperfection. Soigner devient pour eux un besoin, une drogue, aussi dangereuse que n'importe quelle autre drogue. Et puisque tout médecin perd nécessairement certains de ses patients, imaginez combien leur sentiment d'échec va s'aggraver, d'année en année, à mesure que s'allonge la liste des décès.

C'est ce qui me fait considérer la médecine comme une profession orientée vers l'échec, préoccupée des maladies plus que des malades. Assistez à des congrès de médecins et observez-les, vous comprendrez ce que je veux dire. Il ne leur reste rien de l'optimisme radieux des étudiants en médecine, plus trace de cette aura particulière qui entoure le guérisseur partant secourir le monde, si visible le jour de la remise des diplômes. En les voyant rassemblés quelques années plus tard, usés par un sentiment d'échec collectif, on constate que le métier qu'ils exercent n'est plus orienté vers la vie mais tourné vers la mort. Et le fait d'être en contact quotidien avec de grands malades n'explique rien, on s'en persuadera en assistant aux réunions d'autres professionnels de la santé. Tout aussi concernés par le bien-être de leurs patients, ces derniers évoquent plus volontiers la qualité de la vie que la maladie, l'échec ou le décès. Quand ils traitent un patient, ils n'hésitent pas à solliciter l'aide de sa famille ou du personnel d'encadrement avec lesquels ils fonctionnent en équipe.

Si les médecins faisaient de même, ils se sentiraient moins isolés et ils auraient la sensation de réussir même quand ils n'arrivent pas à guérir. C'est ainsi que je reçois parfois des lettres de remerciement envoyées par la famille de patients décédés, que je suis sollicité pour prononcer des éloges funèbres et que je suis invité à des mariages. Ces familles savent que j'ai fait de mon mieux et que la mort ne signifie pas un échec de ma part ou de celle du défunt. Voici un extrait d'une de ces lettres :

« Nous ne vous remercierons jamais assez de tout ce que vous avez donné à notre mère. Elle s'appelait Hope et c'est ce cadeau-là, l'espoir, que vous seul, parmi tous les soignants qui se sont occupés d'elle, avez su lui offrir.

« Ma mère était bien une "patiente exceptionnelle", pour reprendre votre formule. Sa foi et son esprit combatif étaient tels qu'elle a toujours refusé de croire aux statistiques et qu'elle n'a jamais voulu connaître son pronostic de survie, même au pire de sa maladie. Sa confiance absolue en Dieu, son esprit positif, sa volonté de participer à sa guérison par les différentes techniques que vous lui proposiez lui ont permis de rester en forme, de vivre beaucoup plus longtemps et beaucoup plus activement qu'elle ne l'aurait dû, d'un point de vue strictement médical. Bien sûr, dans notre faiblesse, nous regrettons que le miracle total n'ait pu se produire, mais nous sommes néanmoins conscients et reconnaissants d'avoir bénéficié d'un petit miracle.

« A vous qui avez dispensé à notre mère le meilleur des remèdes en lui prodiguant amour, encouragements et affection, nous offrons notre plus profonde gratitude.

« Dieu vous bénisse et vous récompense de votre gentillesse, de votre sollicitude et surtout de votre amitié pour notre mère. »

Il est vrai que je me sens heureux et récompensé quand je reçois ce genre de lettre ou quand je suis invité à l'enterrement d'un patient que j'aimais.

Il m'est arrivé de ressentir le poids du deuil ou de l'échec face à la mort, mais je recevais alors un message qui me rappelait qu'aucun d'entre nous n'a l'envergure de Dieu. Il y a bien des années, un de mes patients est mort sur la table d'opération. Il était gravement malade, et nous savions, sa famille et moi, que ses chances de survie étaient limitées, ce qui ne m'empêcha pas d'être très affecté par sa mort. J'appelai sa famille pour lui dire que j'avais essayé d'entourer cette mort de toute la spiritualité possible et je pense l'avoir réconfortée. Mais elle trouva elle aussi le moyen de me réconforter en m'envoyant un poème écrit par l'un de ses membres. Quand j'en lis des passages au cours de la conférence médicale qui suit toujours le décès d'un patient, le silence est total, et chacun se remémore ses propres expériences douloureuses. Le poème commence ainsi :

> *Cet homme, le chirurgien, qui de ses mains*
> *travaille et répare ce qu'il peut*
> *travaille dur, en vérité, pour guérir*
> *travaille et pourtant certaines fois échoue*

et se termine ainsi :

> *Continue, médecin, fais ce que tu peux.*
> *Du meilleur de toi-même, fais ce que tu peux.*
> *Personne ne te demande de faire des miracles*
> *personne n'attend de toi l'impossible.*

Personne, excepté toute l'école de médecine, tous les cadres de l'établissement et le médecin lui-même ! Je sais ce que représente cette attente car j'en ai moi-même été la victime. Mais j'affirme que notre seul échec réside dans l'acharnement à empêcher les gens de mourir. Après bien des recherches, je peux vous affirmer que tout le monde meurt, que l'on soit amoureux, sportif, végétarien ou non fumeur. Je m'adresse à ceux d'entre vous qui se lèvent à cinq heures du matin pour aller courir et ne mangent que des légumes : accordez-vous de temps en temps une grasse matinée et un cornet de glace.

Si nous, médecins, voulions seulement admettre que nous sommes mortels, nous trouverions certainement le moyen de réussir avec nos patients, même les plus malades, en leur tenant la main dans les moments de peur et de souffrance ou en les aidant à comprendre la signification de leur maladie et la façon dont ils peuvent s'en servir pour s'ouvrir à la vie et à l'amour. Ce sont mes patients qui, dans leur bonté, m'ont enseigné cela, et, chaque fois que je risque de l'oublier, quelqu'un se trouve là pour me le rappeler.

Un soir où j'étais de garde à l'hôpital, j'entrai dans la chambre d'une diabétique qui avait perdu la vue, ses fonctions rénales, une jambe et plusieurs doigts. C'est le genre de personne qui vous détruit un médecin mécaniste en moins de deux, et je sentis mon cœur se serrer comme chaque fois que je m'imagine pouvoir sauver les gens. Ne sachant pas quoi faire d'autre, je lui pris la main en lui disant, du fond de mon cœur : « Comme j'aimerais pouvoir vous aider ! » Elle répondit : « Mais vous m'aidez ! »

Elle ne me demandait pas de la guérir, de la débarrasser de son diabète ou de lui rendre la vue. Elle me demandait simplement de lui tenir la main. Alors je suis resté près d'elle pendant qu'elle débattait la question de savoir si elle pouvait arrêter sa dialyse et si cela équivalait à un suicide, car, en tant que croyante, cette question la préoccupait. Nous avons longuement discuté ce soir-là de ses préférences et de ses choix, jusqu'à ce que je la sente plus détendue. J'espère l'avoir aidée à guérir son âme, car elle a contribué à guérir la mienne. Elle m'a rappelé que, sans connaître toutes les réponses, je peux faire du bien à mes patients dès lors que je suis à l'écoute de leur souffrance.

La meilleure métaphore de ce que les médecins peuvent faire pour leurs malades a été formulée par un psychothérapeute. Comparant Virgile et Dante dans *La Divine Comédie* au thérapeute avec son patient, Rollo May rappelle le cri de Dante aux Enfers :

Ô mon maître bien aimé, mon guide en péril [...]
[...] reste auprès de moi [...] dans la frayeur de mon
[cœur.

J'entends dans ces mots l'appel du patient demandant au médecin de rester avec lui et de l'aider. Virgile répond, comme nous devrions le faire :

Prends courage [...] je ne te laisserai pas
errer seul dans le monde des ténèbres.

A l'instar de Dante, les patients doivent accepter la responsabilité ultime de leur voyage mais, nouveau Virgile, le praticien ne doit pas abandonner son patient, même celui pour qui, à première vue «il n'y a plus rien à faire». Chacun doit pouvoir compter sur «un guide, un ami et un interprète», comme le décrit May, pour l'accompagner dans l'enfer et le purgatoire de la maladie, et chaque médecin a l'occasion de jouer ce rôle, d'ouvrir le chemin qui va du martyre à la résurrection.

Le guérisseur distant

Franz Kafka estimait qu'il est facile de rédiger une ordonnance mais difficile de comprendre les malades. Les écoles de médecine nous enseignent effectivement tout ce qu'il faut savoir pour prescrire des remèdes mais rien sur la façon de connaître autrui. En fait, on nous apprend à garder nos distances de manière à ne pas être submergés par la souffrance de nos malades. Mieux vaut ne pas les connaître trop bien. L'attitude qui nous est recommandée est celle d'un «intérêt détaché».

Qu'est-ce qu'un intérêt détaché ? Cela peut-il se pratiquer en famille ? Oui, au risque de détruire les

167

autres et de se détruire soi-même, parce que, en vivant étranger à ses propres sentiments, on finit par mourir. Ce qu'il nous faut, c'est un intérêt rationnel, et non un intérêt détaché. Avec un intérêt rationnel, j'ai pu opérer des membres de ma famille. Et ce n'était pas un acte erroné mais un acte d'affection et d'amour.

En tant que médecins, beaucoup d'entre nous ont si bien cultivé leur détachement qu'ils sont devenus pour leurs patients complètement inhumains. La vérité dénuée de compassion devient une agression. Une femme que j'avais en consultation m'a raconté qu'elle s'était fait faire une mammographie en Espagne et que, quand elle était allée chercher ses résultats, le radiologue et le médecin l'avaient prise dans leurs bras avant de lui annoncer qu'elle devait se faire opérer. Venue aux Etats-Unis pour se soigner, elle fut choquée par la différence de traitement. Le premier chirurgien qu'elle consulta lui parlait en lui tournant le dos pour terminer un travail et se mit en colère quand elle lui demanda comment serait son sein après l'opération. Elle trouva le même accueil glacial au cabinet de radiologie où il l'avait envoyée et décida de s'en aller.

Certains m'ont reproché d'être trop dur avec la corporation médicale. Mais, en tant que médecin, je pense avoir le droit de l'être, parce que j'ai vécu les peines et les angoisses qui sont les nôtres. Je sais que la souffrance est réelle, je sais que le fardeau est lourd, et je sais aussi que bien des médecins souffrent plus qu'ils ne veulent le laisser paraître. (Essayez donc d'être cancérologue ou chirurgien pendant une semaine !)

Un témoignage publié dans la chronique « De vous à moi » du *JAMA* montre bien que l'indifférence du praticien, si elle masque parfois sa propre souffrance, peut aussi traduire sa maladresse devant le désarroi d'autrui. « Le blues des prisons » raconte les angoisses d'un médecin carcéral qui doit, une fois de plus, annoncer à un prisonnier qu'il a le sida. « La compassion est un luxe que je ne peux pas me permettre », écrit-il, car « j'ai trop à faire », trop de patients à voir. Il redoute évidemment de se trouver envahi, dépassé, s'il se met à ressentir la souffrance de ses patients : « Pour continuer à m'occuper de cet homme, je dois me reprendre, me protéger, protéger ma sensibilité. Très vite, je me lève et demande à l'officier de sécurité : "La personne suivante, s'il vous plaît." » Il aurait très bien pu s'approcher du malade en lui disant : « J'ai envie de vous embrasser. » C'est ce que j'ai fait pendant plusieurs années en étant persuadé que cela réconfortait mes patients, mais j'ai fini par me rendre compte que c'était moi qui en avais le plus besoin.

Avant, quand je devais annoncer à un patient qu'on ne pouvait rien pour lui, je passais par les mêmes affres, mais je sais depuis longtemps qu'il y a *toujours* quelque chose à faire. Une patiente m'a dit un jour : « Quand je viens vous voir, c'est super, mais entre deux visites je ne sais pas quoi faire. » C'était le coup de pouce dont j'avais besoin pour orienter ma pratique vers la réussite. Je n'allais plus me contenter d'empêcher les gens de mourir. C'était il y a dix ans, et la remarque de cette femme me donna l'idée de l'ECAP. Je sais aujourd'hui que tout le monde, du prisonnier au patron d'industrie, a du mal à vivre entre les visites au médecin. Voilà donc un domaine où je peux rendre service à mes patients, quel que soit leur état physique.

On m'a demandé un jour de rendre visite à une jeune infirmière qui se mourait de métastases au poumon et ne respirait plus qu'artificiellement. Sa famille pensait que je pouvais l'aider. En arrivant dans l'unité de soins intensifs, je ne savais ni quoi dire ni comment me comporter. Mais, en me voyant arriver, la jeune femme se redressa, avec tout son appareillage, et me tendit les bras pour m'embrasser. Mon malaise disparut, je compris une fois de plus combien les gens sont beaux et courageux, combien leurs besoins sont fondamentaux et simples leurs demandes.

Devant prononcer un discours à la remise de diplômes dans une école de médecine, je demandai à deux malades ce qu'elles aimeraient dire à une centaine de médecins frais émoulus de l'université. Toutes deux étaient jeunes, l'une souffrait d'un cancer du sein avec métastases, l'autre d'une insuffisance hépatique consécutive à un fibrome cystique, et toutes deux moururent quelques mois plus tard. Quel message voulaient-elles faire passer à des médecins? Voulaient-elles qu'ils découvrent un remède contre le cancer ou le fibrome cystique? Non. Elles formulèrent cinq demandes très simples, parmi lesquelles: «Dites-leur de nous laisser parler» et: «Dites-leur de frapper à la porte avant d'entrer, de dire bonjour et au revoir et de nous regarder dans les yeux quand ils nous parlent.» Voilà une leçon de respect qui n'est enseignée dans aucune école de médecine.

Le guérisseur inexpérimenté

Rien, à l'université, ne nous prépare à ce que sera notre pratique. Notre inclination naturelle à secourir notre prochain n'est que piètrement encouragée par des maîtres qui nous engagent à maintenir des distances avec nos patients et qui ne nous enseignent ni la façon d'annoncer à quelqu'un qu'il a une maladie mortelle ni comment gérer nos propres émotions devant les misères rencontrées quotidiennement. J'ai connu des gens auxquels le médecin a annoncé par téléphone et avec la dernière brutalité un diagnostic très grave, en leur ordonnant de se trouver le lendemain à l'hôpital pour se faire enlever une partie du corps.

C'est pourquoi un groupe de cancérologues, de psychiatres et d'enseignants de l'université de Californie a passé quatre ans à réaliser un film intitulé : *Le Cancer : divulgation du diagnostic et communication*. En faisant intervenir soit des médecins, soit des acteurs ayant travaillé avec des cancéreux, ils veulent donner aux étudiants et aux médecins la préparation qui leur permettra d'éviter le genre de maladresses décrit plus haut.

Je sais aussi que le professeur Sandra L. Bertman a mis au point un programme d'enseignement qu'elle dispense depuis dix ans à l'université du Massachusetts. C'est une méthode qui s'appuie sur la littérature, l'art et le folklore pour développer le sens de la compassion et la fraternité chez les futurs médecins. Le cours intitulé «Agonie, mort et dissection» permet, par exemple, aux étudiants d'analyser ce qu'ils ressentent, au lieu de le refouler, dans des moments comme le rite de passage que constitue la rencontre avec leurs premiers «patients», les cadavres qu'ils dissèquent en cours d'anatomie. Le professeur Bertman leur fait lire des extraits du livre d'Irving Stone *L'Extase et l'agonie*, biographie romancée de Michel-Ange où sont décrits les sentiments du jeune artiste quand il dissèque en secret son premier cadavre. Elle leur fait également étudier le tableau de Rembrandt, *La Leçon d'anatomie*, où les visages des personnages groupés autour du corps révèlent toute une gamme de sentiments. Plutôt que d'étouffer les sentiments de pitié, de peur et d'excitation que provoque nécessairement la mort, les étudiants apprennent de Rembrandt et de Michel-Ange que ce sont des sentiments universels, qui font partie de notre humanité et ne doivent pas être niés.

A la fin du cours d'anatomie, les étudiants de

Sandra Bertman célèbrent un service funèbre à la mémoire de ceux qui ont donné leur corps à la médecine. Ils bouclent donc la boucle en se libérant de l'émotion qu'ils ont refoulée au moment de planter leur bistouri dans un corps humain. D'autres facultés ont mis à leur programme ce genre de cours où il est naturel et souhaitable de parler de ses émotions.

Il existe un hôpital en Californie où les internes de première année sont admis incognito comme patients pendant une journée, de façon à connaître de l'intérieur la situation du malade. J'ai moi-même imaginé un enseignement médical qui commencerait par là. L'étudiant viendrait se faire faire une analyse de sang et je l'appellerais quelques heures plus tard pour lui dire : « J'ai un petit doute sur le résultat de vos analyses, pouvez-vous revenir demain pour un contre-examen ? » Le fait de passer une nuit dans l'incertitude serait certainement plein d'enseignements pour beaucoup. Ensuite, j'hospitaliserais mon candidat médecin pour quelques jours afin qu'il apprenne ce que sont la peur, la solitude et la dépersonnalisation des malades à l'hôpital. Je lui annoncerais finalement : « Désolé, il s'agit d'une erreur. Votre échantillon de sang a été confondu avec un autre, tout va bien pour vous. » Je crois que cela ferait comprendre aux étudiants ce que vivent les malades et à quel point il est important de traiter conjointement la maladie et le patient.

J'aimerais que dans les facultés des cours soient assurés par des patients, des infirmières et des médecins ayant été gravement malades, parce qu'ils auraient bien des choses à dire. J'aimerais qu'un temps soit consacré à l'étude des vertus guérisseuses du toucher, sujet qui n'est enseigné que dans 12 des 169 facultés de médecine de langue anglaise (comme le constate une étude publiée dans le *JAMA*), bien que le toucher soit le plus primaire des modes de communication entre individus. Je travaille avec des étudiants en ostéopathie qui apprennent, eux, à toucher et à manipuler le corps. Quand ils sont dans mon service et qu'il s'y présente un patient qui souffre, ils savent par quel massage, par quelles manipulations le soulager, alors que dans la même situation un étudiant en médecine ne saura offrir qu'un calmant. Il faut apprendre aux futurs médecins à toucher leurs patients. Cela pourrait faire partie d'un enseignement plus général de la communication, sujet presque totalement négligé dans les écoles.

Au cours de communication, les étudiants apprendraient comment annoncer leur diagnostic, comment rédiger un protocole de chimiothérapie, comment répondre aux questions de ceux dont la vie est en danger. Ils pourraient aussi apprendre à reconnaître leurs propres émotions et à les gérer.

Je souhaiterais aussi qu'il existe un cours intitulé « Pourquoi j'ai choisi la médecine », afin que chacun comprenne les motivations conscientes et inconscientes qui ont guidé son choix. Cet enseignement leur permettrait aussi d'affronter l'idée que certains de leurs patients vont mourir et qu'eux-mêmes sont mortels, fait que les médecins répugnent à admettre.

Pendant la première année de médecine, j'aimerais que chaque étudiant se voie confier le suivi d'un malade chronique, qu'il assurerait pendant toutes ses études. Il devrait se rendre à l'hôpital chaque fois que son malade s'y trouverait et effectuer des visites à domicile pour se familiariser avec l'ensemble des problèmes que pose une maladie chronique.

Les étudiants devraient également assister à des messes dites pour la guérison des malades et aider l'un des milliers de patients incurables qu'on y rencontre. « Mais comment puis-je aider quelqu'un d'incurable ? » demanderaient-ils, je le sais par expérience personnelle. Je me souviens du sentiment d'impuissance que j'éprouvais pendant ces cérémonies et de mes tentatives désespérées pour imaginer un traitement auquel personne n'aurait encore pensé. Jusqu'au jour où, dans une chapelle, j'ai rencontré une femme qui tenait sur ses genoux son petit-fils anormal. Elle s'est penchée vers moi en me disant : « Priez avec nous », et ce fut une révélation. Je *pouvais* faire quelque chose. Jamais je n'ai oublié la leçon de cette grand-mère et je la mets quotidiennement en pratique.

En l'absence de ce type d'enseignement, il n'est pas étonnant que les jeunes médecins, dont la plupart n'ont jamais été confrontés à la mort ni sérieusement malades, ne sachent pas comment venir en aide à leurs patients. Horrifiés par ce qu'ils ont à dire en cas de maladie grave, ils prennent des distances. Et le patient ne voit dans leur attitude que le détachement, non la compassion. A force de garder des « distances professionnelles », il nous arrive trop souvent de bâtir une muraille autour de nous. Et le patient n'est pas le seul à souffrir de cette situation, nous en pâtissons aussi (voyez le taux de suicides parmi les médecins).

Le guérisseur blessé

La souffrance de l'étudiant et du docteur en médecine est parfaitement réelle. Pour s'en convaincre, il suffit de lire la chronique « De vous à moi » du *JAMA*. Dans une lettre récemment publiée, une jeune fille de dix-sept ans qui envisage de devenir médecin exprime sa consternation devant le ton désespéré de cette chronique. Elle trouve les lettres des médecins « tristes, déchirantes ou tout simplement déprimantes » et se demande si, dans vingt ans, elle en arrivera elle aussi à ne parler que de « frustration, de colère, de sentiment d'échec ».

Mais, si Joy Mattews continue à vouloir «guérir la vie» de ses patients, elle restera fidèle à son prénom bien longtemps après que ses collègues auront perdu la joie d'exercer leur métier.

J'ai reçu des centaines de lettres témoignant du désarroi des médecins devant leur profession. L'une d'entre elles m'a fait plaisir parce que son auteur, une jeune femme, raconte comment mon premier livre, *L'amour, la médecine et les miracles*, l'a aidée à surmonter ses difficultés. Elle entamait sa quatrième année d'études après trois ans qui lui avaient semblé déshumanisants et sans âme.

«Ma troisième année de médecine, quoique représentant un progrès par rapport aux deux premières où j'étais tout le temps en classe, comportait encore 80 p. 100 de corvées. Vérifier les admissions et les ordres, traquer les labos, classer et reclasser les radios, les analyses, etc., et bûcher mes notes de cours. J'étais en rapport avec certains patients et cela me plaisait, mais l'essentiel de mon énergie passait dans l'angoisse de présenter les cas, connaître les dosages, trouver des éprouvettes, rater des veines, et dans la routine des tâches exclusivement administratives.

«En lisant votre livre, je me suis souvenue des raisons qui m'avaient poussée à faire médecine. J'ai trente-six ans et j'ai quitté l'enseignement de la littérature pour retourner à la faculté après la naissance de mon premier enfant. Et j'ai fait ce choix parce que j'aimais m'occuper des gens, être là quand ils avaient des ennuis et les aider à s'en sortir...

«J'ai terminé votre livre en juillet et commencé un stage que je redoutais terriblement en août, mon externat dans un hospice. J'appréhendais les longues heures de garde, les problèmes des patients souffrant de maladies chroniques mul-

175

tiples et surtout la confrontation avec mon igno-
rance en matière de pathologie [...]. Vers le
milieu de mon stage, j'ai commencé à me rendre
compte avec surprise que je m'amusais, dans cet
hospice. A la fin de mon stage, je disais à tout le
monde que j'adorais mon travail.

« Pourquoi ? Parce que je passais beaucoup de
temps avec mes patients. Je déjeunais avec eux, je
m'arrangeais pour faire passer à leurs enfants des
tests HIV, je les écoutais raconter leurs problèmes familiaux, je comparais les tarifs des cliniques avec leurs femmes. J'ai vite compris que je
n'avais pas besoin de m'y connaître en médecine
pour les aider. Je me suis détendue et finalement
j'ai appris beaucoup de choses sur les maladies
[...]. Je m'amusais prodigieusement parce que
j'écoutais parler mes patients et j'apprenais à les
connaître. Ma présence et mon attention leur faisaient beaucoup de bien. »

Cette femme a découvert le secret que je voudrais
transmettre à tous les étudiants en médecine : en se
renfermant, on meurt ; en partageant la souffrance
des patients, on commence à vivre. Laissez les
malades vous guérir et vous former.

Une fois reconnue leur humanité, les médecins
cesseront peut-être de croire qu'ils sont seuls à
détenir la responsabilité de la vie et de la mort des
patients. Le conseil que donne G.B. Shaw dans *The
Doctor's Dilemma* me plaît beaucoup : il pense
qu'on devrait obliger les médecins à faire graver sur
leur plaque, en plus de leur qualification, les mots :
« Souvenez-vous que moi aussi je suis mortel. » Afin
d'imaginer la chose, je suggère qu'ils affichent leurs
propres radios dans leur cabinet et qu'ils poussent
leur bureau contre le mur pour recevoir leurs
patients face à face, sans barrière, comme les
simples mortels qu'ils sont. Je me souviens du choc

que j'ai ressenti en voyant que mes premières radiographies ressemblaient à celles de n'importe qui. C'était la preuve que j'étais vulnérable, moi aussi, de quelque côté du bureau que je me trouve.

C'est souvent, trop souvent, en étant eux-mêmes malades que les médecins commencent à comprendre les souffrances de leurs patients. Dans une autre chronique de «De vous à moi», le docteur Marian Block décrit ce qu'elle a ressenti en devant se soumettre aux procédures qu'elle ne connaissait que pour les avoir prescrites:

«"Je dois vous avertir, mais ne vous inquiétez pas. Si c'est un cancer, il est au stade le plus précoce que nous connaissions."

«Ces mots sont prononcés pour me rassurer, mais je suis au bord des larmes. J'ai trente-neuf ans, je suis médecin et je viens de me faire faire une mammographie, après avoir attendu aussi longtemps que peut le faire un médecin qui recommande ces examens à ses patientes.

«Deux jours plus tard, on m'appelle pour me recommander l'opération. C'est seulement alors que j'éprouve une violente réaction physique. C'est donc vrai. Je vais être opérée. Anesthésie générale. La peur m'étreint et me dessèche la bouche comme le ferait l'atropine. Les jours et les semaines suivants, j'entends et j'enregistre une foule d'informations, bien qu'on ne me dise que des choses banalement familières quand il s'agit des autres. Mais il y a des moments où l'on m'explique et où je n'entends pratiquement rien. Je suis comme sourde. Je sais qu'on me parle et je ne comprends pas. J'entends des mots que j'ai utilisés, des mots comme «fibro-adénomatose kystique», on m'affirme que c'est trop bénin pour être une maladie, le chirurgien emploie un terme que j'ai moi-même bien souvent utilisé, «petit problème », et je me demande quel sens il lui donne. Je pense (sans le dire) : mais quel est donc ce petit problème, cette non-maladie qui me rend à moitié folle d'angoisse et nécessite une opération ?

« Ayant bénéficié des meilleurs soins pour une intervention bénigne, je n'ose imaginer ce que doivent endurer mes patients. Comment les mots que je dis sont-ils compris ? Combien de questions restent non dites [...].

« Trois jours après l'opération, nouveau coup de téléphone. J'entends les deux mots que j'ai besoin d'entendre et je dois dire au crédit de mon médecin qu'il les prononce tout de suite : "Totalement bénin." »

Le guérisseur nuisible

C'est toujours une surprise, pour les médecins qui se retrouvent demandeurs par rapport au système médical, de découvrir combien il a peu à offrir en matière de véritable guérison. J'ai lu un grand nombre de lettres, d'articles et de livres à ce sujet, mais personne n'en parle aussi bien que le docteur Hans H. Neumann dans son article : « Pourquoi avons-nous cessé de réconforter nos patients ? », écrit peu avant sa mort.

Il commence par raconter avec quelle dureté il a été traité quatre ans auparavant, alors qu'il se remettait d'une infection du myocarde. « Je me sens étonnamment bien pour quelqu'un qui a été opéré il y a seulement quarante-huit heures », a-t-il la maladresse de dire devant un jeune interne. « Ne vous faites pas trop d'illusions, répond celui-ci, votre vie ne tient qu'à un fil. » L'interne et le médecin approuvent alors que le médecin personnel de Neumann, qu'il décrit comme « un membre de la vieille école, plus secourable », est d'un autre avis. Il lui explique :

178

«Sauf complications imprévues, vos chances sont excellentes. Votre électrocardiogramme évolue normalement et vous êtes en progrès.»

Neumann raconte des choses encore plus pénibles à propos d'une de ses parentes. Souffrant d'un cancer du foie, elle fut traitée d'une manière incroyablement brutale par un médecin sûrement terrorisé par l'idée de la mort.

«Prenez le cas de Mildred, une de mes parentes. La chirurgie exploratrice ayant permis de découvrir qu'elle avait un cancer du foie, on l'envoya chez un oncologue. Elle m'a raconté qu'après avoir parcouru son dossier le docteur avait ouvert un tiroir et sorti une mince baguette. "Voilà ce qu'il vous faut", dit-il en l'agitant sous le nez de Mildred et de son mari. "Qu'est-ce que c'est? interrogea Mildred. — Une baguette magique, répliqua le spécialiste. C'est à peu près tout ce qui pourrait vous sauver, maintenant."

«En me racontant l'incident, Mildred ajouta: "Et il riait en disant cela. Se figurait-il que j'allais le trouver drôle?" Dans la mesure où il gardait cette baguette à proximité de la main, il est probable qu'il était friand de cette méthode. Par contre, il ne prit pas la peine de dire — à Mildred en tout cas — que des périodes de rémission étaient possibles et même probables dans un cas comme le sien. La rencontre eut un effet désastreux sur sa santé, ajoutant au fardeau de la maladie le poids d'une dépression iatrogène.»

Des histoires comme celle-là et comme celle, évoquée plus haut, du médecin qui voulut à toute force prouver que la Laetrile n'était qu'un remède de charlatan, ne peuvent être comprises que comme l'expression de la perversité destructrice de certains médecins. Dans *The Vital Balance*, le psychiatre

Karl Menninger cite un de ses collègues britanniques qui écrit : « Le besoin de soigner est [...] presque toujours une réaction contre des besoins et des désirs destructeurs, c'est pourquoi il est si dangereux chez les psychiatres [...]. Chez les chirurgiens, rien de grave, mais dans un hôpital psychiatrique le patient risque de réagir non pas au surmoi du médecin mais à ce qui est en dessous. » Sur cette dernière affirmation, je ne suis pas d'accord. Les sentiments cachés des chirurgiens ou des cancérologues sont aussi importants que ceux des psychiatres parce que, comme le prouvent ces anecdotes, ils finissent toujours par être exprimés, d'une manière ou d'une autre. Dès qu'il y a besoin compulsif de soigner et frustration, les tendances destructrices se font jour, et le médecin agresse ce qu'il ne peut guérir. Les praticiens qui traitent ainsi leurs malades les précipitent droit dans les bras des charlatans. Le corps médical doit admettre la responsabilité qui lui revient dans le succès des charlatans depuis qu'il a supprimé l'espoir.

Comme le dit encore Neumann : « Un médecin qui ne propose à ses patients que la traduction en clair de leur résultats d'examens est, au mieux, un scientifique compétent. » Au pire, c'est un destructeur. Si vous avez déjà observé les réactions d'un patient à la lecture de son dossier médical, vous comprendrez ce que je veux dire. C'est au point que mon ami Joe Koegel, écrivain et acteur, qui a eu un mélanome malin il y a cinq ans, en a fait le sujet d'un one-man-show où il met en scène la violence émotionnelle de ce moment. Les comptes rendus de laboratoire et les statistiques servent trop souvent à tuer l'espoir. Mais j'ai apprécié la réponse qu'a donnée ma secrétaire à une femme qui annonçait que « statistiquement » elle était condamnée : « Les statistiques ne concernent que les morts, vous êtes vivante. » Autre réaction qui m'a plu, celle d'un de mes patients à qui j'avais appris qu'il avait un cancer : « Bon, cela veut dire qu'il me reste cinq ou dix mille kilomètres à faire, non ? » Ne laissez pas les statistiques vous dire quand vous devez mourir.

Cela ne signifie pas qu'il faille dédaigner les comptes rendus de laboratoire ou les statistiques mais qu'il faut les considérer comme l'un des éléments du tableau, pas plus. Quand un de mes patients a une maladie dont les perspectives statistiques sont mauvaises, je lui dis que nous allons nous servir des statistiques pour essayer de choisir le meilleur traitement possible. Puis je m'efforce d'enrichir par une approche symbolique et spirituelle l'approche mécaniste de la médecine. Il est important de comprendre que ces deux aspects ne s'excluent pas mutuellement.

C'est le sujet d'un cours que je donne et qui s'intitule : « La chirurgie est-elle un art mécaniste ou thérapeutique ? », où je décris les techniques qui sont aujourd'hui les miennes. Mais personne, à l'université, ne sait comment le classer. Il abolit trop de frontières entre des domaines qui restent habituellement séparés. Des mots comme « rêve » et « dessein » rebutent les chirurgiens, de même que les mots « espoir » et « amour ».

La lettre que j'ai reçue du doyen chargé des cours expose très clairement le dilemme : « Comme vous le savez, les cours donnés en médecine doivent être autorisés par l'un des départements qui en prend la responsabilité. Votre cours a été enregistré par le département de chirurgie, mais le responsable de ce département indique dans un courrier que selon lui votre cours ne relève pas de la chirurgie. Il suggère qu'on le rattache au département de psychiatrie. »

J'ai répondu en joignant plusieurs lettres d'étudiants qui protestent contre la nature mécaniste de l'enseignement médical. J'aurais pu également citer Lewis Thomas : « La médecine n'est plus l'imposition des mains mais la lecture de signaux émis par des machines. Si j'étais étudiant en médecine ou interne en début de carrière, j'aurais peur que mon véritable travail, qui consiste à m'occuper des malades, ne soit bientôt supprimé et remplacé par une occupation tout à fait différente, surveiller des machines.»

Le guérisseur en transition

Oui, je réagis vivement quand on veut retirer mon cours du département de chirurgie. Mais il m'est complètement égal qu'on soit ou non d'accord avec mon enseignement puisque les étudiants l'apprécient, et j'affirme que mon cours continuera, qu'il soit reconnu ou non par le corps enseignant.

J'adore cette expression quaker : «Au pouvoir, dis la vérité.» La vérité est dans les êtres et leur histoire, pas dans les statistiques auxquelles on peut faire dire ce qu'on veut. Si je continue à aimer la vérité et à vivre selon elle, mes patients se porteront mieux et l'institution médicale finira par bouger. C'est d'ailleurs ce qui se passe.

Le fait que mes patients se portent bien m'a encore été confirmé par un oncologiste qui m'a dit : «Je voulais vous faire savoir que vos patients vivent plus longtemps.» L'institution commence à bouger, je le sais parce que j'ai été invité à prendre la parole à tellement de remises de diplômes et dans tellement d'hôpitaux que je ne peux plus suivre. Les nouveaux étudiants en médecine vont peut-être refuser les vieilles habitudes d'enseignement. Les médecins vont peut-être se sentir bientôt libres d'exprimer leurs émotions et ne seront plus embarrassés d'être vus à mes conférences ou en train d'acheter mes livres.

Quand je parle devant des médecins, ils restent généralement très tranquilles. J'ai d'abord cru qu'ils s'ennuyaient, mais j'ai remarqué qu'à la fin de mes conférences ils se trouvaient toujours parmi ceux qui viennent me parler. J'en ai conclu qu'ils étaient intéressés mais qu'ils n'osaient pas le laisser paraître devant leurs collègues. Toutefois, je suis heureux de constater qu'ils sont de plus en plus nombreux à me poser des questions et à suivre mes ateliers. Mon travail est progressivement mieux connu, mieux accepté, et il devient donc possible d'en parler ouvertement. Comme me l'a dit un confrère : « Même si je ne suis pas d'accord avec vous, comme la moitié de mes patients ont votre livre sous le bras, j'ai voulu vous rencontrer. »

L'amour, la médecine et les miracles a suscité l'intérêt et provoqué quelques changements. Il y a maintenant de la musique dans presque toutes les salles d'opération de la ville où je travaille, alors que la première fois que j'ai apporté mon magnéto-phone on a brandi la menace d'une explosion. J'espère qu'il y aura bientôt dans les hôpitaux des circuits fermés de télévision pour permettre aux malades de suivre une préparation préopératoire, des séances de méditation, des programmes de divertissement, de musique, etc. Tôt ou tard, on s'apercevra que ces méthodes accélèrent le proces-sus de guérison, réduisant ainsi les frais d'hospitali-sation. La qualité paie.

Par ailleurs, on assiste actuellement à une réin-troduction dans les facultés de médecine de la notion d'humanité parallèlement à la notion de pathologie. Je crois que cette tendance peut se généraliser car elle constitue un progrès, tant pour le patient que pour le médecin. Il me semble en tout cas qu'en consommateurs avisés les malades vont se passer le mot entre eux et consulter de préfé-rence les médecins qui auront évolué.

Le patient activiste

Dans la catégorie des patients exceptionnels, mon ami Jake, dont j'ai déjà parlé, est un véritable champion. Quand, en 1985, on lui diagnostiqua une tumeur au cerveau inopérable, il prit deux jours de congé pour pleurer un bon coup et décida ensuite qu'il avait mieux à faire que de s'apitoyer sur son sort. Reprenant la formule : « Ton handicap, c'est ta chance », qu'il avait enseignée aux étudiants dyslexiques d'une école spécialisée, il en fit sa philosophie personnelle.

Il suivit une radiothérapie, s'inscrivit à l'un de mes ateliers et appliqua la « stratégie de santé » qu'il avait lui-même mise au point. Deux ans plus tard, un scanner révélait que sa tumeur avait diminué de moitié.

Mais, en refusant de jouer les victimes, on risque de s'attirer des inimitiés. Une étude faite à Yale montre une corrélation directe entre un système immunitaire actif et l'impopularité auprès des infirmières-chefs. Cela veut dire que si j'arrive en disant qu'il faut faire une prise de sang à M. Dupont et que l'infirmière me répond : « Ah ! l'enquiquineur ? Il refuse de quitter ses vêtements de ville, il est toujours en vadrouille et il ne se laissera pas faire cette prise de sang sans me poser trente-six mille questions sur le pourquoi du comment », alors il y a toutes les chances pour que M. Dupont ait un système immunitaire actif. Si, au contraire, je dis : « Aujourd'hui, c'est à M. Durand qu'il faut faire une prise de sang » et que l'infirmière répond : « M. Durand ? Quel ange ! Hier, on lui a fait par erreur un lavement baryté parce qu'ils sont deux Durand à l'étage, et il ne s'est même pas plaint », je vous laisse imaginer l'état de son système immunitaire.

Malheureusement, la plupart des médecins veulent des patients soumis — le mot « patient » dit d'ailleurs bien ce qu'il veut dire. Etre un «bon» patient, c'est être docile et se conformer aux règles du système. Mais c'est très mauvais pour la santé. Dans ce domaine, c'est un autre qualificatif, «curieux», qui donne les meilleurs résultats. «Curieux» ayant la même racine que «curatif», les médecins devraient se réjouir quand un patient pose des questions, insiste pour connaître toutes les possibilités de traitement et s'affirme prêt à participer à sa guérison. Mais ces patients-là sont de mauvais patients, ce que j'appelle, moi, des patients responsables.

Pour devenir un patient responsable, je conseillerais à chacun de se poser les cinq questions exposées plus haut et de s'interroger sur les aspects symboliques et inconscients de son vrai moi. Je recommanderais également de suivre le programme en cinq points exposé au chapitre 6.

Les patients responsables sont extravertis, bruyants et d'un commerce parfois difficile. Ils refusent la soumission parce qu'ils se battent pour survivre, et je ne peux que les y encourager. Le résultat, c'est que mes patients se font remarquer.

L'autre jour, une radiologue m'a appelé pour me raconter qu'une jeune femme était arrivée dans son service avec des écouteurs sur la tête, une cassette de méditation dans son magnétophone, une liste de questions dans une main et la liste de ses nombreuses allergies dans l'autre. Elle a tout de suite deviné qu'il s'agissait d'une patiente de Bernie Siegel. Bien sûr, mes collègues se moquent un peu de moi, mais je reçois aussi des lettres comme celle de cet oncologiste qui me dit que ma patiente se porte très bien et qu'il va s'arranger pour qu'elle ait la musique et la chambre avec vue sur le ciel que je lui avais demandées parce qu'il a remarqué que ce genre de détails minimisait les effets secondaires. Petit à petit, je fais des convertis ou plutôt ce sont mes patients qui, par l'exemple de leurs succès, font des convertis.

Ils sont de plus en plus nombreux à vouloir s'investir dans leur guérison. Il n'est pas rare d'entendre dire : «J'ai rencontré plusieurs médecins, j'ai discuté avec eux et j'ai choisi celui dont l'attitude me plaisait.» Il y a même une femme qui a commencé par une tournée des salles d'attente pour en trouver une qui lui paraisse agréable avant de prendre rendez-vous avec le médecin. J'adore qu'on me raconte ce genre d'histoire et j'adore aussi avoir affaire à des patients qui expriment directement leurs besoins et leurs préférences, comme cette femme qui est entrée dans mon bureau avec deux pages dactylographiées intitulées «Voilà qui je suis» et deux autres pages de questions. C'est le genre de patient qui me plaît. Oui, ils sont difficiles, oui, ils demandent du temps, mais ce sont de merveilleux survivants.

L'autre jour, une femme que je devais opérer le lendemain et qui voulait me poser un tas de questions a trouvé une façon détournée de le faire en commençant ses phrases par : «Racontez-moi comment...» Je vous recommande cette technique dans la mesure où elle risque moins d'effrayer votre médecin.

La lettre qui va suivre, adressée par une femme à son chirurgien, est un bon exemple de l'attitude responsable que je préconise et que peu de gens savent adopter.

«J'aimerais vous parler un peu de moi, vous dire quel genre de personne je suis et ce que je peux apporter de positif dans ces circonstances plutôt inhabituelles.

«Je vous apporte un corps robuste et sain, équipé d'un cœur solide, de bons poumons et d'une résistance supérieure à la moyenne. Je suis quelqu'un qui cours, nage, fais de la bicyclette et joue au tennis. Quelqu'un pour qui le grand air est terriblement important. Je vous apporte quelqu'un qui aime la vie.

« Hier, j'ai eu l'impression qu'on me mettait dans un fourgon à destination d'Auschwitz pour un rendez-vous avec les frères Mengele. J'ai eu l'impression que tous ces "protocoles et procédures" allaient m'être imposés sans que j'aie mon mot à dire. J'ai besoin d'être écoutée, de vous faire connaître mes craintes et mes espérances.

« Ce qui me fait peur, c'est surtout l'incapacité physique. Je veux être en mesure de me servir de mes jambes comme avant. Ma petite incision m'en a un peu empêchée, mais je sens aujourd'hui que je pourrais sortir et courir un kilomètre au moins. C'est pourquoi je ne veux PAS d'une lymphadénectomie inguinale (si j'ai bien compris) totale...

« Voici ce que j'attends des chirurgiens que j'ai engagés : j'ai envie/besoin d'être consultée, si possible, et de participer à toutes les décisions prises à mon sujet. Dans la salle d'opération je veux des professionnels qualifiés et talentueux à tous les postes, pour opérer à ma place (pour ainsi dire). Je veux un chirurgien qui connaisse des solutions alternatives et qui ne se laisse pas désarçonner par l'imprévu. Je veux quelqu'un qui, au moment de prendre une décision, tienne compte de l'esprit et du mode de vie de la femme qui gît devant lui, inerte et impuissante.

« Vous êtes le chirurgien qu'il me faut. Moi, j'apporte ma force spirituelle et physique ainsi qu'un ardent désir de continuer à vivre.

« P.-S. : Je préfère les points de suture aux agrafes. »

Certains d'entre vous seront peut-être stupéfiés par l'audace de cette femme qui affronte directement l'autorité médicale et exprime des opinions bien arrêtées sur le genre d'opération qu'elle souhaite. Mais elle est bien renseignée et prend soin de laisser une porte ouverte à la discussion qui pourrait s'avérer utile («si j'ai bien compris», précise-t-elle à propos de l'intervention qu'elle refuse, invitant ainsi le spécialiste à corriger toute erreur de compréhension éventuelle).

Si je recevais une lettre comme celle-ci et si j'estimais que l'opération est pourtant nécessaire, je lui exposerais mon point de vue, en disant par exemple ce que je ferais pour moi-même ou pour ma femme en pareil cas, mais jamais je ne lui ferais sentir qu'en persistant dans son refus elle se ferme définitivement la porte de mon cabinet. Au cas où nous n'arriverions pas à nous entendre, je lui dirais : « Ecoutez, revoyons-nous dans quinze jours pour faire le point. Si le traitement que vous avez choisi vous réussit, tant mieux. Sinon, nous pourrons peut-être envisager d'autres possibilités. » Quoi qu'il arrive, je ne prononce jamais d'ultimatum. Je pense toujours à cette femme qui, quand son docteur affirmait : « C'est moi le capitaine de ce bateau », a répondu : « Sans doute. Mais c'est à moi de choisir si je veux m'embarquer à votre bord. »

Mes patients me restent fidèles parce que je leur fais sentir que nous travaillons en équipe, eux et moi. Par ailleurs, en arrivant dans mon service, certains ont déjà un mélanome gros comme un melon ou un sein complètement envahi par le cancer, parce qu'ils sont tombés sur des médecins plus insupportables que leur maladie. Ce sont des gens intelligents, car, face à des praticiens qui crient, hurlent et se prennent pour Dieu, ils ont préféré faire la grève du traitement. Ils se sont dit qu'il valait mieux se laisser mourir que massacrer par les médecins. Tout ce que je peux dire à ceux qui sont dans ce cas-là, c'est de continuer à chercher le médecin qui leur convient. Ne rejetez pas l'ensemble de la profession. Elle a trop à vous apporter pour être dédaignée. Aux docteurs, je demanderai d'accepter ces gens et de continuer à les voir, même s'ils ne sont pas d'accord avec eux. Ils constateront que 100 p. 100 de ces patients finiront par accepter leur traitement lorsqu'ils se sentiront en confiance. Je l'ai moi-même vérifié, malgré la diversité de ceux qui viennent me consulter.

La chirurgie peut être bénéfique, de même que la chimiothérapie, les radiations et autres traitements, si on les considère comme tels. Ce sont des dons de Dieu — le mot grec *therapeuein* signifie «faire le travail de Dieu». C'est ce que j'ai répondu à une dame qui m'avait écrit: «Après avoir lu votre livre, j'ai décidé de laisser à Dieu le soin de me guérir. J'ai donc interrompu le traitement que je suivais pour mon hypertension, je suis tombée dans la baignoire, ma tête a heurté la paroi, et j'ai passé une semaine à l'hôpital. Pourquoi Dieu me joue-t-il des tours?» Elle avait visiblement mal compris ce que je disais dans *L'Amour, la médecine et les miracles*. Je lui ai donc précisé que c'était peut-être Dieu qui lui avait envoyé son remède pour l'hypertension. Il n'y a aucune raison pour rejeter les dons de Dieu et se soumettre à des épreuves d'autoguérison aussi dures. Comme le dit encore l'Ecclésiaste: «Donne au médecin sa place car c'est le Seigneur qui l'a créé.» Et la Bible affirme que les médicaments peuvent également être un don de Dieu.

Guérisseur et guéri

Il est regrettable que tant de médecins et de patients se considèrent aujourd'hui comme des adversaires au lieu de se comporter comme des associés dans un processus de guérison où chacun apporte ses qualités personnelles d'esprit et de cœur. Dans mon désir d'inverser cette tendance, j'ai beaucoup parlé, lors de mes cours et de mes conférences, de ce que les médecins peuvent faire pour leurs malades, j'ai beaucoup parlé aux patients de ce qu'ils peuvent faire pour eux-mêmes, mais je n'ai pas assez insisté sur ce que les patients font pour leurs médecins. J'ai moi-même été tant de fois apaisé, régénéré, guéri par mes patients que je ne saurais trop insister sur la dette qui est la nôtre. La lettre qui résume le mieux ce que je veux dire à ce propos a été écrite par un chirurgien. Une de ses patientes et son mari ayant appris qu'il avait un cancer lui envoyèrent un exemplaire de mon livre. Voici ce qu'il leur répond :

« Je veux que vous sachiez combien j'ai apprécié *L'amour, la médecine et les miracles.* Ce livre restera pour moi une source de force et d'optimisme. J'en ai parlé à mes patients, si bien que d'autres vont pouvoir bénéficier de votre gentillesse et de votre générosité à mon égard. [...] Siegel met très bien en lumière le pouvoir de l'amour et de l'espoir.

« Le fait d'avoir un cancer avec des métastases m'a déjà fait mesurer à sa juste valeur l'importance d'une famille. J'ai moi aussi connu des moments d'amour pur, sans limites et sans conditions, comme vous en avez certainement vécu étant donné ce que vous avez fait ensemble. Quand on est cancéreux, on se rend compte de l'affection et des liens qui nous unissent tous. Chacun d'entre nous découvre par lui-même combien les nuits peuvent être longues à 3 heures du matin, et combien cette découverte est éprouvante.

« Aucun d'entre nous ne sait où cela va mener. Mon rôle me semble très proche d'un sacerdoce.

J'ai plus que jamais la possibilité de partager le vécu de mes patients, et c'est un privilège rare.

«Vous et d'autres gens merveilleux m'ont exprimé tant d'amour que j'en ai été profondément touché et réconforté. Je veux à mon tour donner aux autres, comme vous m'avez donné.»

Plus j'avance dans ma carrière, plus je doute qu'on puisse établir une frontière nette entre les thérapeutes et ceux qui ont besoin d'être guéris. Les patients affligés de graves problèmes de santé pour lesquels je n'avais pas de solution à proposer m'ont appris quantité de choses sur la véritable nature de ma vocation, me redonnant ſoi en moi-même et en mon rôle de médecin. Les gens qui estiment me devoir la vie m'ont largement récompensé en me faisant profiter d'une sagesse acquise à travers les épreuves de la maladie. Comme les étudiants qui ont travaillé avec moi peuvent en témoigner, chaque fois que j'ai une journée vraiment pénible, une de ces journées où le besoin de guérir devient compulsif et où l'on se sent vaincu par ses propres limites, je vais me ressourcer auprès d'un de mes patients les plus malades. Je m'assieds près de lui et, invariablement, il me rappelle ce que j'ai besoin de savoir — que les malades réclament ma tendresse plus que mes soins —, me réconciliant ainsi avec moi-même, mon humanité et mes limites.

Je conseille à tous les praticiens démoralisés par l'impossibilité de guérir de rendre visite à une personne gravement malade sous un prétexte quelconque (exemple: «J'attends des résultats d'analyse, puis-je m'asseoir un moment près de vous?») et d'y rester une bonne demi-heure. Je vous garantis que cette personne va vous régénérer par sa force, son courage et le ſait qu'elle ne vous demande pas de la soigner mais de l'aimer.

Les guérisons que j'ai pu provoquer en tant que

médecin m'ont toujours été rendues au centuple. Alors qui, du médecin ou de son patient, guérit l'autre ? Voilà une question qui n'est jamais abordée en faculté. C'est pourquoi les étudiants passent à côté d'une des vérités fondamentales de la relation médecin/malade : le fait qu'ils pourront toujours avoir recours à ceux qu'ils soignent. Le médecin qui sait cela dispose d'une intarissable source d'énergie et d'amour. J'ai moi-même appris par expérience que je peux toujours compter sur ceux qui, apparemment, auraient le moins à donner pour me faire les plus grands cadeaux.

D'une certaine façon, je peux même dire que je dois certains des plus extraordinaires bienfaits qui m'aient été accordés ces dernières années, pendant ce que j'appellerai mon sacerdoce médical, aux patients de l'ECAP, ce groupe de soutien aux cancéreux que j'ai organisé il y a dix ans. A l'époque, j'étais tellement malheureux dans mon métier que j'envisageais de m'orienter vers la psychiatrie ou la médecine vétérinaire. Mais je me suis rendu compte que, d'une part, en devenant psychiatre je devrais quitter l'hôpital et le système que j'avais envie de changer et, d'autre part, si les vétérinaires ont la possibilité de caresser les animaux, ils doivent aussi être en relation avec leurs propriétaires, ce qui voulait dire que j'aurais les mêmes problèmes à affronter. Les membres de l'ECAP m'ont appris que je pouvais rester médecin en me faisant découvrir l'importance d'une pratique susceptible d'aider les gens à vivre entre leurs visites à l'hôpital.

La fréquentation d'êtres quotidiennement confrontés à des problèmes de vie et de mort nous permet de bénéficier d'une sagesse durement acquise. Les hommes et les femmes — sans oublier les enfants — qui ont regardé la mort en face sont souvent ceux qui connaissent le mieux la vie. Ils nous disent : « J'ai appris que j'allais mourir et j'ai décidé de vivre pleinement jusqu'à ma mort.» Ils interprètent leur diagnostic non comme une condamnation mais comme un message de vie. Ils acceptent leur mortalité sans y voir un verdict. Et peu de gens en sont capables!

Grâce à mes patients, j'ai aussi appris à vivre au jour le jour, à souffrir ou à me réjouir de ce que chaque journée peut apporter. Puis Evy McDonald m'a montré qu'on peut vivre de dix minutes en dix minutes, Evy McDonald, qui est devenue si savante en matière de souffrance et si sage dans l'usage qu'elle en a fait. Elle s'est servie de sa maladie pour transformer sa vie de façon exemplaire, et tout le monde, malade ou bien portant, peut tirer un enseignement de son expérience. Comme tous les patients exceptionnels, elle sait vivre dans l'instant.

Oui, nos patients sont notre meilleur remède, et quand je pense à ce médecin qui disait qu'il se régalerait avec les maladies si seulement il n'y avait pas les patients, je ne peux que le plaindre.

Neal Sutherland, un ami oncologiste, parle très bien, dans une de ses lettres, des bienfaits qu'il a tirés de la fréquentation des malades:

«Bernie, j'ai choisi l'oncologie parce que je sentais qu'en m'occupant de malades du cancer je découvrirais peut-être le secret qui leur permet de vivre au jour le jour et qui donne à certains une paix intérieure tellement exceptionnelle [...]. Je crois maintenant avoir compris cette paix et la transformation qui y mène. Il s'agit à mon sens d'une volonté de renoncer à la vie telle que nous la percevons habituellement et de l'envisager comme une succession de moments qui sont autant d'occasions de donner de l'amour. En donnant de l'amour, on en reçoit à son tour, et ce cycle se renouvelle, à l'infini et sans limites.»

J'en reviens à ma question : qui guérit et qui a besoin d'être guéri ? Dans le chapitre suivant, où nous parlerons des patients exceptionnels qui ont affronté le sida, la sclérose en plaques, le cancer et bien d'autres maladies, cette interrogation s'imposera certainement à vous plusieurs fois.

Les personnes qui ont accepté le défi de la maladie et choisi de vivre aussi pleinement que possible apportent énormément à ceux qui les côtoient, soignants ou membres de la famille. Grâce à eux, nous pouvons apprendre non seulement à combattre la maladie, mais aussi à vivre.

Il y a dix ans, je croyais savoir vivre et me proposais d'aider les autres à apprendre. Mais c'est moi qui suis devenu l'élève de ces êtres exceptionnels. Si vous voulez apprendre à vivre, accrochez ce panneau à votre porte : « Je donne des leçons de savoir-vivre de 20 heures à 22 heures chaque mercredi. » Vous pouvez même vous faire payer. Mais, surtout, ne dites rien, contentez-vous d'écouter. Dans trois mois, les gens vous remercieront pour votre aide et l'étendue de votre savoir. Dans six mois, ils clameront que vous êtes un génie parce que vous avez transformé leur vie. C'est ce qui m'est arrivé. Et mon seul mérite a été de partager ce que les autres m'ont appris.

5

GUÉRIR L'ENFANT QUI EST EN NOUS

> «Tout dépend de la façon dont nous considérons les choses, pas de leur nature intrinsèque.»
>
> Carl JUNG

> «On peut tout enlever à un homme excepté une chose, l'ultime liberté de l'être humain, qui consiste à choisir son attitude, quelles que soient les circonstances, à choisir sa propre conduite.»
>
> Viktor E. FRANKL, *Man's Search for Meaning*

> «Il n'est jamais trop tard pour avoir une enfance heureuse.»
>
> Slogan vu sur un T-shirt

Au début de ce siècle, l'intérêt de la profession médicale s'est détourné des individus malades pour ne plus voir que les maladies. Mais les travaux menés depuis plusieurs dizaines d'années dans les grandes universités commencent aujourd'hui à réveiller l'intérêt pour les facteurs émotionnels impliqués dans l'évolution de la maladie. Ces recherches ont permis de déclencher le lent processus de conversion des preuves «anecdotiques» — ces données de l'observation directe non cautionnées par des analyses statistiques rigoureusement contrôlées — en informations reconnues comme scientifiques par le corps médical. Le docteur Engel, de l'université de Rochester, l'un des chercheurs engagés dans ces

195

études, croit tellement à la valeur des anecdotes qu'il a lui-même relevé dans des journaux du monde entier toutes celles qui concernaient le phénomène de la mort subite. En voici un exemple qui m'a semblé particulièrement intéressant pour la compréhension de ce qui nous rend vulnérable à la maladie et à la mort à certains moments de notre vie :

L'histoire est celle d'un couple, Charlie et Josephine, qui ne s'était jamais séparé depuis treize ans. Dans un acte de violence insensé, Charlie fut abattu d'un coup de fusil sous les yeux de Josephine au cours d'un affrontement avec la police. Josephine resta un moment sans bouger puis s'approcha lentement de la forme prostrée, tomba à genoux et posa silencieusement sa tête sur le corps sanglant... Elle ne devait plus jamais se relever ; dix minutes plus tard, elle était morte à son tour.

Mais le plus beau de l'histoire, c'est que Charlie et Josephine étaient des lamas du zoo ! Ils s'étaient échappés à la faveur d'une tempête de neige, et Charlie, qui n'était pas commode, avait été sacrifié faute de pouvoir être repris. J'ai pu établir, en discutant avec le gardien du zoo, que Josephine s'était toujours montrée fringante et en excellente santé jusqu'au tragique événement.

Je cite cet exemple pour montrer que nous avons affaire à un phénomène biologique général, non à un processus réservé aux animaux hypersensibles que sont parfois les humains.

Émotions, profils de personnalité et maladies

Dans les années cinquante, un groupe de psychologues, de psychiatres et d'internes de l'université de Rochester ont commencé un travail de

recherche sur ce qu'ils appellent le complexe
« abandonnant-abandonné ». Il s'agit d'un état
d'esprit, généralement temporaire et souvent lié
à des changements dans les habitudes de vie, qui
s'est avéré être un facteur de vulnérabilité à toutes
sortes de maladies. Dans 70 à 80 p. 100 des cas étu-
diés, qui comprenaient tout l'échantillonnage habituel d'un service de médecine générale, l'attitude
« abandonnant-abandonné » avait précédé la maladie.

Cette attitude se caractérise par une envie de tout
abandonner dictée par un sentiment d'impuissance
et de désespoir, une image dépréciée du moi,
l'absence de gratification provenant des relations
ou des rôles habituels. Ce blocage des mécanismes
d'adaptation mentale activerait, selon le docteur
Engel, « un plan d'urgence biologique contrôlé par
le système nerveux » qui amoindrit les résistances
du corps.

Le sentiment d'impuissance et de désespoir
peut être suscité par toutes sortes d'événements,
dont certains n'ont pas de caractère traumatisant
aux yeux de l'observateur.

Ayant eu une crise cardiaque le dernier jour du
deuil officiel de son frère jumeau, lui-même mort
d'une crise cardiaque, le docteur Engel est bien
placé pour savoir que même les anniversaires d'événements traumatisants peuvent avoir des effets psychologiques destructeurs. Toutefois, comme il le
note lui-même, l'événement proprement dit a beaucoup moins d'importance que la façon dont il est
vécu. Nous sommes capables d'exercer un contrôle
considérable sur nos pensées et nos attitudes, et
chacun peut tirer profit à sa manière des événements prétendus néfastes ou inutiles de son existence.

Tel est le message qui circule tout au long de
Man's Search for Meaning, le récit fait par Viktor

Frankl* de sa vie en camp de concentration. Il était parfois au bord du découragement, mais alors, malgré l'horreur :

> « J'obligeais mes pensées à s'orienter vers autre chose. Je me voyais debout sur l'estrade d'une salle de conférences chauffée, bien éclairée, agréable. Devant moi un auditoire attentif, confortablement installé dans des fauteuils capitonnés. Je faisais une conférence sur la psychologie des camps de concentration ! Tout ce qui m'oppressait dans le présent était maintenant considéré objectivement et présenté du point de vue détaché de la science [...]. Nous devenions, moi et mes ennuis, l'objet d'une intéressante étude psychoscientifique entreprise par moi-même. »

Et c'est ainsi qu'il survivait un jour de plus, en *choisissant* d'adopter une attitude différente. Nous en sommes tous capables, même si certains n'ont pas l'impression de pouvoir exercer cette « dernière des libertés humaines » parce que leur personnalité a été modelée par les expériences négatives de l'enfance.

Un mauvais départ dans la vie peut avoir des conséquences sur notre santé mentale mais aussi sur notre santé physique, car l'être que nous deviendrons psychologiquement va influer sur ce qui nous arrivera physiologiquement.

L'influence de nos premières années

La pire des maladies dont souffre l'humanité, c'est l'absence d'amour pour ses enfants, car les mauvais traitements psychologiques, et parfois même

---

* Viktor Frankl, *Découvrir un sens à sa vie : avec la logothérapie*, Homme, 1988.

physiques, prédisposent ces enfants à l'impuissance, au désespoir et à la maladie. On ne peut pas continuer éternellement à rendre les poisons chimiques ou la prédisposition génétique responsables de toutes les maladies. Il faut bien admettre qu'il existe des poisons sociaux et psychosociaux qui nous fragilisent en développant dès l'enfance certaines attitudes mentales et affectives.

Caroline Bedell Thomas, professeur à la John Hopkins Medical School, a entrepris, depuis les années quarante, un travail de recherche sur la corrélation entre caractéristiques psychologiques et maladie, en constituant des dossiers — profil de personnalité et antécédents familiaux — sur plus de mille trois cents étudiants diplômés de John Hopkins entre 1948 et 1964. Elle assura un suivi médical de chaque cas pendant plusieurs dizaines d'années et, vers 1975, commença à étudier les résultats.

Elle put ainsi déterminer l'existence d'implications psychologiques non seulement dans les maladies cardiaques, les suicides et les maladies mentales, ce qu'elle avait prévu, mais également, et ce fut une surprise, dans les cas de cancer. Car elle était partie de l'hypothèse que le cancer, contrairement aux maladies précitées, ne possédait pas d'antécédents psychologiques. Mais force lui fut de constater que les malades du cancer, comme les malades mentaux et les suicidés, avaient plus souvent que d'autres souffert dans l'enfance de relations malheureuses avec leurs parents et réagi en refoulant leurs émotions. Dans un article écrit récemment, Caroline Thomas reprend et confirme les résultats de quarante ans de travail sur les facteurs prédisposant à la maladie et exprime l'espoir de voir un jour ses découvertes confirmées au niveau moléculaire.

« Il y a quarante ans, le terme de "biologie moléculaire" n'était pas inventé, et les mécanismes de corrélation entre caractéristiques psychologiques infantiles et maladie n'étaient pas envisagés. Mais aujourd'hui, avec l'éclosion de la neuroscience, il n'est pas indûment optimiste de prévoir que les connexions créées par les habitudes de tension nerveuse, les attitudes familiales et les relations interpersonnelles pourront être comprises dans un avenir proche et que la structure moléculaire de certains de leurs composants sera peut-être même identifiée. »

Une autre étude qui, à mon sens, confirme les conclusions de Caroline Thomas sur le cancer, compare l'histoire médicale d'une centaine d'enfants danois adoptés, nés entre 1924 et 1926, avec celle de leurs parents biologiques d'une part et celle de leurs parents adoptifs d'autre part. Les résultats montrent qu'il existe une composante génétique dans les cas de mort prématurée (avant cinquante ans) des enfants et de leurs parents biologiques. Mais il existe également une corrélation entre l'apparition de cancers chez les enfants et la mort par cancer des parents adoptifs avant cinquante ans (mais pas après soixante ou soixante-dix ans).

Il est bien entendu possible de spéculer sur la présence de carcinogènes dans les foyers adoptifs plutôt que de croire à des influences psychologiques, mais pour moi cela équivaut à dire que les carcinogènes sont dans la cuisine. (Je fais allusion à une étude montrant que l'incidence du cancer était plus forte de 57 p. 100 chez les femmes au foyer que chez les femmes travaillant à l'extérieur. On chercha donc des carcinogènes dans les cuisines, en vain. La possibilité que la femme se sente prise au piège et aliénée par les tâches domestiques ne fut jamais considérée, bien que l'incidence du cancer chez les femmes de ménage fût moindre que chez les femmes au foyer.)

Avec une remarquable opiniâtreté, le corps médical s'accroche à sa vision mécaniste des phénomènes et continue à négliger les réalités psychiques de l'existence humaine. J'affirme que nous devons prendre en compte les sentiments d'impuissance et de désespoir engendrés par notre environnement domestique ; que nous devons commencer à voir plus loin que les poisons chimiques et à nous interroger sur la possibilité de poisons psychiques. Comment l'enfant réagit-il et établit-il son rapport au monde quand ses parents meurent jeunes ? Comment cet événement crée-t-il en lui une vulnérabilité à la maladie et à la mort prématurée ?

Les conclusions de Caroline Thomas ont été confirmées par une enquête effectuée en 1988 sur le même groupe de sujets par les psychologues Pirkko L. Graves et John W. Shaffer. Selon les résultats de cette enquête, le profil et les attitudes psychologiques formés pendant l'enfance continuent à exercer une influence signifiante sur la santé physique des sujets au cours des années. Par exemple, les sujets dits « *loners* », groupe caractérisé par une attitude extérieure affable, une humeur égale et une grande solitude intérieure sont seize fois plus susceptibles d'avoir un cancer que les sujets « *acting out/emotional* », groupe composé de gens facilement dépressifs, sujets aux sautes d'humeur et à l'anxiété — en d'autres termes des êtres qui ressentent et expriment fortement leurs émotions.

Pour changer de style émotionnel, vous pouvez peut-être suivre le conseil d'un homme qui a participé à l'un de mes stages. Expert en électronique, il s'inspirait de la programmation des ordinateurs pour nous dire que, quand on met des saletés dedans, il ne peut sortir que des saletés ; par contre, si l'on met les saletés dehors, l'amour s'installe dedans. Un homme atteint d'un cancer du poumon nous donna le même genre de conseil : au lieu de sourire au-dehors quand on souffre en dedans, il faut se retourner comme un gant. Oui ! La douleur et les ordures dehors, le sourire et l'amour dedans. C'est la meilleure description que je connaisse du travail que nous faisons dans nos groupes de patients exceptionnels. En extériorisant ses sentiments, on peut guérir intérieurement. Et, si l'on ne guérit pas sa maladie, on aura en tout cas « guéri » sa vie.

Cette expérience peut paraître extrêmement difficile dans la mesure où elle va à l'encontre d'habitudes émotionnelles acquises depuis la prime enfance. La personnalité refoulée s'acquiert très tôt, en réaction à des parents qui ne répondent pas aux besoins exprimés par le bébé. Quand ses demandes sont soit accueillies avec indifférence, soit activement rejetées ou punies — par exemple, quand elles empiètent sur les besoins de la mère (et il faut se souvenir que les bébés sont des créatures *très* exigeantes) —, le petit enfant peut se fermer émotionnellement, se replier sur lui-même et se sentir coupable du manque d'attention de ses parents. Le stoïcisme et l'abnégation qui en résultent sont parmi les traits de caractère les plus communément cités comme facteurs psychologiques liés au cancer.

L'absence d'amour dans la petite enfance peut avoir des conséquences dramatiques pour l'adulte mais également pour l'enfant. Je me souviens d'avoir assisté à une conférence où le docteur Ashley Montague s'est levé devant un auditoire composé de médecins et d'infirmières pour poser une question à laquelle personne ne put répondre : comment peut-on lire l'absence d'amour sur une radiographie ? Montague, qui est anthropologue et a écrit des livres sur l'amour, le contact physique et leurs pouvoirs thérapeutiques, expliqua alors que, quand il n'est pas aimé, un enfant ne grandit pas. On peut le constater sur les radios par la présence dans le tissu osseux de lignes denses correspondant aux périodes où sa croissance s'est interrompue.

Les nourrissons ainsi privés d'attention et d'amour peuvent également être handicapés dans leur développement en taille et en poids et se replier sur eux-mêmes à la manière des dépressifs chroniques. Certains peuvent même mourir. Mais, si l'absence d'amour et de tendresse physique peut être destructrice, le contraire est bénéfique et explique en partie pourquoi, par exemple, les bébés nourris au sein profitent mieux que les bébés nourris au biberon et sont moins sujets au cancer par la suite. Comme il se doit, les scientifiques se sont précipités pour analyser le lait maternel. J'affirme pour ma part que c'est la façon dont le lait est donné qui est déterminante. La tendresse est physiologique, l'amour est scientifique : ils modifient notre environnement interne.

L'incidence d'une enfance malheureuse, solitaire, sur la formation de personnalités réprimées-dépressives telles que les décrit Caroline Thomas avait déjà été remarquée dans les années cinquante par les psychologues Lawrence LeShan et R.E. Worthington dans leurs travaux sur les malades du cancer. Les composantes psychologiques de la maladie peuvent également être mises en évidence par des tests, dessins, Rorschach et autres, grâce auxquels il est possible d'identifier les sujets qui auront un cancer. Caroline Thomas a été l'une des premières à étudier l'utilisation des indicateurs psychologiques pour prédire non seulement l'incidence mais la nature de la maladie.

Il est intéressant de noter que les conclusions des psychologues sont souvent connues, intuitivement, sinon « scientifiquement », par certains membres du corps médical. J'ai par exemple reçu une lettre d'une infirmière instrumentiste qui me disait qu'une conversation de quelques minutes avec le patient avant une opération abdominale lui suffisait pour savoir quels instruments ajouter sur son plateau, instruments pour le cancer ou pour des calculs. «Les patients n'étaient pas pareils. Je ne peux toujours pas dire en quoi.»

Le psychologue Claude Bahnson a également fait des études prévisionnelles et déterminé un profil des cancéreux qui met en évidence un sentiment d'aliénation lié à une enfance malheureuse. Dans l'analyse qu'il a faite en 1975 des publications spécialisées, il constate que les recherches psychologiques sur le cancer s'orientent selon deux axes principaux : les personnalités «caractérisées par le refoulement et la négation de soi ainsi que par une forte maîtrise de soi et une conformité aux normes sociales» d'une part, et, d'autre part, le sentiment d'abandon et la dépression comme antécédents à la maladie.

Le premier axe me semble décrire parfaitement l'attitude habituelle de mes patients. Ce sont ces gens qui vous disent qu'ils vont «très bien» quel que soit leur état. Quand on leur demande : «Qu'est-ce qui ne va pas ?» ils répondent : «Rien.» Comme je l'ai déjà expliqué, le message que reçoit votre corps chaque fois que vous niez vos besoins, vous comportant comme si tout allait bien et refusant toute aide extérieure, est un message de mort. Votre corps va par conséquent vous aider à faire ce qu'il pense être votre volonté, dépérir et mourir rapidement. Pourquoi ne pas instituer un code pour ceux qui ont du mal à dire ce qu'ils ressentent ? A la question : «Comment vous sentez-vous ?» ils répondraient par exemple : «C moins.» Dénuée de connotation négative, la formule passerait mieux. Dans un hôpital, on a déjà mis des affichettes disant : «A moins de B plus, venez nous voir, vous aurez un baiser.»

Voilà un service que vos parents et vos amis pourraient vous rendre, non ?

Une de mes correspondantes me dit que sa façon à elle de vivre le cancer, c'est le secret. Elle me confie ensuite qu'elle a été opérée il y a six ans et que, rencontrant un ami qui n'était pas au courant de son état (seules l'étaient quelques personnes de sa famille), elle s'était fait un point d'honneur de ne rien dire malgré la douleur qu'elle ressentait encore. Si cette attitude lui convient, j'y vois pour ma part un gaspillage d'énergie, de cette énergie qu'elle ferait mieux d'employer à guérir sa maladie et aussi sa vie. Mais elle la mobilise pour garder un secret qui l'empêche de demander et de recevoir toute aide extérieure. Mentir sur son état et être condamné à vivre en permanence ce mensonge m'apparaît comme une bien cruelle punition.

Idéalement, la conscience d'être mortel devrait inciter les êtres à sortir de la prison où les enferment la négation de soi et l'autopunition pour devenir authentiques, pour s'affirmer. Mais tout le monde ne comprend malheureusement pas qu'il est possible d'échapper au conditionnement de l'enfance. J'ai eu en consultation une femme qui s'obstinait à dissimuler son état. Elle revenait d'une réunion d'anciens du collège et se montrait très fière d'avoir réussi à cacher qu'elle avait un cancer. Son mari et ses enfants n'avaient le droit d'en parler à personne, et même sa mort devait rester secrète : pas de service funèbre. Je lui ai demandé si elle allait aussi faire installer son cadavre devant la fenêtre du salon pour que personne ne soupçonne sa mort.

Cette femme avait reçu de ses parents des messages extrêmement négatifs. Elle avait hérité d'eux un manque total d'estime pour elle-même, et j'ai bien peur qu'elle ne lègue à ses enfants le même handicap, car les enfants apprennent par l'exemple. Ne suivez pas cet exemple. Acceptez le fait que vous êtes mortel et vivez votre vie. Demandez l'aide dont vous avez besoin et acceptez-la, c'est un don que vous ferez à ceux qui vous aiment. Vous deviendrez leur professeur, leur guérisseur. Malheureusement, c'est souvent le contraire qui se produit. Quand une personne est malade, elle se sent tellement coupable de faire souffrir son entourage qu'elle n'ose absolument rien demander.

Un soir de Noël où j'étais de garde à l'hôpital, j'ai découvert qu'une de mes patientes était restée seule toute la soirée, sa famille étant partie réveillonner. Même si ce jour avait été le dernier de sa vie, cette femme n'aurait rien dit. Quand je vois mes malades se comporter ainsi, je me demande toujours ce qui a bien pu leur arriver dans l'enfance pour qu'ils aient un tel besoin de se punir. Quelle culpabilité leur a été instillée pour qu'ils se complaisent ainsi dans le martyre infligé par la haine et la négation de soi-même? La question m'intéresse parce que je sais que le fait de réprimer ses sentiments empêche le système guérisseur de répondre aux menaces venues de l'extérieur comme de l'intérieur.

Se forger une personnalité de survivant

Certains chercheurs en psycho-neuro-immunologie, synthèse moderne de quatre disciplines autrefois séparées (psychologie, neurophysiologie, endocrinologie et immunologie), s'interrogent sur les liens existant entre schémas affectifs acquis et maladie. Le docteur George F. Solomon fut un des pionniers de cette recherche, et c'est d'ailleurs lui qui, en 1964, alors qu'il étudiait l'impact du stress sur le système immunitaire, a proposé le terme de «psycho-immunologie». Le docteur Solomon et sa collègue Lydia Temoshok, du département de psychiatrie à l'université de Californie, ont défini les traits de caractère propres aux personnalités «portées à l'immunodépression», comme ils les appellent, parmi les malades du sida. Ces caractéristiques s'apparentent beaucoup au «type C» de cancéreux défini par le docteur Temoshok. «Docilité, conformisme, sens du sacrifice, refus de l'hostilité ou de la colère et absence d'expression des émotions» paraissent liés, chez les cancéreux, à un pronostic défavorable et peut-être aussi à la vulnérabilité au cancer. Il serait possible, selon Temoshok et Solomon, que ce type de personnalité soit également susceptible de contracter le sida.

Sur la base des travaux qu'ils effectuent avec des survivants du sida et des recherches de leurs collègues (dont Sandra Levy, Keith Pettingale, Janice Kiecolt-Glaser, George Engel et David McClelland que je cite dans ce livre), G. Solomon et L. Temoshok ont par ailleurs identifié expérimentalement certains traits de personnalité susceptibles d'augmenter les chances de survie : croyance en un sens et en un but de la vie, sens de la responsabilité concernant sa santé, capacité d'exprimer ses besoins et ses émotions, sens de l'humour.

Dans le dernier article que j'ai lu du docteur Solomon, il pose aux malades du sida une seule question pour évaluer leurs chances de survie à long terme : «Feriez-vous pour un ami qui vous le demande quelque chose *que vous n'avez pas vraiment envie de faire ?*» Une réponse négative constitue, pour Solomon, un indicateur de survie plus fiable qu'aucune des listes complexes de traits de caractère élaborées par eux. Pour ma part, quand je fais des conférences, je demande toujours à mon public de s'imaginer atteint du cancer ou du sida et n'ayant plus que six mois à vivre. Un ami téléphone pour solliciter un service alors que tout est déjà organisé pour passer une excellente journée. Qui répondrait non à cet ami ? Moins de la moitié, souvent même entre 15 et 20 p. 100 des gens répondent qu'ils refuseraient. Mais quand je pose la même question au cours de stages, les patients sont plus nombreux à répondre non, ce qui m'incite à penser qu'ils savent bien des choses sur la survie.

La psychothérapie est l'une des techniques qui peuvent aider à modifier sa vie de façon à augmenter ses chances de rester en bonne santé et/ou de survivre. Le docteur Solomon entreprit ainsi en 1983 un travail de psychothérapie avec un patient porteur du virus HIV pour voir si, en le sortant de son état dépressif et en lui permettant de mieux exprimer ses émotions, il réussirait à améliorer ses fonctions immunitaires. Or, si les réactions immunologiques ne furent pas améliorées parallèlement à l'état psychologique du patient — moindre dépression, meilleure affirmation de soi —, ses symptômes, eux — sueurs nocturnes, fièvre, grave herpès génital —, subirent une nette amélioration. Après huit mois de psychothérapie, il put reprendre son travail à plein temps. Toutefois, le nombre de ses lymphocytes T, agents de l'immunité cellulaire, continua à diminuer, même si, à la grande surprise de son médecin, il se sentait de mieux en mieux et ne développait pas le sida.

Quand, fin 1985, il tomba soudain gravement malade et qu'on lui diagnostiqua un lymphome, son espérance de vie se comptait en jours ou en semaines. Mais une chimiothérapie le sauva et, en 1987, au moment où Solomon parle de lui, il était en assez bonne santé, s'était remis à ses projets, voyait des amis et sa famille (qui l'avait toujours beaucoup soutenu), voyageait, se soignait par des thérapies alternatives et continuait à espérer. Solomon conclut son rapport en affirmant que c'est «son attitude, sa détermination, son esprit combatif et le soutien moral dont il a bénéficié» qui lui ont permis de réagir si bien et si longtemps à une maladie aussi terrible.

Les témoignages écrits ou directs d'autres survivants à long terme et de personnes qui ont réussi à inverser le résultat de leur formule sanguine indiquent qu'il existe bien d'autres cas semblables. Ces récits sont précieux parce qu'ils nous renseignent sur les qualités nécessaires pour combattre la maladie. Ils nous rappellent également, et c'est là le plus important, que ces qualités peuvent s'acquérir même à un âge où on a l'impression que son caractère, pour le meilleur ou pour le pire, est coulé dans le bronze. S'il était impossible de changer, il ne servirait à rien de discuter pour savoir quelles attitudes sont plus bénéfiques que d'autres puisqu'on ne pourrait rien faire. Mais cette «ultime liberté de l'être humain» vous appartient pour peu que vous ayez envie de l'exercer.

Permettez-moi d'offrir à votre réflexion quelques citations extraites d'une conférence intitulée «Sida, le grand défi, une affaire d'optimisme» organisée en février 1989 par le docteur Donald Pachuta, de Baltimore : «Il est dur d'être malade — de nier ce que l'on est pendant des années. Il est plus naturel d'aller bien.» «Ma maladie, c'était la concrétisation de tout ce qui en moi n'était pas moi.» «Le sida n'a pas été une maladie mais un traitement.»

Les comportements de bonne et de mauvaise santé

La paix intérieure est le but à atteindre quand on veut changer. Si, comme le dit Candace Pert, notre corps est la manifestation extérieure de notre esprit, il devrait exprimer la paix intérieure. Mais cela n'implique pas qu'il faille réprimer ses sentiments. Comme nous l'avons déjà évoqué, les gens croient qu'une réaction comme la colère est «négative», et ils s'efforcent de ne pas la ressentir quand on leur apprend qu'ils ont une maladie mortelle. Mais il est juste de ressentir et d'exprimer de la colère, même contre Dieu. Comme l'a dit un membre du groupe, «il y a longtemps que j'ai viré Dieu». Colère, angoisse, dépression, peur et autres émotions ne sont malsaines que si elles restent contenues, faute d'être exprimées et dépassées.

Quand on s'estime, on exprime ses sentiments pour s'en délivrer. Faire savoir aux autres qui l'on est et où on en est limite les occasions de conflit. Les relations sociales s'en trouvent améliorées ainsi que la vie professionnelle. Si vous avez du mal à exprimer votre colère, prenez exemple sur l'un de mes étudiants et dites-vous qu'il s'agit d'une vertueuse indignation que même Jésus s'autorisait.

Dans une brochure éditée par le New York People with AIDS Coalition, j'ai trouvé une liste très complète de tout ce qu'on peut se faire comme bien ou comme mal, que l'on ait ou non le sida. Bien que l'auteur de ces règles les ait intitulées «Guide de la maladie et de la santé totalement subjectif et non scientifique de Steven James», la science peut parfaitement étayer tout ce qu'il affirme. Dans la mesure où ce livre sera lu par toutes sortes de gens, nous vous offrons toute la gamme des possibilités. Voici donc une liste pour vous aider à aggraver votre mal et une autre pour vous aider à aller mieux.

COMMENT TOMBER MALADE

1. Ne tenir aucun compte de son corps. Boire de l'alcool, manger n'importe quoi, se droguer, avoir des relations sexuelles sans précautions avec un maximum de partenaires différents et, surtout, *se*

sentir coupable à tout moment. En cas de fatigue et de surmenage, faire comme si de rien n'était et continuer à s'épuiser.

2. Cultiver l'idée que la vie n'a ni sens ni valeur.

3. Faire tout ce qu'on déteste et éviter ce qui serait vraiment agréable. Suivre les avis et les conseils de tout le monde en se sentant minable, nul.

4. Pratiquer le ressentiment et la critique systématique, envers soi-même, bien sûr.

5. S'emplir l'esprit d'images horribles et y penser jusqu'à l'obsession. S'angoisser à tout propos et à tout moment si possible.

6. Eviter toute relation profonde, intime, durable.

7. Rendre les autres responsables de tous ses malheurs.

8. Ne jamais exprimer ouvertement ni sentiment ni opinion personnels. Les autres n'apprécieraient pas. Eviter même si possible de savoir ce qu'on ressent.

9. Ecarter tout ce qui pourrait ressembler à de l'humour. La vie n'est pas une partie de rigolade !

10. Eviter tout changement susceptible de rendre l'existence plus belle et plus joyeuse.

COMMENT AGGRAVER SON MAL (SI L'ON EST DÉJÀ MALADE)

1. Penser à toutes les complications qui pourraient encore arriver. S'attarder sur les idées les plus destructrices, les plus négatives.

2. Déprimer, s'apitoyer sur soi-même, être envieux et de mauvaise humeur. Rendre toute chose et tout le monde responsables de sa maladie.

3. Lire les articles, les livres, les journaux, regarder les émissions de télé et écouter les gens dont le point de vue est qu'il n'y a PAS D'ESPOIR. Considérer que l'on n'a aucune prise sur son destin.

211

4. Se couper des autres. Se voir comme un paria. S'enfermer dans sa chambre et penser à la mort.

5. Se haïr parce qu'on a détruit sa vie. S'en vouloir sans relâche et sans merci.

6. Consulter un tas de médecins. Courir de l'un à l'autre et passer son temps dans les salles d'attente. Accumuler les informations contradictoires, essayer tous les médicaments expérimentaux possibles, commencer un traitement après l'autre sans se tenir à aucun.

7. Quitter son travail, abandonner tout projet, renoncer aux activités qui risquent de donner à l'existence une saveur et un sens. Considérer que sa vie est insignifiante et proche de son terme.

8. Se plaindre de ses maux. N'établir de relations qu'avec des gens malheureux et amers pour s'enfoncer mutuellement dans les délices de l'impuissance et du désespoir.

9. Cesser de prendre soin de sa personne. A quoi bon ? Convaincre les autres de le faire à sa place et leur reprocher ensuite leurs insuffisances.

10. Penser à la laideur de la vie, se persuader qu'on ferait mieux de la quitter. Non sans être absolument terrifié par la mort, pour que ce soit encore plus douloureux.

COMMENT GARDER LA SANTÉ (OU LA RETROUVER SI ON L'A MOMENTANÉMENT PERDUE)

1. Rechercher toutes les occasions de satisfaction, de joie, de valorisation. Voir sa vie comme une création personnelle et s'efforcer de la rendre positive.

2. Se traiter avec respect et affection, être à l'écoute de ses besoins à tous les niveaux. Prendre soin de soi-même, bien se nourrir, s'encourager dans tous les domaines.

3. Se libérer de toute émotion négative : ran-

212

cœur, envie, peur, tristesse, colère. Exprimer franchement ses sentiments, ne pas s'y cramponner, se pardonner.

4. Garder à l'esprit des images et des buts positifs, penser à ce que l'on veut vraiment dans la vie. Quand des images effrayantes se présentent, les remplacer par des images de paix et de joie.

5. S'aimer. Aimer les autres. Faire de l'amour la base et l'expression essentielle de sa vie.

6. Nouer des relations gaies, affectueuses et franches, permettant l'expression et la satisfaction du besoin d'intimité et de sécurité, s'efforcer de guérir les blessures des relations passées avec sa mère, son père, ses anciennes liaisons.

7. Contribuer à la vie de sa communauté en accomplissant un travail agréable et utile.

8. S'impliquer à fond dans la santé et le bien-être et croire à la possibilité d'une santé parfaite. Mettre au point son propre programme de guérison en s'appuyant sur l'aide et les conseils d'experts mais sans se mettre à leur merci.

9. S'accepter, voir dans toutes les circonstances de la vie des occasions d'apprendre et de s'épanouir. Etre reconnaissant. Se pardonner chaque fois qu'on fait des erreurs, voir ce qu'on peut en tirer de positif et passer à autre chose.

10. Garder le sens de l'humour.

Les deux derniers points me paraissent particulièrement dignes d'être retenus.

CHOISIR LES BONNES RÉACTIONS

La valeur de cette liste peut être confirmée par la science. L'un des traits caractéristiques qui soustendent la plupart de ces règles de vie — ce que la psychologue Suzanne Kobasa a appelé la

« vaillance » — est en réalité la configuration de plusieurs traits complémentaires et fait l'objet d'études scientifiques depuis les années soixante-dix et quatre-vingt.

S. Kobasa et Salvatore Maddi font partie du groupe de spécialistes du comportement de l'université de Chicago qui ont étudié le cas de deux cents agents techniques et cadres de la compagnie Illinois Bell Telephone. Tous les employés de la firme étaient extrêmement stressés par un remaniement de la direction lié au départ de la société AT & T. La moitié des agents souffrait d'un certain nombre d'affections et l'autre moitié restait en bonne santé. Pourquoi, si le stress affecte la santé, la moitié du groupe était-elle physiquement indemne ? Parce que 50 p. 100 des agents concernés se sentaient *responsables* de leur vie (par opposition à l'attitude impuissante-désespérée), *concernés* par une existence qui avait pour eux un sens, tant au niveau familial qu'au niveau professionnel et *mis au défi* par des événements que d'autres trouvaient terrifiants. C'est le genre d'attitude qui qualifie les personnalités vaillantes et qu'on retrouve chez les patients exceptionnels.

Elle rappelle également les réactions qui ont permis aux prisonniers de supporter les camps de concentration. D'après Viktor Frankl, après la « sélection » initiale (qui permettait aux hommes jugés aptes au travail d'échapper aux fours crématoires), les plus résistants étaient ceux qui, d'une façon ou d'une autre, trouvaient un sens à leur souffrance, qui y voyaient l'occasion d'affronter leur destin avec courage et dignité au lieu de se laisser mourir. « Souffrir était devenu une tâche à laquelle nous ne voulions pas nous dérober. Nous avions compris qu'elle offrait des possibilités d'élévation. » C'est ainsi qu'ils revendiquaient la maîtrise de leur vie intérieure.

Quelles que soient les circonstances, ce qui compte avant tout, c'est la façon dont nous interprétons les événements de notre vie, ce que le psychologue Martin Seligman, de l'université de Pennsylvanie, appelle notre « style d'explication ». Hans Selye, l'endocrinologue qui nous a appris pratiquement tout ce que nous savons sur les rapports du stress et de la maladie, donne l'exemple de ce qui se passe quand vous vous faites insulter dans la rue par un ivrogne. Si vous vous dites simplement que cela ne vaut pas la peine de riposter et que vous passez votre chemin, la rencontre n'aura aucune conséquence physiologique. Si, par contre, vous vous sentez atteint dans votre honneur et obligé de répondre par la violence, soit verbale soit physique, « l'adrénaline déchargée va faire monter votre tension et accélérer votre pouls tandis que tout votre système nerveux entrera en alarme, en tension, par anticipation au combat. Si, par malheur, vous avez une faiblesse coronarienne, vous risquez l'accident cardiaque fatal ». On ne peut pas choisir plus mauvaise réaction.

Choisissons les bonnes réactions. C'est incroyable, quand on y pense, le pouvoir que nous permettons aux événements d'avoir sur nous. Prenons un exemple mineur, le problème des chaussettes dépareillées. On a tendance à penser que la machine à laver a digéré quelques chaussettes, n'en laissant qu'une de chaque paire. On l'accuse, on l'insulte, on s'énerve. Eh bien, ce n'est pas du tout ainsi que réagissait l'un des membres de l'ECAP. A chaque lessive, cette dame annonçait triomphalement à son mari qu'elle avait trouvé des chaussettes « en plus » dans la machine. Le choix de nos pensées nous appartient.

Une adolescente, Susan, qui cherchait un travail bénévole, se présenta dans une maison de retraite où on la chargea de faire la lecture à M. Johnson.

Susan alla se présenter à lui et lui demanda comment il allait. «Jusqu'ici, ça va, répondit-il. — Que voulez-vous dire? interrogea Susan. — Je suis comme ce type qui tombe du trentième étage. A chaque étage, quelqu'un se penche par la fenêtre pour lui demander. "Ça va?" et il répond: "Jusqu'ici, oui."»

«Jusqu'ici, ça va» est une formule qui peut vous aider dans les moments difficiles. Si les pessimistes ont une vision plus exacte du monde, les optimistes vivent bien plus longtemps et bien plus agréablement. On peut donc dire que chacun voit la vérité de sa propre vie, mais en réalité il crée cette vérité.

Je rencontre souvent des gens qui, dans leur façon de réagir aux événements, choisissent de privilégier la vie. A l'hôpital, j'ai remarqué un employé chargé de la maintenance qui paraissait toujours souriant et radieux. Je me suis dit que c'était probablement l'une de ces exceptions qui confirment la règle. Pas de problème, une vie heureuse, voilà le secret. Puis on m'a demandé de parler à un groupe de parents ayant perdu un enfant. J'y ai retrouvé cet homme, qui m'a dit que son bébé venait de mourir de leucémie. Je réalisai alors combien son âme était forte et belle. Il avait choisi son attitude devant la vie.

Les recherches de Seligman concernent la façon dont nos expériences formatrices nous incitent à choisir les «explications» qui nous rendent maîtres des événements ou, au contraire, celles qui nous mettent dans l'impuissance. Il a, par exemple, fait des expériences sur le comportement animal où des chiens qui n'avaient aucun pouvoir de se soustraire à des chocs électriques devenaient incapables d'acquérir ce pouvoir quand on le leur donnait. Ils avaient «appris» l'impuissance et ne savaient plus réagir autrement, alors que des chiens non conditionnés à l'impuissance apprenaient très vite à éviter les mêmes chocs.

De la même façon, les individus peuvent apprendre l'impuissance si, de façon répétitive, ils se sentent incapables d'influer par leurs efforts sur les événements extérieurs, et surtout si ce type de comportement leur a été transmis dans l'enfance par des parents qui leur laissaient peu d'autonomie et se montraient eux-mêmes peu autonomes. Il en résulte une philosophie du «à quoi bon essayer?», une sorte de fatalisme qui va s'appliquer à tous les événements jalonnant leur vie. Je connais un oncologiste tellement persuadé de l'importance des premières expériences de la vie qu'il participe à mes ateliers pour savoir comment élever ses enfants et qu'il m'a suggéré d'écrire un livre à ce sujet.

Une attitude pessimiste concernant l'ensemble de la vie et les possibilités d'y changer quelque chose peut affecter tous les domaines de l'existence, depuis la réussite professionnelle jusqu'à la santé. Seligman et ses collègues de l'université ont étudié le «style d'explication» de cent soixante-douze étudiants et ont pu, sur cette base, prédire lesquels seraient le plus souvent malades au cours du mois suivant et de l'année suivante. Ils ont aussi découvert que le «style d'explication» était un critère plus utile pour prédire le taux de survie de treize personnes atteintes d'un mélanome malin que l'activité des cellules «tueuses» du système immunitaire.

Le «style d'explication» de Seligman se rapproche beaucoup de l'«adaptation à la vie» proposée par le psychiatre George Vaillant, c'est-à-dire la façon dont les gens surmontent les facteurs de stress auxquels ils sont soumis. A ce propos, Vaillant décrit ce que serait sa réaction pendant un voyage sur les «montagnes russes» par comparaison avec ce qu'il peut observer chez d'autres :

«J'imaginais les ravages physiologiques que ce genre de sensation produirait en moi si j'y allais :

de toute évidence, rétention de calcium dans les bourses, érosion du revêtement interne de l'estomac, dépôt de cholestérol au cœur des artères, menace sur le système immunitaire provoquée par un débordement de corticostéroïdes. Métaphoriquement parlant, en tout cas, j'y laisserais quelques années de ma vie. Mais en regardant tous ces gens excités prendre de la vitesse, remonter le long des boucles et rester suspendus la tête en bas, extatiques, je me rendais compte que l'expérience était pour eux source de joie, de libération et même de détente. Par quelle alchimie leur système nerveux central transformait-il cette expérience qui aurait dû être nocive pour leur santé ? La différence entre eux et moi, si je m'aventurais à les rejoindre, ne serait pas dans le stress lui-même ni dans l'impuissance forcée, elle serait uniquement dans la façon dont nos esprits distordraient l'expérience. »

En se livrant à ces observations, Vaillant réfléchissait (en 1979) aux résultats de quarante ans de recherches sur la relation entre maladie physique et maladie mentale. Le travail avait commencé au début des années quarante avec plus de 200 étudiants de Harvard en bonne santé qui furent suivis tous les deux ans au moyen d'un questionnaire écrit et de quelques entrevues. Quand les résultats furent dépouillés, alors que les sujets entraient dans l'âge mûr, les chercheurs purent conclure : « Une santé mentale positive retarde de façon signifiante le déclin irréversible de la santé physique après la quarantaine. » Sur les 48 sujets jouissant de la meilleure santé mentale entre vingt et quarante ans, 2 seulement étaient devenus des malades chroniques à l'âge de cinquante-trois ans. Sur les 48 sujets les moins équilibrés, par contre, 18 étaient morts ou malades chroniques au même âge.

En 1987, Vaillant et Seligman publièrent, avec le psychologue Christopher Peterson, une mise à jour des résultats concernant 99 de ces hommes. «Le style d'explication qu'ils avaient à vingt-cinq ans prédisait leur état de santé à soixante-cinq», affirme Seligman, confirmant l'hypothèse de Vaillant quelques années auparavant. «Vers l'âge de quarante-cinq ans, la santé des pessimistes commence à se détériorer plus rapidement», dit aussi Seligman, qui est persuadé qu'on peut changer de «style d'explication» par la thérapie cognitive.

Voici un exemple de changement que vous pouvez opérer par rapport aux effets secondaires de vos médicaments. Au lieu d'y voir une série de souffrances supplémentaires, considérez qu'ils sont la preuve d'un changement bénéfique. Si, en chimiothérapie, vous perdez beaucoup de cheveux, ne pensez pas que, comme eux, vous êtes en train de dégringoler, avec tout le symbolisme que cela suppose, mais voyez-y au contraire la preuve que vos médicaments agissent, vous permettant de découvrir et de révéler votre vrai moi.

De la maladie considérée comme un échec

Ce qui ressort de l'étude précitée ainsi que de nombreuses autres, c'est que notre attitude mentale affecte d'abord notre vulnérabilité à la maladie et ensuite notre capacité à la vaincre. Cela veut-il dire que les gens malades doivent supporter, en plus du fardeau de leur maladie, le poids de leur culpabilité dans son apparition? Sont-ils «coupables» de réprimer leurs émotions, de conserver des ressentiments qui se retournent contre eux faute d'être exprimés, de se sentir impuissants et désespérés, d'avoir un esprit combatif insuffisant ou trop peu d'amour en eux?

Considérer la maladie comme une preuve d'inadéquation ou de culpabilité est à la fois cruel et faux. Le dilemme est fort bien décrit dans la lettre d'une de mes correspondantes qui m'écrit deux ans après avoir appris qu'elle avait un cancer. Elle raconte d'abord comment elle a travaillé à la guérison de sa vie et de sa maladie: opération, méditation, visualisation, chimiothérapie, amour, psychothérapie, spiritualité et altruisme. Elle dit ensuite que la chimiothérapie s'est très mal passée et qu'elle s'est remise «extrêmement lentement de l'opération [qui] ébranla profondément [son] système de valeurs».

«Je pourrais ajouter que certaines choses qui m'ont été dites avec les meilleures intentions du monde pendant ces deux ans étaient particulièrement cruelles. Un ami m'a dit que je devais avoir passé mon temps à tricher avec la psychothérapie parce que, si j'avais réellement travaillé, je ne serais pas tombée malade. Certaines personnes m'ont rappelé qu'on crée sa propre réalité et que je devrais donc me demander pourquoi j'avais créé mon cancer. Et cet été, au cours d'un stage, un animateur m'a affirmé qu'il n'était "pas suffisant de m'amputer des deux seins et de me bourrer de médicaments"; tant que je ne pourrais pas me dire: "J'ai créé mon cancer" et m'en persuader, je retomberais malade.

«Dieu nous envoie ses cadeaux dans des emballages parfois bien curieux. Ce que j'ai vécu m'a permis de voir très clairement que je ne suis pas responsable de l'issue des événements.

«Je suis responsable de mes attitudes, de ce que je mets dans ma vie et de la façon dont je traite mon corps. Mais je n'ai aucun pouvoir sur l'issue de ma maladie. Il m'a fallu bien du temps pour arriver à cette conclusion et pour me libérer d'un sentiment d'échec. J'y revenais sans cesse, pensant que je devais faire une erreur quelque part, ne pas m'appliquer suffisamment ou même, d'une façon ou d'une autre, me saboter moi-même. Parce que, finalement, si j'avais tout fait comme il fallait, je n'avais aucune raison d'être malade, de souffrir, de saigner, etc.

« Mais je me suis beaucoup éloignée de ce que je voulais vous dire... Je vous en prie, évitez de donner une nouvelle définition de l'échec. Il y a dans ce que vous dites tant d'espoir pour une vie mieux vécue. Mais il est tellement important de *tendre vers des buts qu'on sait pouvoir atteindre. Je peux espérer un miracle mais je ne peux pas le provoquer,* et cela ne veut pas dire que je sois une incapable ou une ratée. Je *peux* m'efforcer d'atteindre la paix intérieure, et c'est un travail qui me concerne seule. Je peux choisir de vivre pleinement chaque moment. Je peux choisir d'aimer et de vivre dans l'amour. Mais l'expérience m'a appris que, quand je choisis de ne pas avoir d'effets secondaires pendant ma chimio, de ne pas saigner, de ne pas souffrir, de faire diminuer ma tumeur, d'évacuer le cancer de mon corps, de ne pas avoir de rechute, il ne s'agit pas d'objectifs qu'il m'appartient vraiment d'atteindre.

« Vous n'avez pas manqué de rappeler que le taux de mortalité (pour ce qu'on appelle la vie) est de 100 p. 100. Il faudrait également nous encourager à espérer et à travailler sur nous-mêmes mais en aimant et en respectant la personne que nous sommes, quel que soit le résultat de nos efforts de "guérison". Quand ce résultat n'est pas à la hauteur de notre attente, il est encore plus important de nous aimer. L'Univers/Dieu me donnera tout ce dont j'ai besoin, pas tout ce que je désire. Alors apprenez-nous à ne pas considérer comme un échec ni comme une preuve d'insuffisance le fait de ne pas obtenir ce que nous désirons. En tant que patient, j'avais vraiment envie de m'entendre dire cela. Et je voulais aussi que certains de mes amis l'entendent. »

Cette dame n'a pas besoin que je lui apprenne quoi que ce soit, parce qu'elle a tout découvert par elle-même et dit éloquemment tout ce qu'il y a à dire. J'espère que ce message sera lu non seulement par des malades et leurs proches mais également par des médecins. Je souhaite que personne, thérapeute, médecin, parent, ami, ne fasse jamais sentir à un malade que sa maladie est un échec personnel ou qu'il ne serait pas malade s'il avait effectué suffisamment de transformations, ou des transformations suffisamment signifiantes dans son mode de vie. C'est pourquoi je m'efforce d'apprendre aux gens à vivre, non à mourir, parce que c'est toujours en leur pouvoir. Mais ne considérez pas cela comme un travail, vous feriez fausse route et vous ne pourriez qu'échouer.

L'important, comme le note ma correspondante, c'est de savoir ce pourquoi on peut lutter et ce qu'on doit laisser à Dieu. Vos droits et votre individualité sont des réalités pour lesquelles vous vous devez de lutter. Affirmez que vous ne voulez pas être un paillasson, insistez pour que les médecins vous traitent avec respect, ne permettez pas que vos questions restent sans réponse, portez vos vêtements personnels à l'hôpital, participez aux décisions concernant votre traitement. Mais il y a des moments où il vaut mieux croire et espérer, où il vaut mieux laisser Dieu se charger du fardeau afin de pouvoir rester en paix.

Dans ces moments-là, adoptez une attitude attentiste et dites-vous que certaines difficultés peuvent très bien tourner à votre avantage. Un de nos amis, à l'hôpital, se plaignait que son scanner ait été repoussé de 8 heures à 11 heures. Je lui dis : « Tu n'es pas au courant? Le câble de l'ascenseur s'est cassé à 8 heures, et la cabine s'est écrasée au sol. Heureusement que tu n'étais pas dedans. — C'est vrai? demanda-t-il. — Nooon. Mais en faisant ton scanner à 11 heures tu vas peut-être rencontrer quelqu'un qui n'était pas là à 8 heures et qui va beaucoup t'aider. Alors, tu seras bien content de ce retard.» Détendez-vous et laissez faire les choses. Faites confiance à Dieu pour s'occuper des problèmes qu'il n'est pas en votre pouvoir de résoudre. Cette combinaison d'esprit combatif et de foi spirituelle est le meilleur mécanisme de survie que je connaisse.

Un médecin qui m'avait entendu parler d'esprit combatif me demanda: «Est-ce la prolongation de la vie ou la paix intérieure qui vous intéresse le plus? Si les patients râleurs et hostiles vivent plus longtemps, est-ce qu'en les aidant à trouver la paix intérieure on ne risque pas de raccourcir leur espérance de vie?» La meilleure réponse à cette question est peut-être la *Prière de la sérénité*, écrite par le théologien contemporain Reinhold Nieburh et adoptée dans sa version courte, celle que je vais citer ici, par les Alcooliques anonymes: «Dieu, accorde-moi le courage de changer les choses que je peux changer, la sérénité d'accepter celles que je ne peux pas changer et la sagesse de reconnaître la différence.»

L'issue d'une maladie peut très bien, comme le dit ma correspondante, dépasser les limites de notre pouvoir, et nous devons apprendre, comme elle, où sont ces limites. Mais cela ne veut pas dire abdiquer toute responsabilité. Responsabilité et culpabilité sont deux choses distinctes. De même que maladie et échec. Tout ce que je demande à ceux qui viennent me consulter ou me demander conseil c'est de participer de façon responsable à leur traitement. Leur demander de ne pas mourir, c'est leur demander l'impossible. Nous mourrons tous, ce n'est pas un échec. Le véritable échec, c'est de ne pas vivre pleinement sa vie. Souvenez-vous qu'il y a probabilité et possibilité, statistiques et individus.

La maladie considérée comme un châtiment

Autre conception erronée de la maladie, celle qui y voit le châtiment de nos péchés. Cette culpabilité n'a généralement pas de fondement dans la réalité mais nous a été suggérée par l'attitude de nos parents, professeurs ou autres figures d'autorité. Nous sentant coupables, nous appelons de nos vœux les multiples tortures que nous pensons mériter. Tout ce que j'espère, c'est qu'en voyant la maladie comme un martyre, nous en profitions pour envisager la possibilité d'une résurrection.

Freud décrit cette fonction de la maladie quand il parle des symptômes comme exprimant et exauçant un triple désir. Le premier de ces désirs concerne la recherche du plaisir de notre organisme (c'est pourquoi je demande à mes patients de réfléchir à quel besoin profond répond la maladie), le second concerne les pulsions agressives envers les autres (quand, par exemple, nous nous servons de notre état pour manipuler notre entourage), et le troisième concerne les actes d'autopunition comme forme d'expiation. Dans *The Vital Balance*, Karl Menninger raconte qu'il a commencé par douter de cette théorie — car qui « pouvait souhaiter une affection, même bénigne, sans parler des plus graves ? », mais sa pratique l'a persuadé qu'elle était juste. Pour illustrer le thème du désir d'expiation, il cite l'exemple d'un homme qui avait tué son enfant et souffrait d'une dépression nerveuse. Quand, plus tard, l'homme perdit un bras dans un accident, il retrouva son équilibre émotionnel parce qu'il estimait avoir expié son crime. Perdre un bras était une punition suffisante.

Cette approche de la maladie fait partie de ce que je voudrais voir enseigné en faculté, car tous les médecins sont amenés à rencontrer des cas où les causes de la maladie ne sont pas physiologiques. On peut devenir aveugle parce qu'on ne veut pas voir certaines choses, perdre l'usage de ses membres parce qu'on ne veut plus bouger, se mettre en situation d'impuissance parce qu'on n'a pas d'autre moyen d'attirer l'attention. Nous, médecins, devons apprendre à rechercher les raisons qui se cachent derrière les symptômes, même quand ces raisons sont de nature psychologique plutôt que physiologique.

Dans la Bible, il y a un homme que Woody Allen décrit comme un fils unique plutôt équilibré. Pour ceux d'entre vous qui ne l'auraient pas reconnu, il s'appelle Jésus. Jésus était guérisseur mais aussi très mauvais médecin : en voyant un paralytique, il dit : «Tes péchés sont pardonnés» au lieu de : «Lève-toi et marche»! N'importe quel médecin aurait essayé de remettre le bonhomme sur pied en l'opérant ou en l'envoyant consulter un spécialiste. Quand on demanda à Jésus pourquoi il avait agi ainsi, il répondit : «Y a-t-il voie plus facile ou préférable?» Jésus connaissait la valeur de la guérison de l'âme et savait que la guérison de la maladie en est souvent la conséquence indirecte. Il guérissait la vie et les maux par le pardon et la foi.

En parlant de la nécessité du pardon, je ne veux pas dire que nous soyons des pécheurs ni que Jésus le croyait. Avant qu'il guérisse l'aveugle, on lui demanda : «Qui a péché? Cet homme ou ses parents?» et il répondit : «Ni l'un ni l'autre.» La guérison de l'aveugle n'avait rien à voir avec le péché, elle manifestait les dons de guérisseur que nous possédons tous et qui nous viennent de Dieu.

Mais nombreux sont ceux qui croient avoir provoqué leur maladie par leurs péchés, et, sachant cela, Jésus pardonna parce que l'infirme avait besoin d'être pardonné.

C'est bien souvent ce dont nos patients ont besoin, eux aussi. Pas d'être pardonnés, mais de se pardonner à eux-mêmes. Car s'ils arrivent à se pardonner, ils n'auront plus besoin d'être malades, dans leur esprit ou dans leur chair. S'ils trouvent en eux assez d'amour pour s'offrir le pardon, la maladie peut être l'expiation qui les délivrera enfin de leur sentiment de culpabilité, après quoi, ils pourront se permettre d'aller bien.

J'ai discuté avec un psychothérapeute qui n'arrivait pas à admettre ce que je disais du désir de se torturer et de la maladie comme châtiment. Mais Dieu lui envoya une patiente qui le lui expliqua. Elle attribuait sa survie à la disparition de sa culpabilité par la maladie :

« Ma culpabilité était si forte que je ne voyais pas comment continuer à vivre à moins de trouver un moyen de souffrir. J'avais l'impression d'être mauvaise et de ne pas mériter de vivre sans souffrir d'une façon ou d'une autre. Pas question de pardon. J'en suis restée là jusqu'au moment où j'ai eu le cancer. Là, je me suis dit : Bon, ça va, tu as suffisamment souffert. Maintenant, tu peux faire quelque chose de positif pour toi-même. »

La résurrection peut maintenant se produire pour cette femme. Le rôle du guérisseur est de guider les gens vers le pardon, de leur faire comprendre qu'ils ne sont pas des pécheurs et de leur montrer le chemin de l'autoguérison et de l'amour de soi.

L'amour de soi

On m'a raconté tellement d'histoires d'autopunition que j'ai décidé de me présenter aux élections présidentielles. Une fois président, je ferais passer deux lois essentielles : la première dirait que chacun doit s'aimer, et mon administration la ferait respecter en nommant des officiers d'amour qui, en uniforme violet et jaune, arpenteraient les rues de toutes les villes et arrêteraient les gens pour leur demander : «Vous aimez-vous ?» Toute personne qui répondrait non aurait une lourde amende à payer. Ne pas s'aimer deviendrait un luxe coûteux.

La deuxième mesure que je prendrais serait de mettre sur pied un vrai système de sécurité sociale. Chaque citoyen recevrait un numéro, ce numéro correspondrait à un groupe qui se réunirait pendant deux heures chaque semaine. Au cours de ces réunions, chacun recevrait l'amour et apprendrait la discipline que sa famille ne lui aurait pas donnés. C'est ce qui se passe actuellement dans les groupes de patients exceptionnels et aussi dans les associations comme les Enfants adultes de parents alcooliques. Mais il n'existe aucune structure d'accueil pour les bien portants, les gens qui aiment la vie et veulent vivre centenaires. Jusqu'à présent, pour appartenir à un groupe, il fallait avoir cancer, sida, dermatosclérose ou autre affection grave, être drogué, alcoolique, divorcé, obèse, bref, se définir par rapport à un problème précis. Mais, il y a peu de temps, on m'a donné un tract émanant du Radical Self-Love Group. C'est peut-être l'amorce d'un nouveau mouvement. Il ne sera peut-être plus nécessaire de souffrir avant de commencer à vivre.

J'espère que l'existence de ce genre de groupe fera beaucoup pour ce que je considère comme le handicap essentiel de mon travail, en donnant aux gens l'envie de vivre et d'entreprendre les changements nécessaires dans leur vie. Car on peut toujours parler du système «guérisseur» et de la façon de l'activer mais, quand on se rend compte de l'état de notre société, on commence à se dire que cette information ne va pas changer immédiatement la situation. Ce qu'il faut, c'est créer une société fondée sur l'amour de soi et l'amour des autres. J'ai lu récemment un article sur les Pygmées Efé. Selon Jean-Pierre Hallet, qui a grandi parmi eux et administre le Pygmy Fund, association de défense pour leur survie et leur culture :

«Il y a beaucoup de contacts physiques et d'affection entre les Pygmées. Les bébés et les petits enfants sont tenus et portés dans les bras. Les enfants plus grands et les adultes se touchent fréquemment. Ils se tiennent par la main ou par les épaules, s'assoient l'un contre l'autre, posent leur tête dans le giron d'un autre. Celui qui a besoin de se sentir rassuré touche rapidement quelqu'un ou se fait cajoler. Ils se cajolent énormément.»

La conséquence de ce genre de comportement, c'est une société dans laquelle «les Pygmées concentrent leur attention sur l'amélioration de leurs relations interpersonnelles qui sont fondées sur la confiance». Il n'y a dans leur société ni crime, ni infidélité, ni morale antisexuelle, il y a, par contre, un grand respect non seulement des autres, en particulier chez les plus âgés, mais également de la forêt dans laquelle ils vivent. Si, ailleurs dans le monde, on aimait une seule génération d'enfants comme les Pygmées aiment les leurs, la face de la planète en serait changée, et nos problèmes disparaîtraient.

Si vous doutez des ravages que provoque l'absence d'amour de soi, regardez autour de vous. Voyez combien de gens se suicident — ouvertement ou non — par accident ou en négligeant de se faire soigner quand ils sont malades. Nous sommes tellement autodestructeurs que nous sommes obligés de créer des lois pour nous protéger — port du casque, bouclage de la ceinture de sécurité. Nous nous abrutissons et nous empoisonnons à force de cigarettes, tranquillisants, drogues, alcool, nourriture malsaine, et nous recherchons — tentative désespérée pour nous convaincre de notre valeur — des relations qui ne peuvent pas être viables. Aucune relation au monde ne peut nous rassurer sur notre valeur si nous ne savons pas qui nous sommes.

Sans s'aimer, il est difficile de se battre pour vivre. Vous pouvez toujours donner aux gens les meilleurs conseils du monde, s'ils n'aiment pas la vie, ils ne les entendront même pas. Je pense qu'il vaut mieux leur dire : « Je vous aime et j'espère qu'un jour vous vous aimerez aussi. » Critiquer ne sert à rien, sinon à casser la relation et à susciter un sentiment d'échec.

Si, dans votre prime enfance, on ne vous a pas donné assez d'amour pour vous persuader que vous êtes digne d'être aimé, vous aurez sans doute bien du mal à vous en persuader par vous-même. Mais ne croyez pas que ce soit impossible. C'est possible. Vous êtes capable de changer et de trouver votre vrai moi. (Pour vous y aider, il y a les groupes de psychothérapie et cet « entraînement cognitif » que recommande Martin Seligman.) Je connais une femme dans ce cas. Atteinte de sclérose multiple, elle m'a écrit pendant plusieurs années. Elle admettait que l'essentiel de ses problèmes physiques et affectifs fût lié à son manque d'amour pour elle-même, mais elle avait beaucoup de mal à changer. Dans l'une de ses premières lettres, elle écrit :

« Comment pourrais-je m'aimer alors que je me déçois sans cesse ? Si j'étais quelqu'un d'autre, j'irais chercher ailleurs de plus verts pâturages plutôt que d'essayer d'aimer quelqu'un comme moi, qui suis un jour bien, un jour mal. Comment peut-on aimer quelqu'un d'aussi peu sûr ? Quand votre voiture n'est plus fiable, vous la vendez. Quand votre conjoint vous déçoit sans arrêt, vous divorcez. Moi, je suis condamnée à affronter en lieu clos un être que j'aurais viré, revendu ou quitté depuis longtemps si c'était possible. Et c'est ce moi-là que je devrais apprendre à aimer ? »

Dans ma réponse je lui parlai d'Evy McDonald, assise devant son miroir, et j'essayai de lui faire comprendre que les limitations de notre corps ne sont nullement des limites à notre capacité d'être aimé ou de nous aimer. Mais on ne change pas du jour au lendemain. Il faut travailler dur. Dans une lettre écrite presque un an après celle citée plus haut, cette dame compare l'apprentissage de l'amour de soi à l'acquisition d'un nouveau savoir, processus qu'elle connaît bien pour avoir été long-temps institutrice. Elle décrit sa progression dans ce qu'elle appelle sa «Voie vers Moi» et explique ce qui la bloque encore : «J'ai les facultés cognitives, je suis motivée et je suis attentive. Mais j'ai encore du mal à atteindre les buts que je me suis fixés. »

En tant que professeur de la matière qu'elle étu-die, je suis certain que cette dame courageuse va réussir un jour et obtenir son diplôme de «docteur en amour». L'amour de soi peut s'acquérir, même tard dans la vie, quelles que soient les circons-tances. Si vous lisez *The Velveteen Rabbit* vous apprendrez ce que veut dire être réel, et vous com-prendrez que, même «avec les cheveux clairsemés, les yeux fatigués, les jointures molles, l'air fripé», rien n'est perdu, car «une fois RÉEL, on ne peut pas être laid, sauf pour les gens qui n'ont rien compris».

Je me souviens d'une femme que je suis allé voir

chez elle un soir. A cause d'un cancer de la tête et du cou, après irradiation et opération elle avait une tête énorme, enflée et perpétuellement penchée vers l'épaule pour qu'un œil puisse rester ouvert. Sa langue était enflée et sortait de sa bouche, l'empêchant de parler. En entrant dans sa chambre, je n'étais pas sûr, malgré mon endurance de chirurgien, de pouvoir résister cinq minutes à ce spectacle — et à cette odeur. Elle ne parlait pas mais m'écrivit quelque chose sur un carnet qu'elle me passa. J'écrivis ma réponse et lui tendis le carnet. Elle écrivit quelque chose et me donna le carnet. Je lus : « Vous pouvez parler ! » Je souris et, instantanément, tombai amoureux d'elle. Elle était devenue réelle et belle. Une heure plus tard, je la prenais dans mes bras et lui donnais un énorme baiser.

L'une de mes patientes — et amies — les plus exceptionnelles s'appelle Susan Duffy et a une dermatosclérose. Nous avons correspondu pendant des années, ce qui m'a permis d'apprendre bien des choses sur ses antécédents familiaux — alcoolisme, suicide, violence — et sur les qualités de courage qu'il faut, en pareil cas, pour choisir la vie.

« Je viens de générations marquées par le suicide et la mort prématurée. Toutes les formes de maladie mortelle, ils les ont eues. Mon père et ma mère se sont suicidés, à cinq ans d'intervalle. Le message clair, net et fort que j'ai entendu c'était : MEURS, PETITE, MEURS. Nous avons tous besoin que nos parents nous donnent quelque chose, en positif ou en négatif. J'ai parfois l'impression que je m'accroche à ma maladie pour rester proche de mes parents.

« C'est la seule chose finalement qui me rattache à eux. Nous avons tous besoin de nous identifier, non ? J'ai cassé le moule familial, mais quelle odyssée pour y arriver ! J'ai dû combattre mon inclination naturelle à suivre l'exemple de mes ancêtres. »

Mais, au cours des années, Susan s'est colletée avec son passé, sa maladie, sa foi, et elle est sortie gagnante. Ses lettres retracent le parcours d'une guérison spirituelle chèrement acquise.

« Voici comment je vois ma vie : je suis dans une prison. Je n'ai pas choisi les circonstances dans lesquelles je suis née. Je n'ai pas choisi les parents qui m'ont élevée. Je n'ai pas choisi les conditions auxquelles j'ai été soumise. Quand ma prison était si noire que je n'y voyais plus et la souffrance si forte que je ne voulais plus voir, j'ai entendu frapper à la porte et j'ai eu le courage d'ouvrir. J'ai ouvert la porte, et l'AMOUR est entré. L'amour est entré, et j'ai eu le courage de pardonner. Ensuite, j'ai pu accepter. L'amour a fait le tour de ma prison et a touché tous les éléments négatifs qui s'y trouvaient — c'est-à-dire toutes les expériences de ma vie — et les a transformés en éléments signifiants [...].

« J'en suis encore à trébucher dans ma prison sur certains éléments. Chaque fois que je tombe, je sens la main de l'AMOUR qui me rattrape. Chaque fois que je souffre et pleure, je sens sa caresse effleurer mon cœur, chaque fois que je reprends la lutte, je sens son esprit qui me guide avec tendresse et éclaire mon chemin. Chaque fois que je m'efforce de comprendre, j'entends son tendre murmure : "Tu vas t'en sortir." Et, quand je mourrai, l'AMOUR me conduira gentiment hors de ma prison pour me ramener chez nous, là où il n'existe pas de prisons. »

Susan a accompli une évolution difficile. Elle s'est « guérie », psychologiquement et spirituellement, grâce à la souffrance qu'elle endurait, non sans se violenter comme elle le note dans une autre lettre :

« C'est dans l'obscurité que j'ai trouvé la lumière. C'est dans la douleur que j'ai trouvé ma récompense. C'est en mourant que j'ai trouvé la vie. C'est dans la solitude que j'ai trouvé le besoin de prier. Et c'est dans l'amour de Dieu que j'ai trouvé un sens à ma vie.

« Tout cela peut paraître merveilleux, paradisiaque, hautement spirituel, pourtant, le prix que j'ai dû payer pour cette illumination était parfois exorbitant ! Mais je sais maintenant qu'il y a dans chaque perte quelque chose d'une dimension plus vaste à gagner. »

L'amour de soi, pour lequel Susan s'est tellement battue en participant à des réunions de patients exceptionnels et à d'autres groupes, peut aussi provenir de l'amour donné par le groupe initial et le plus intime : la famille. Mais beaucoup d'entre nous n'ont pas été aimés par des parents qui n'avaient pas non plus été aimés par leurs parents. On peut remonter comme cela jusqu'à Adam et Eve pour leur reprocher ce qui nous arrive aujourd'hui. Et, comme chaque génération lègue plus ou moins à la suivante son héritage et son amour, j'ai bien peur qu'il ne faille plusieurs générations avant qu'on ne voie apparaître les patrouilles de l'amour et le système de sécurité sociale que je propose. A moins que nous n'interrompions le cycle dès aujourd'hui en nous aimant, en aimant nos enfants et notre prochain. Pour commencer, nous pouvons laisser notre maladie réorienter notre vie. Une fois que nous aurons reconnu, avec Elisabeth Kübler-Ross : « Je suis imparfait, tu es imparfait, mais c'est parfait», nous pourrons décider de briser la chaîne de la souffrance et commencer à nous aimer.

Surmonter son passé

L'idée que nos parents nous ont mal ou insuffisamment aimés crée en nous d'énormes résistances. Nous préférons croire que c'est notre faute parce que ainsi nous pouvons garder l'illusion qu'il suffit, pour conquérir leur amour, de nous couper les cheveux, de prendre un bain, de faire un beau mariage, de devenir médecin, de gagner beaucoup d'argent, de téléphoner plus souvent, selon le cas. Car nous sommes presque tous les produits d'un amour au conditionnel, d'un manque total d'amour ou même de mauvais traitements. Si vous venez d'une famille qui vous a aimé inconditionnellement, vous faites partie de la minorité.

Pendant mes stages, je demande aux gens qui se considèrent comme indignes d'être aimés s'ils pensent être nés avec ce sentiment. Jusqu'à présent, je n'ai rencontré personne qui réponde par l'affirmative. Je leur dis alors : c'est donc que quelqu'un vous a fait sentir que vous n'étiez pas aimables. L'amour au conditionnel nous donne cette sensation d'être imparfaits et indignes d'amour.

On m'a raconté l'histoire d'un jeune homme qui voulait devenir violoniste mais que ses parents avaient obligé à faire une carrière d'avocat. Il eut une tumeur au cerveau, et les médecins lui donnèrent un an à vivre. Il se dit alors : «Pendant cette année-là, je vais jouer du violon.» Un an plus tard, il était engagé comme violoniste dans un orchestre et débarrassé de sa tumeur. Je connais un grand nombre d'histoires semblables et je souhaiterais qu'il s'en produise pour chacun de vous. Alors, je vous le demande, donnez-vous à vous-même l'amour

234

inconditionnel que vos parents n'ont pas su ou pas pu vous donner. Pardonnez-leur, acceptez-vous vous-même et vivez votre vie. Voilà un test facile : si, au moment de mourir, vous voyez défiler devant vos yeux la vie d'un autre, c'est que vous avez fait une erreur quelque part.

En relisant *La Mort d'Ivan Ilitch*, de Tolstoï, je suis tombé sur cette phrase : « Ivan Ilitch vivait une vie très simple et très confortable, donc très épouvantable. » Plus tard, au moment de mourir, il se demande s'il a vécu quoi que ce soit de réel et de vrai. Combien il doit être pénible, au seuil de la mort, de se demander si l'on a vraiment vécu !

Je sais ce qui se trouve dans notre inconscient. Je sais ce que notre inconscient est capable de faire si nous lui en donnons la liberté. Qu'est-ce qui le bloque ? Le sentiment de culpabilité et le sentiment d'échec provenant tous deux des figures d'autorité qui nous les ont imposés, et au jugement auquel nous n'avons pas su échapper.

Les parents hypnotisent, les professeurs et les médecins également, mais d'une façon qui est rarement thérapeutique. Les enfants ont besoin d'amour inconditionnel et de discipline, pas de punitions. Transmettez-leur des messages comme : « La vie est pleine de problèmes et d'obstacles, mais, quoi qu'il arrive, tu les vaincras et tu vivras centenaire. » Ou : « Hier n'est plus, demain n'est pas encore, alors pourquoi se tracasser ? » J'aime aussi beaucoup le conseil d'éducation que donne Elida Evans, l'une des premières thérapeutes jungiennes : les parents « devraient surtout apprendre à leurs enfants la persévérance, et, si les enfants ne peuvent pas avoir tout ce qu'ils veulent, leur apprendre à aimer ce qu'ils ont. Trouver intérêt, opportunité, beauté dans les choses est toujours possible jusqu'à un certain point, et je ne crois pas que ce point soit hors d'atteinte pour quiconque ».

Mais le meilleur conseil est peut-être celui de la psychanalyste suisse Alice Miller, qui a écrit quatre ouvrages sur les relations parents-enfants : *Le Drame de l'enfant doué* (P.U.F., 1990). *C'est pour ton bien* (Aubier-Montaigne, 1984). *L'Enfant sous la terreur* (Aubier-Montaigne, 1986) et *Images d'une enfance* (Aubier-Montaigne, 1987). Elle a déclaré dans une interview qu'elle aimerait nous voir libres d'apprécier nos enfants pour eux-mêmes, « pas comme des créatures à manipuler ou à changer ». Mais nous faisons plutôt le contraire en essayant de leur imposer un monde qui ne leur ressemble pas et en mettant notre amour au conditionnel de leur obéissance. La négation de soi et le refoulement qui en résultent chez les enfants peuvent être des facteurs d'apparition d'une maladie. Ce qui ne veut absolument pas dire que tous les malades aient eu des parents peu aimants, négligents ou cruels*.

Je reçois des lettres de parents furieux parce qu'ils pensent que je les rends responsables des maladies de leurs enfants. Pourquoi mon bébé de trois ans avait-il « besoin » de cette maladie ? demandent-ils. Qu'est-ce que j'ai fait de mal ? Quand une mère d'enfant cancéreux m'appelle pour me dire qu'à cause de moi elle se sent coupable, je crois que sa culpabilité provient plutôt de son passé, de la façon dont ses parents l'ont élevée. Elle ne vient pas de moi, elle est projetée sur moi.

Mais je ne veux culpabiliser personne. Alors, si je me suis fait mal comprendre, essayons d'être plus clair. Oui, je pense que certaines choses dans la vie d'un enfant peuvent contribuer à le rendre malade. Mais, si je dis cela, c'est pour faire prendre conscience aux parents du pouvoir qu'ils ont d'infléchir

---

* *Cf.* Arno Gruen, *La Trahison du* moi, éd. Robert Laffont, coll. « Réponses », Paris, 1991.

la maladie de façon positive s'il y a des problèmes familiaux sur lesquels ils peuvent intervenir. Je veux qu'ils réagissent avec amour, pas en coupables. Je veux déclencher des mécanismes de réparation et non augmenter les dégâts.

Bien sûr, en tant que médecin, je reconnais aussi que la maladie n'a pas pour seule origine une histoire familiale. La génétique et l'environnement peuvent également jouer un rôle essentiel dans la détérioration de la santé. En considérant votre famille, vous pouvez très bien ne voir aucun problème psychologique susceptible d'avoir rendu votre enfant malade. Bien. Maintenant, retournez la question et demandez-vous ce que vous pouvez faire pour améliorer les perspectives d'avenir.

Au lieu de vous engager à laisser votre maladie réorienter votre vie, je devrais peut-être vous dire que la maladie change *toujours* la vie. A vous de rendre ce changement positif. Comme vous le lirez dans le dernier chapitre de ce livre, la maladie d'un enfant peut bouleverser d'amour et de beauté une ville tout entière.

Je sais qu'il y a des enfants — et des adultes — qui ont été aimés par leurs parents et qui pourtant tombent malades. Comme vous le savez, la mort est inéluctable. Mais je sais aussi que les enfants ont parfois une perception erronée des sentiments de leurs parents. Surchargé de travail ou souvent absent, un parent peut être perçu comme peu aimant, alors qu'il est simplement épuisé, comme j'ai pu le constater dans ma propre famille. Un soir, mon fils Keith, l'un des jumeaux, m'a accompagné à une réunion de parents d'enfants cancéreux où j'étais invité à prendre la parole. Je donne toujours à mes enfants la possibilité de parler s'ils le désirent. Keith choisit de raconter comment il vivait, entre un père qui consacrait beaucoup d'heures à son travail et dont les moments passés à la maison étaient souvent interrompus par des appels urgents, et une mère débordée de travail avec cinq enfants nés en l'espace de sept ans. Il ne m'épargna pas dans son récit, disant clairement qu'il aurait voulu un père plus présent que je ne pouvais l'être à l'époque. Quand il a eu terminé, nous nous sommes embrassés.

Une femme qui se trouvait à cette réunion m'a écrit pour me féliciter du courage qu'il m'avait fallu pour laisser parler mon fils et me remercier d'avoir aidé tous les parents à se mettre à l'écoute de leurs enfants. Mais je voulais qu'ils sachent que je connaissais ce sentiment d'angoisse et d'insécurité que ressent tout parent en se demandant s'il élève bien ses enfants. Je sais combien ce doute est pénible, je sais qu'il est dur de faire des erreurs et de voir ses enfants en souffrir.

Quand nous avons des problèmes familiaux, par exemple, je ne réagis pas toujours bien. J'ai encore des choses à apprendre et des progrès à faire. J'ai même reçu une de ces lettres que j'appelle «Lettres à mon ami Hitler». Au cas où vous ne sauriez pas de quoi il s'agit, c'est une énumération des fautes que vous avez à vous faire pardonner et qui se conclut par un pardon. Le problème est que ça fait mal et que ce n'est pas forcément utile dans la mesure où personne ne vous a appris le métier de parent. Le parent que vous êtes dépend des parents que vous avez eus, qui eux-mêmes dépendent de leurs parents. Là encore, on peut remonter jusqu'à Adam et Eve et leur reprocher leur conduite. L'important, dans ce domaine, c'est le pardon. C'est de ne pas continuer à accuser les générations précédentes. Les parents ont besoin qu'on leur pardonne leurs erreurs et doivent également se les pardonner. J'aurais pu me passer de cette énumération, mais du pardon, non. Nos relations ont maintenant évolué, et nous n'avons plus besoin de ce genre de lettre. Nos enfants sont nos professeurs, comme le seront vos enfants si vous voulez bien les écouter.

Je suis de tout cœur avec les parents qui ne sont pas parfaits* — c'est-à-dire tous les parents —, mais c'est à l'enfant qui est en nous que va ma plus grande tendresse, cet enfant qui vient au monde «traînant des images de gloire», comme l'écrit Wordsworth. Commençons par respecter cet enfant-là (tout en pardonnant à nos parents), et nous aurons déjà accompli un grand pas vers l'amour de nous-mêmes. Et puis, en aimant l'enfant qui est en nous, nous sommes sûrs de transmettre à nos enfants un message d'amour. Sinon, nous leur transmettrons notre souffrance, nos besoins non satisfaits, exactement comme nos parents nous ont transmis les leurs, et leurs parents avant eux, etc. Je veux briser ce cycle.

Mais, en voyant combien de mes patients se détestent, je dois en conclure que beaucoup sont encore victimes de l'ambivalence, sinon de l'hostilité ouverte de certains parents envers leurs enfants. Comme le dit Alice Miller, on a tendance à voir les enfants comme de petits sauvages qu'il faut apprivoiser, civiliser, souvent de force, «pour leur bien». Jean Houston propose l'image de l'enfant qui naît stradivarius pour être transformé en un méchant violon en plastique. L'«enfant en nous» ayant été étranglé par ses parents (psychologiquement, physiquement ou les deux), nous n'aimons pas le voir renaître dans nos enfants. C'est ainsi que le cycle de l'aliénation et de la haine de soi continue, et c'est pourquoi les groupes de patients exceptionnels doivent passer tellement de temps sur ces questions.

Il n'est jamais trop tard pour découvrir l'amour

* Bruno Bettelheim, *Pour être des parents acceptables*, coll. «Réponses», Laffont, 1989.

de soi. Tel est le sens de la dernière phrase de *C'est pour ton bien*, d'Alice Miller : «Car l'esprit humain est virtuellement indestructible, et sa capacité de renaître de ses cendres existe aussi longtemps que le corps est animé par un souffle de vie.»

6

DÉCOUVRIR SON VRAI MOI

« Le monde nous casse, et ensuite beaucoup deviennent forts aux endroits cassés... »
Ernest HEMINGWAY, *L'Adieu aux armes*

« Comparés à ce que nous devrions être, nous sommes seulement à moitié éveillés. Nos feux sont étouffés, nos élans contenus, nous n'utilisons qu'une faible partie de nos ressources mentales et physiques. »

William JAMES

Ce chapitre va développer ce que j'ai appris, depuis *L'amour, la médecine et les miracles*, sur les patients exceptionnels et la façon d'en devenir un. Mais le mot « exceptionnel » semble en effrayer certains qui ne s'estiment pas suffisamment pour se croire capables d'acquérir cette qualité. Découvrir son vrai moi leur semblera sans doute plus accessible, et c'est exactement la même chose. La vérité, c'est que vous êtes aimable et exceptionnel, moi qui suis une figure d'autorité, je vous l'affirme.

Vous avez débuté dans la vie sous la forme d'un œuf fertilisé, quand un spermatozoïde et un ovule particuliers se sont rencontrés pour devenir vous. Comme je l'ai déjà indiqué, il y avait dans cet œuf une série d'instructions, un plan dessiné là pour vous guider et vous montrer comment réaliser pleinement votre potentiel propre avant de quitter l'Arbre de vie. Biologiquement, c'est votre destin d'être semblable à tous les êtres dans votre composition essentielle, tandis que votre ADN vous rend aussi unique que vos empreintes digitales. C'est pourquoi les dessins que je regarde, les rêves ou les anecdotes que j'entends, les maladies que je vois sont à la fois uniques et liés à certains thèmes collectifs communs à l'humanité tout entière. Dieu donne à chacun des capacités, mais il nous appartient d'en faire si bon usage que notre Créateur va nous regarder un jour avec admiration en disant : « Hum, je n'avais jamais envisagé ça. »

Notre unicité, notre amour peuvent s'exprimer n'importe où et changer le monde, quelle que soit notre position sociale. J'ai vu à la télé un reportage sur un conducteur de métro qui disait des poèmes et envoyait des messages d'amour et de bonne humeur par son interphone au lieu de se contenter du banal « Eloignez-vous de la bordure du quai ». Dans la même veine, un conducteur de bus, regardant dans son rétroviseur, vit un jour deux hommes sortir des pistolets. Il arrêta son bus, s'approcha des deux hommes, leur dit : « Je vous aime » et se mit à chanter *Tu es ma lumière !* Ils rempochèrent leurs armes et, depuis, ils se chargent de la surveillance de ce bus. Ces gens-là sont de vrais originaux. Tout comme vous, pour peu que vous appreniez à exprimer votre originalité. Parlez à ceux qui font le voyage avec vous et vous changerez le monde. Si vous ne fréquentez ni le bus ni le métro, essayez l'ascenseur et vous comprendrez que nous avons tous des occasions d'aimer et de « guérir » les autres. C'est encore plus facile quand on se trouve dans un lieu clos.

Découvrir en quoi vous êtes exceptionnel, et quelle voie vous devez suivre, telle est votre tâche sur cette terre, que vous soyez malade ou non. La seule différence, c'est que le travail de recherche ne prend un caractère d'urgence que lorsqu'on se rend compte qu'on est mortel. Dans son livre *Hands of Light*, Barbara Ann Bennan écrit que, pour elle, santé «ne veut pas seulement dire santé du corps physique mais aussi équilibre et harmonie dans tous les domaines de la vie. Le processus de "guérison" est en réalité un processus de remémoration, de remémoration de ce que nous sommes». Se souvenir de ce que l'on est, c'est retrouver son chemin. Ce chapitre est consacré à ceux qui y sont parvenus, des êtres exceptionnels.

En relisant leur histoire, vous verrez que tous ceux qui ont osé défier les statistiques de mortalité, quelle que soit leur maladie, racontent une version différente de la même histoire. Si leurs récits n'avaient pas de traits communs, on pourrait dire que ces gens ont eu de la chance, que leur diagnostic était erroné, qu'il s'agissait de rémissions spontanées, de virus HIV affaibli, de cancers «obligeants» ou tout autre euphémisme cher aux médecins quand ils ne comprennent pas un phénomène et préfèrent l'occulter parce qu'il ne cadre pas avec leur système de références. Ces gens ont quelque chose en commun. Ils font tous preuve des mêmes qualités de base : paix intérieure, capacité d'aimer sans condition, courage d'être soi-même, conscience de maîtriser son existence et ses choix, capacité d'exprimer ses émotions.

Peu d'entre nous vivent à la hauteur de ce qu'ils sont vraiment. En fait, la plupart des personnes dont vous lirez l'histoire ont eu besoin de tomber malades pour trouver le chemin de leur réalisation. Leur corps a dû souffrir pour leur faire comprendre qu'ils ne vivaient plus leur vie. Ils s'étaient égarés hors de leur chemin, et il fallait un signal pour les réveiller. Cela nous ramène aux idées de Russell Lockhart, psychothérapeute jungien, qui emploie le terme d'«individuation» pour désigner la «réalisation de soi».

« Le cancer est peut-être [et j'ajouterai : comme toute autre maladie] une étape dans la création d'une personnalité plus grande, qui la précipite aux frontières de son existence de façon à y consteller le sens et le but d'une destinée jusque-là niée. Jung a dit : "Ce n'est qu'après ma maladie que j'ai compris à quel point il est important d'affirmer sa destinée." Et c'est après sa maladie qu'il a produit son travail le plus créatif, comme il le reconnaît lui-même.

« La maladie peut être la voie vers l'individuation, contenant en elle la masse confuse non encore transformée. La maladie tire la conscience vers les replis les plus profonds du moi.»

Comme l'a dit récemment une femme au cours d'un de mes stages, les plus belles opportunités de notre vie se présentent parfois habilement déguisées en difficultés insolubles. Mon ami Joe Kogel, qui a eu un mélanome malin et a profité de l'occasion pour «guérir» sa vie avec sa maladie, appelle «effet Kogel» le fait que les pires malheurs de l'existence contiennent en germes les plus grands bonheurs. Joe nous rappelle aussi que l'idéogramme chinois qui désigne la crise est composé de signes qui représentent le danger et l'opportunité.

La maladie comme bienfait

Nous sommes habitués à considérer la maladie comme une punition ou un échec — mais un bienfait ? Je vous propose de méditer l'histoire qui est arrivée à l'un de mes amis et qui nous rappelle une fois encore que rien de ce qui nous arrive n'est bien ou mal en soi.

Il vit à la campagne et possède une ferme. Comme il aime faire les choses à l'ancienne, c'est avec un cheval qu'il laboure ses champs. Mais un jour, en plein travail, le cheval tombe mort. Tout le monde au village s'exclame : « Quel malheur ! » mais mon ami répond : « Nous verrons. » Il était si calme et si serein que tous ensemble, parce que nous l'admirons beaucoup, nous décidons de lui offrir un nouveau cheval. La réaction unanime est alors : « Quelle chance pour lui ! » Et il dit : « Nous verrons. » Quelques jours plus tard, le cheval, encore mal habitué à la ferme, saute une barrière et disparaît. Tout le monde soupire : « Oh, le pauvre ! » Mon ami dit : « Nous verrons. » Une semaine plus tard, le cheval réapparaît, traînant dans son sillage une douzaine de chevaux sauvages. Tout le monde s'exclame : « Quelle chance pour lui ! » et il dit : « Nous verrons. » Le lendemain, son fils monte un cheval, puisqu'il y en avait plusieurs, mais il tombe et se casse une jambe. « Pauvre garçon ! » s'apitoient les gens. Mais mon ami dit : « Nous verrons. » Le jour suivant, l'armée s'arrête au village pour choisir les jeunes gens qui vont faire leur service militaire et ils ne prennent pas le fils à cause de sa jambe cassée. Tout le monde se réjouit : « Quelle chance a ce garçon ! » mais mon ami dit : « Nous verrons. »

Nous devrions tous prendre du recul et nous dire : « On verra. » Au lieu de juger bons, mauvais, justes ou faux les événements de notre vie, nous apprendrions à reconnaître que rien n'a de valeur en soi si ce n'est de nous permettre de réintégrer le plan général de l'univers. Cela ne veut pas dire que nous devions apprécier tout ce qui nous arrive, mais simplement que nous devons rester ouverts aux possibilités contenues dans l'adversité. Une maladie peut nous permettre de réorienter notre vie

ou, comme je le dis souvent, de «remettre les pen-
dules à l'heure» à la manière d'un bouton qui ferait
repartir un mécanisme bloqué. Cela me rappelle ce
qu'a dit en réunion un de mes patients exceptionnels : «Je suis ici parce qu'en appuyant sur le bouton "on verra" je me suis retrouvé dans le noir et je
cherche maintenant mon bouton de remise en
marche.» Si vous ne retenez que peu de chose de ce
livre, retenez au moins ces deux mots : «On verra.»

Quand vous aurez appris à envisager votre vie
dans cette perspective, vous comprendrez que l'on
puisse considérer la maladie comme un bienfait ;
vous saurez pourquoi les gens à qui l'on demande
de décrire leur maladie peuvent répondre que c'est
un grain de beauté, un signal d'éveil, un défi, un
nouveau départ. Le grain de beauté étant un mélanome malin, le signal d'éveil un cancer du sein, le
défi et le nouveau départ n'importe quelle affection.

D'ailleurs, quand je dis devant cinq cents malades du sida que leur virus est un bienfait, aucun ne
me jette ses chaussures au visage, aucun ne se lève
en hurlant, parce qu'ils savent que leur maladie
peut leur servir à «guérir» leur vie, peut leur permettre de donner un sens nouveau à leurs relations
amoureuses ou familiales. Dans certains cas, des
jeunes gens gravement atteints ont ainsi retrouvé
l'amour d'une famille qui les avait rejetés à cause de
leur homosexualité.

Des communautés se sont ressoudées afin d'aimer
et de soutenir leurs membres. C'est pourquoi les
malades peuvent dire : «Ma maladie est une grâce.»

Faut-il du courage pour s'ouvrir à ce genre de
«guérison»? Bien sûr. Ai-je le droit de vous dire que
votre maladie est un bienfait? Non. C'est à vous
qu'il appartient de la voir ainsi, comme l'ont fait
des milliers d'autres. Ecoutez ceux qui ont vécu
cette expérience et prenez conscience d'être vous-
même la source de votre «guérison».

En plein traitement par chimiothérapie et rayons, une femme a pris le temps de m'écrire : «Je considère mon cancer comme une bénédiction parce que grâce à lui nous avons appris bien des choses sur la vie, sur l'utilité de partager nos émotions avec les autres, sur la nécessité de rejeter à tout jamais ce qui n'a pas d'importance et de reconnaître les vraies valeurs de la vie.»

Un homme appartenant à un groupe de malades du sida a dit sensiblement la même chose :

«Si j'arrive à vaincre cette maladie, je pourrai dire que le sida a été l'expérience la plus positive de ma vie dans la mesure où c'est un gigantesque, un cosmique coup de pied au cul. Grâce à lui, je me suis demandé : Qui es-tu ? Que vis-tu ? Es-tu heureux de ce que tu es et de ce que tu vis ? En disant cela, j'ai parfois l'impression de réduire le sida à un examen de conscience. Peu importe, c'est exactement ce que je ressens.»

Un jeune homme de vingt-deux ans qui, avec l'aide de ses médecins, est en train de se «guérir» d'une tumeur au cerveau, dit :

«J'ai appris à vivre. J'aime vivre. J'aime ma famille, mes amis, mon travail, tout. Et tout le monde. Chaque matin je me réveille et je me sens vivant ! Serein... Excusez mon lyrisme, je me laisse parfois emporter.

«Je vis avec mon cancer depuis près d'un an. Et je suis presque content de l'avoir eu. Il a complètement changé ma façon de voir la vie. Je *vis* au jour le jour. Je profite au maximum de chaque journée.»

Stephen Levine, auteur et conseiller, qui a travaillé avec des centaines de malades et de mourants, a rencontré une fois quelqu'un qui lui a dit que le cancer était le cadeau de ceux qui ont déjà tout. C'était une belle femme de cinquante ans qui avait subi une double mastectomie et qui se leva pour expliquer ce qu'elle voulait dire :

« Il y a trois ans, j'ai eu le cancer et je considère que c'était une grâce. Toute ma vie j'avais cherché un maître mais c'est en ayant le cancer que j'ai commencé à sentir combien chaque souffle était précieux, chaque pensée vivifiante, et que j'ai compris que le moment est tout. Mes autres maîtres m'avaient donné des idées. Celui-là m'a permis de vivre directement l'expérience de l'être. Avec le cancer, j'ai compris que j'avais le pouvoir de naître avant de mourir. »

Ce genre d'attitude peut être difficile à admettre pour ceux qui n'ont jamais été gravement malades — et même pour ceux qui l'ont été. Une étudiante en médecine qui travaillait avec moi eut un accident de voiture qui la laissa paraplégique. Elle m'écrit dans une lettre qu'elle sait maintenant que cette paraplégie était un bienfait mais « [elle] n'arrive pas à croire [qu'elle] écrit vraiment cela ». C'est pourtant une chose que j'entends sans arrêt. Pourquoi ? Parce que la grande leçon qu'apprennent les gens ayant une maladie mortelle, c'est la différence entre ce qui est important et ce qui ne l'est pas.

Tout le monde met l'amour en tête de la liste des choses importantes. La maladie permet parfois de « guérir » un couple désuni ou au contraire de mettre un terme à une relation trop dégradée. Une femme m'a écrit pour me raconter qu'elle avait pris la décision de divorcer en apprenant qu'elle avait un cancer du sein : « J'ai senti à ce moment-là que je ne pourrais pas vivre une minute de plus sans l'amour que j'avais toujours désiré. J'ai senti que l'amour était plus important que l'air que je respirais. » Après son opération, comme elle le note dans son journal qu'elle m'a envoyé, elle s'est consacrée à la vie et à l'amour.

« Je vais retrouver mon attitude positive face à la vie, savourer chaque jour comme si c'était le dernier et vivre une belle histoire d'amour. J'ai besoin de faire l'amour et je vais le faire [...]. Etrangement, cette expérience m'a sortie de mon désespoir et de mon isolement [...] j'espère maintenant avoir la force et la volonté de marcher avec confiance dans la lumière nouvelle qui éclaire mon chemin obscur [...]. L'amour humain est la chose la plus importante au monde. »

En moins d'un an, elle avait non seulement un nouveau mari mais aussi un cheval, « cadeau que j'ai attendu à chaque Noël de ma vie depuis l'enfance et que j'ai enfin eu ! On ne devrait jamais perdre l'espoir [...] je remarque une différence en moi : je ne me contente plus de ce qui est en deçà de mes désirs [...] j'ai compris la valeur de la vie et j'intègre cette compréhension dans mon quotidien [...] je veux vivre ! ».

Si la maladie permet à certains de se libérer d'une relation devenue insuffisante, elle peut également ressouder les couples en leur faisant découvrir la vie et l'amour qu'ils recherchaient dans le mariage. A un homme et à sa femme qui étaient venus me consulter, je demandai séparément de me décrire la maladie de l'homme. La femme dit que c'était comme un printemps, une possibilité d'épanouissement, l'homme se plaignit que la maladie le dévorait tout cru. Manifestement, ces deux personnes n'étaient pas sur la même longueur d'onde. Ils avaient besoin de se parler, et le miracle, c'est qu'à partir de ce moment-là et pendant le temps qu'il leur restait à partager, ils le firent.

Comme l'expliqua sa femme en racontant son histoire plusieurs années après à l'un de mes ateliers, cet homme discret et peu sûr de lui se mit à exprimer ses besoins dès qu'il franchit la porte de mon bureau et ne cessa jamais de le faire. Il commença par dire à sa femme où, exactement, elle devait s'arrêter pour le faire monter dans la voiture, il lui indiqua ensuite quel chemin elle devait prendre pour rentrer chez eux et comment elle devait le sortir de la voiture, une fois arrivé, pour lui faire le moins mal possible.

Cette nuit-là, ils discutèrent longuement de leur vie commune, passant en revue tout ce qu'elle avait de moche, comme elle le dit elle-même, et aussi tous les moments merveilleux qu'ils avaient connus. La nuit suivante, il insista pour qu'elle dorme avec lui dans son étroit lit d'hôpital, malgré des médecins qui lui recommandaient de dormir seul. Puis il lui demanda de faire venir ses amis les plus proches pour qu'il choisisse lequel il chargerait de monter ce qu'il appelait ses «halos», de très beaux anneaux concentriques qu'il avait sculptés dans l'acajou et dorés quelques années auparavant, car il était sculpteur. Peu de temps après, il mourait sous ces anneaux dorés, le soleil entrant à flots dans la chambre, sa femme auprès de lui, lui murmurant qu'il allait rejoindre les anges. Les jours qu'ils passèrent ensemble après avoir enfin appris à s'écouter mutuellement furent un véritable bienfait pour l'un comme pour l'autre, un cadeau qu'ils n'auraient peut-être jamais reçu sans cette maladie.

La conclusion d'un article publié il y a plusieurs années dans le *New England Journal of Medicine* me paraît tout à fait typique de ce que j'appelle les «derniers paragraphes», qui résument tout ce qu'une personne a appris et accompli grâce à la maladie.

Ils se ressemblent tous, ces derniers paragraphes. Ils disent que le processus de «guérison» de la vie est le même pour tous dans la mesure où nous appartenons à la même espèce. Voici ce qu'écrit, dans l'article en question, le chirurgien Robert M. Mack :

> «Je suis infiniment reconnaissant d'être vivant. Je suis heureux d'avoir eu la possibilité d'apprendre à vivre avec mon cancer au lieu d'en mourir. Je suis surtout heureux de mesurer ma vie non à l'aune de ce qu'elle était ou de ce que j'aurais voulu qu'elle soit, mais en tenant compte de toute la beauté qu'elle contient aujourd'hui. Je suis heureux de reconnaître dans chaque jour un miracle splendide, inoubliable, un cadeau merveilleux à savourer, à apprécier aussi pleinement que possible. Et quand mes journées ne seront plus enrichissantes et belles, j'espère être capable de lâcher prise et m'autoriser à reposer en paix.»

Une femme qui s'est guérie elle-même d'un cancer ovarien m'écrit la joie qu'elle découvre dans les activités les plus simples :

> «Avoir le cancer, quelle expérience ! Ma vie tout entière en a été transformée, et je ne serai plus la même aussi longtemps que je vivrai. C'est-à-dire jusqu'à cent ans, au moins. A l'hôpital, une infirmière exceptionnelle m'a conseillé de "vivre chaque journée au maximum". Vous savez ce qu'est ce maximum maintenant que je suis à nouveau sur pied après avoir subi deux opérations en cinq semaines ? C'est d'étendre mon linge au soleil pendant qu'un chat se frotte en ronronnant contre mes jambes.»

Et je terminerai par les paroles d'une femme qui pratique l'autoguérison depuis plusieurs années. Quand je l'ai connue, il y a huit ans, elle souffrait d'un cancer du sein extensif et ne marchait plus sans canne. Aujourd'hui, elle est institutrice et organise des stages. « J'imagine qu'un jour je vais mourir du cancer. Mais je peux tout aussi bien mourir d'une crise cardiaque ou d'un accident de voiture. Cela ne m'inquiète plus tellement, je suis trop occupée à vivre ma vie. »

La maladie comme agent de transformation

Certaines personnes se découvrent grâce à la maladie des forces insoupçonnées. Une femme a, par exemple, supporté sans rien dire dix-neuf ans de traitement pour une maladie des os jusqu'au jour où ses médecins l'ont prévenue qu'elle devrait prendre des analgésiques puissants pendant deux ans, après quoi ils verraient s'il convenait de l'opérer de la hanche. Elle avait bien envie de refuser ce destin, et quand, le jour même, elle me vit par hasard à la télévision, elle fut convaincue qu'elle pouvait le faire. Dès la fin de l'émission, elle descendit avec ses béquilles pour acheter mon livre, puis elle se fit un programme de guérison fondé sur les travaux de Norman Cousins, Joan Borysenko, Steven Locke, Herbert Benson et les miens. A l'époque, tenir un livre lui était si pénible qu'après avoir lu dix minutes elle devait se reposer une heure.

« Je ne prends plus de médicaments. Je fais cinq kilomètres à pied par jour, et notre vie familiale a pris une forme complètement nouvelle. La semaine dernière, j'étais en Chine et je suis montée tout en haut de la Grande Muraille. Il y a en moi sérénité, joie et confiance, une énorme confiance dans les capacités de l'esprit humain.

«Je sais qu'il s'agit seulement d'un processus en évolution. La guérison n'existe pas, c'est une grâce passagère — mais je veux continuer à y travailler et à évoluer avec ce processus tant que durera ma vie, ma nouvelle vie [...]. A certains moments, je me suis dit qu'il serait tellement plus facile de prendre un cachet et de me mettre au lit plutôt que de me battre — mais ensuite, quelle récompense, et quelle joie!»

Cela me rappelle encore les mots du psaume 26 : «Examine-moi, Seigneur, et mets-moi à l'épreuve.» La maladie est assurément l'une des épreuves de la vie et aussi une occasion d'héroïsme. Il ne s'agit ni de gagner une médaille d'or aux jeux Olympiques ni de terrasser un dragon, mais de saisir une chance — qui va permettre à beaucoup d'entre nous de réaliser leurs mythes personnels et de devenir des héros.

La maladie peut être un catalyseur de changement pour ceux dont la vie n'a été qu'une longue négation d'eux-mêmes. Une femme, qui a été une enfant battue puis une épouse battue, raconte tout ce qu'elle a découvert depuis qu'elle a accepté sa propre mort :

«On m'a condamnée à mort il y a deux ans et demi, quand j'avais soixante-deux ans [...]. Depuis, je vis cent fois mieux et je jouis de la vie comme je ne l'avais encore jamais fait. Je voyage, je visite des musées, je pars en week-end pour danser, me baigner, flirter, etc., et, plus important encore, j'ai un amant merveilleux qui m'invite à dîner au restaurant, qui m'emmène au cinéma, et avec qui j'ai une vie sexuelle tout à fait satisfaisante. Je fais des projets d'avenir. Il se passe un tas de choses merveilleuses dans ma famille, mariages, naissances, etc., et je ne veux en rater aucune. Je suis membre actif d'un groupe de soutien aux malades cancéreux et j'ai pu aider plusieurs personnes. Je pourrais cesser de travailler, mais je ne veux pas gaspiller une seule minute de mon temps précieux. J'ai toujours voulu enseigner, alors je suis devenue répétitrice bénévole dans un lycée et je m'occupe d'alphabétisation pour adultes.

« [...] Incidemment, mes derniers examens ont montré que ma tumeur avait légèrement diminué [...]. Mon docteur a dit : "Ce sont des choses qui arrivent quelquefois, nous ne savons pas pourquoi", et j'ai répondu : "Moi je sais pourquoi. J'ai tout fait pour ça." »

Il arrive aussi que les gens trouvent Dieu, un Dieu qui fait partie intégrante de leur nouvelle personnalité spirituelle. Comme cette femme qui a guéri du cancer il y a dix ans. Elle a été tellement persuadée de l'importance de la dimension spirituelle dans sa guérison que, pour en convaincre les médecins, elle a écrit une thèse sur l'évolution psychologique de six femmes ayant eu un cancer du sein et une mastectomie.

La caractéristique commune qui se dégage de l'histoire de ces femmes, c'est que la guérison, définie par le corps médical comme un retour à la condition antérieure à la maladie, se présente au contraire comme une transformation générale de l'être.

D'après mon expérience, la maladie ouvre souvent l'esprit à une réalité spirituelle insoupçonnable. Car elle nous oblige à regarder en face notre mort et le sens de notre vie ; car elle nous interroge sur ce qui est réel, sur ce que nous pouvons faire de réel avant de mourir.

C'est à ce moment-là que se fait le long voyage de

la tête au cœur et que la lumière intelligente, aimante, se met à briller sur notre chemin, éclairant notre route. Nous sommes en contact avec quelque chose qui dépasse toutes nos expériences antérieures et nous découvrons un ordre de l'univers où l'obscurité et la maladie ont leur place. C'est une expérience spirituelle qui est au cœur de la vie et qui nous permet de renaître, de nous éveiller à une réalité nouvelle. Une fois réveillés, nous disposons de ressources incroyables. Nous devenons capables de survivre à des événements douloureux car nous disposons d'une perpétuelle source de renouvellement.

Le plus important, ce n'est pas le cancer, la mort ou le deuil, c'est l'amour et la «guérison», et nous finissons par voir dans la souffrance une occasion d'aimer plus, d'aimer mieux. Comme l'a dit Mère Teresa, la plus grande maladie de l'humanité, c'est l'absence d'amour. Il n'y a qu'un traitement pour cette maladie, laisser entrer la lumière aimante et «guérir» sa vie. C'est ce qu'exprime Susan, cette femme issue d'une famille marquée par l'alcoolisme et le suicide, qui a souffert de dermatosclérose pendant des années :

«Je fais de tels progrès sur le plan spirituel que cela me donne encore plus de raisons de vouloir m'attarder en ce bas monde. Si je n'avais pas découvert la spiritualité, je crois que j'aurais abandonné depuis longtemps pour échapper à ma souffrance. Car la vie, à bien des niveaux, n'a pas grand-chose d'autre à offrir. Je me vois parfois assise sur un monceau d'ordures, mais alors, quelle belle lumière j'aperçois [...]. L'une des choses que j'adore dans l'évolution spirituelle, c'est qu'elle est éternelle et ne s'arrête jamais vraiment.»

Pour vous sauver vous-même : tenez bon,
exprimez-vous, faites-vous aider

Beaucoup de personnes m'appellent pour me dire : « J'ai appris que j'avais un cancer et je veux faire partie d'un groupe d'aide aux cancéreux. » Pris d'un zèle missionnaire, ils m'expliquent ensuite qu'ils vont sauver tout le monde. Je leur dis : « Stop. Vous allez vous épuiser à sauver tous ces gens. Mettez-vous devant une glace, regardez bien celui que vous verrez, c'est lui votre client. C'est lui qu'il faut sauver. » Je fais cela car je sais que les malades du cancer, comme d'autres malades, d'ailleurs, sont souvent des êtres qui font passer les autres en premier. Ils ont besoin d'être aimés. Mais cette forme de dépendance est en elle-même une maladie et une drogue. Il faut le comprendre et changer bien des choses dans sa vie avant de pouvoir sauver le monde. Apprendre à se défendre, par exemple, en disant non à sa famille et à ses amis. C'est une chose que bien des femmes en particulier ont du mal à faire. Au cours des stages que nous organisons, je vois combien l'exemple de Bobbie est précieux pour beaucoup. Des hommes et des femmes l'ont remerciée d'être là et de leur montrer comment deux personnes peuvent sauvegarder leur individualité tout en continuant à s'aimer. Une de mes correspondantes m'explique qu'en apprenant sa maladie elle a décidé de ne plus jouer le rôle d'épouse et de mère « parfaite » qui était le sien jusque-là :

« Pour m'affirmer, j'ai dû devenir plus autoritaire avec les miens. J'ai essayé d'habituer mes quatre enfants à prendre leurs responsabilités pour devenir moins dépendants de leur mère. Ils n'ont pas fait de difficulté. Mon mari a plus de mal à accepter ce changement, mais je sais que, si je veux rester vivante et en bonne santé, je ne peux pas revenir en arrière. Je ne serai plus la "petite femme" complaisante et soumise qu'il a connue. Alors j'attends qu'il s'adapte.»

Connaissez-vous l'histoire des trois frères qui vivaient dans la forêt? Chaque matin, deux d'entre eux partaient couper du bois tandis que le troisième restait pour garder la cabane. Un jour, un nain se présente à la porte de la cabane et demande au frère aîné s'il peut terminer les restes de leur petit déjeuner. Le frère dit oui. Le nain commence à manger mais laisse tomber sa nourriture et demande au frère de la ramasser. Celui-ci se baisse, et le nain l'assomme d'un coup de gourdin. Le matin suivant, le frère cadet reste seul à la maison et le nain revient, demande à manger, laisse tomber sa nourriture, demande au jeune homme de se baisser et l'assomme. Le troisième matin, c'est le plus jeune frère qui est là quand le nain arrive et demande s'il reste quelque chose à manger. «Oui, répond-il. Il y a du pain sur la table, sers-toi.» Mais, quand le nain fait tomber son pain et lui demande de le ramasser, il dit: «Non. Si tu n'es pas capable de t'occuper de ton pain, tu risques de mourir de faim. Ramasse-le toi-même.» Alors le nain le remercie et lui demande s'il aimerait savoir où se trouvent le trésor et la princesse.

La morale de l'histoire, c'est qu'il faut laisser chacun prendre la responsabilité de ses problèmes, apprendre à tenir son pain et à se débrouiller tout seul. Suivez ce conseil et vous verrez que les autres apprendront fort bien et n'auront pas envie de vous assommer. En fait, ils vous remercieront. Les enfants de ma correspondante, par exemple, seront reconnaissants à leur mère de leur avoir enseigné l'indépendance et donné l'exemple d'une personne qui affirme nettement ses besoins, parce que ces traits de caractère se transmettent de génération en génération — exactement comme les traits contraires. Ray Berté apprit en 1977 qu'il avait un cancer «terminal» mais fut incapable de comprendre comment, sans avoir jamais fumé, il pouvait avoir un cancer de la gorge. L'événement qui lui ouvrit les yeux fut un problème avec son fils de quinze ans, Keith. Après avoir appris le diagnostic de son père, Keith eut une hémorragie due à l'éclatement d'un vaisseau dans le palais. Il fallut l'opérer huit fois en six jours pour mettre fin à l'hémorragie. Ray raconte :

«Là, j'ai compris quelque chose. Après l'opération de Keith, tout le monde faisait son éloge en disant qu'il était "fort"! Il n'avait même pas pleuré en apprenant que j'avais le cancer. Et tout d'un coup j'ai eu la chair de poule en comprenant que c'était moi qui lui avais transmis ce message "macho". Il réprimait ses sentiments mais toute sa souffrance refoulée explosait littéralement hors de sa bouche. Il s'en était fallu de peu qu'il en meure.»

Ray raconte ensuite qu'il a pris son fils dans ses bras et lui a expliqué qu'il n'y avait pas de honte à exprimer ses sentiments et à demander de l'aide quand on en avait besoin. En aidant Keith, Ray se fit du bien à lui-même, car il comprit qu'il avait toujours refoulé ses émotions. Le message venait de son propre père, qui lui ordonnait sans cesse de se taire. Il réalisa alors que son incapacité à verbaliser ses émotions provenait de ce que celles-ci restaient bloquées dans sa gorge. Ce fut un choc pour lui, mais il comprit enfin le sens de son cancer.

A partir de cette prise de conscience, Ray entreprit de transformer radicalement sa vie. Autrefois très fier de savoir «se contrôler», il profita du conseil qu'il avait donné à son fils et se promit de ne plus jamais se laisser détruire par le non-dit : « Je pleure. Je suis mon instinct. C'est ce que tout le monde devrait faire. » Neuf ans après sa condamnation à mort, il proclame : « Si le cancer revient, je le combattrai à nouveau jusqu'au bout. Mais je l'ai déjà vaincu parce que je me suis épanoui, parce que je suis devenu quelqu'un d'autre. »

Ce qui a, entre autres choses, permis à Ray de s'épanouir, c'est sa décision de réclamer de l'aide quand il en avait besoin. Les gens sont tout prêts à vous aider, mais ils ne savent pas toujours comment. Alors dites-le-leur. Si vous n'avez encore jamais exprimé clairement vos besoins, vous serez surpris de leur réaction.

C'est certainement ce qui est arrivé à cette assistante sociale qui m'a envoyé une longue liste de ce qu'elle avait fait en découvrant que son mari avait un cancer. Bien des points de sa liste, qui est trop longue pour être reproduite ici en entier, mais dont chaque mot est utile, concernent le soutien qu'elle a recherché auprès de ses parents, amis, collègues et même auprès de son mari et d'elle-même. Car, comme les malades, ceux qui s'en occupent doivent apprendre à crier au secours.

• J'ai « battu le rappel des troupes ». J'ai appris la nouvelle à ma famille, à celle de Joe et à nos amis.
• J'ai demandé à chacun de nous de dire s'il connaissait des rescapés du cancer et de nous les présenter. A ceux que j'ai rencontrés, j'ai demandé ce qui, selon eux, les avait aidés à survivre.
• J'ai commencé une psychothérapie le plus vite possible.
• J'ai continué à travailler.
• J'ai beaucoup câliné mon chat. J'ai exprimé ma tendresse à mes amis, à ma famille et à mon théra-

peute. Je me suis gâtée en portant des vêtements doux et flous, en prenant des bains moussants.

• J'ai écouté ce qui me faisait plaisir. L'une des choses qui me faisaient plaisir, c'était de bien m'habiller et de me maquiller. J'étais heureuse de me sentir belle.

• J'ai essayé de bien me nourrir. Parfois, je ne pouvais avaler que du liquide. Parfois, seul le chocolat me faisait envie. (Pour manger du chocolat sans crainte, cassez la barre en deux et tenez la partie cassée vers le bas pour que les calories s'échappent. Ensuite, imaginez que vous mangez du céleri et croquez.)

• J'ai immédiatement décidé que, quoi qu'il arrive, y compris la mort de Joe, nous le vivrions ensemble, que je sortirais gagnante de l'expérience et que je me servirais de tout ce qui pourrait se produire pour venir en aide aux autres.

• J'ai maintenu le contact, à travers mon travail, avec des aspects de moi-même qui n'étaient pas liés à mon rôle d'épouse.

• J'ai commencé à chercher de la documentation médicale.

• J'ai demandé aux amis et à la famille de m'en trouver.

• J'ai demandé aux gens de prier.

• J'ai filtré les appels et les visites de Joe.

• J'ai accepté qu'on me soutienne.

• J'ai pris des jours de liberté. Joe me demandait d'être en forme, et le fait de prendre un jour de temps en temps réaffirmait d'une part mon autonomie, d'autre part la capacité d'indépendance de Joe. Même très malade, il a toujours été capable de me donner quelque chose, ma liberté.

• J'ai cessé de penser au passé. Notre vie avait irrémédiablement changé depuis la maladie de Joe. Toute comparaison avec notre bonne petite vie d'antan n'était qu'une perte d'énergie inutile.

• J'ai cessé de vouloir contenir mes émotions.

• J'ai cessé d'accomplir les tâches non essentielles.

• Je ne suis pas intervenue dans le cours du traitement de Joe. En tant qu'épouse, mon rôle est de l'aimer. Le sien est de guérir.

« L'expérience a été très nette : tout le monde était impatient de manifester son amour ! Certains désiraient seulement qu'on leur explique comment. Tout ce que j'ai eu à faire, c'était un travail d'information, et les gens se sont précipités pour prouver leur humanité et leur amour. »

Les gens apprécient toujours qu'on fasse appel à eux. Une autre femme a organisé autour d'elle un véritable «réseau de guérison» composé d'amis, de membres de la famille mais aussi de professionnels, médecins et psychiatres. Elle se reposait sur eux pour tout, garder ses enfants, lui servir de chauffeur, s'entraîner physiquement, la masser, lui fournir des données médicales (moi, j'étais chargé de l'opérer). Deux ans après avoir guéri d'un cancer du sein, elle a fait une enquête parmi ses supporters pour un article qu'elle voulait publier. Ils s'étaient sentis «honorés» d'avoir été choisis par elle, «reconnaissants», «contents parce que c'était une preuve de confiance», «tellement mieux d'être actif plutôt qu'inutile et angoissé», «heureuse de participer à cette expérience. Cela m'a enrichie [...]. Je me sentais concernée, utile, engagée dans quelque chose d'important pour la vie de quelqu'un».

Vous découvrirez aussi qu'en exprimant votre souffrance vous permettrez peut-être aux autres de parler des leurs. Une jeune institutrice, atteinte d'un cancer du sein dont elle n'avait pas parlé à ses collègues, fut un jour obligée de se faire accompagner à une réunion de l'ECAP parce que sa voiture était en panne. Son directeur lui proposa de la déposer, et elle découvrit en discutant qu'il s'était

261

fait opérer par moi. La semaine suivante, toujours sans voiture, elle demanda à un collègue de l'accompagner, et, pendant le trajet, il lui apprit qu'il avait un cancer. Ensemble, ils organisèrent des séances de thérapie de groupe dans leur école. Certains des volontaires qui accompagnaient les membres de l'ECAP à leurs réunions continuèrent à y venir même quand «leur malade» n'avait plus besoin d'y assister. «J'ai besoin de ces réunions», disent-ils.

Certains d'entre nous apprennent très jeunes à se taire, quand leurs parents ne répondent pas à leurs cris ou y répondent négativement. Ceux qui n'apprennent pas la leçon au berceau l'apprennent plus tard quand on leur dit d'être «un bon petit soldat» ou «une grande fille». Je vois ce genre de personnes. Dans leurs dessins, elles se représentent enfermées dans des boîtes parce qu'elles se sentent piégées. Une fois acquise l'habitude de se taire, il devient très difficile de verbaliser ses sentiments. J'ai reçu ce poème d'une jeune femme qui me dit avoir mis des années à faire ce qu'il recommande. Elle l'a intitulé : *Chut... écoute.*

écoute	mais qui
toi-même	je n'entends pas ma voix
Chut	
écoute	mais qui
toi-même	personne ne va m'aimer
Chut	
écoute	mais qui
toi-même	
tu vas t'aimer	qu'importent les autres
Chut	
écoute	mais qui
toi-même	
est-ce que tu pleures	non, pas depuis des années
alors vas-y	ça va aller

Oui
écoute   mais qui
toi-même

Le poème dit vrai, vous devez vous écouter,
entendre le son de votre voix intérieure. C'est la
seule façon d'apprendre à chanter votre propre
chanson, comme dit Lawrence LeShan, ou à crier
vos propres cris. Cela n'a rien à voir avec l'égocentrisme. C'est d'amour et d'estime de soi-même qu'il
s'agit, pas d'égoïsme, et ces qualités vous permettront de donner davantage au monde quand vous
aurez découvert votre façon personnelle d'aimer le
monde.

Gérer sa santé

En vous écoutant, vous apprendrez également à
prendre les décisions thérapeutiques qui vous
conviennent. Mais cela peut être difficile car les
qualités qui ont contribué à vous rendre malade
vous empêchent bien souvent d'affronter le mal à
votre façon. La femme qui a eu le mari et le cheval
qu'elle désirait un an après son cancer a remarqué
pendant son séjour à l'hôpital la nature extrêmement renfermée et souvent soumise de ses compagnes. Une de celles qui partageaient sa chambre
a découvert, en se réveillant de l'anesthésie, qu'on
lui avait enlevé un sein, éventualité dont son médecin n'avait pas cru bon de la prévenir. «Et depuis
elle n'a pas réussi à pleurer; elle reste prisonnière
de sa colère et de sa rage. C'est une femme douce et
tendre. Elles le sont presque toutes, d'ailleurs,
timides et gentilles. Et je me demande: tout ce
qu'on garde sur le cœur, sans jamais l'exprimer, où
cela va-t-il? Qu'en résulte-t-il pour l'être?»

Intuitivement, cette femme a compris en obser-

263

vant ses compagnes ce que des gens comme Russel Lockhart et Arnold Mindell ont théorisé sur les malades cancéreux : le cancer, forme de croissance devenue folle, vit en quelque sorte ce qui n'est pas vécu par les individus à la personnalité réprimée, étouffée. Comme si l'absence d'évolution et d'extériorisation de l'être provoquait cette forme de croissance et d'expression interne. Comme si toute l'énergie contenue servait à alimenter le cancer, faute d'être utilisée ailleurs.

Participer à votre prise en charge thérapeutique peut être une première expression de vous-même et de votre énergie. Vous aurez envie de faire équipe avec votre médecin et de jouer un rôle actif, responsable, dans votre traitement, en vous informant, en faisant des choix et en devenant l'expert que vous seul pouvez être dans le domaine de votre maladie. Ne laissez pas les médecins être les seuls spécialistes de votre cas. Ce n'est pas de leur vie qu'il s'agit, et les experts ne savent pas tout. C'est ce que dit l'un de mes correspondants, guéri d'un lymphome par une forme très agressive de chimiothérapie dont ses médecins ne lui avaient même pas parlé :

« Après plusieurs consultations médicales, j'ai appris que le taux de guérison des "traitements standard" proposés [...] ne correspondait qu'à la moitié de celui du nouveau protocole mis au point, testé et recommandé par le National Cancer Institute. J'ai aussi appris que, si beaucoup de praticiens hésitaient à utiliser ou même à recommander les derniers protocoles, c'était en partie à cause des risques accrus d'effets secondaires pour le patient. La plupart des médecins, et on les comprend, préféreraient connaître les résultats de dix ou quinze ans d'études avant d'administrer un nouveau type de chimio qui ne bénéficie pas de plusieurs années d'expérimentation clinique. »

C'est effectivement un travail considérable d'étudier chaque possibilité de traitement. Si vous ne vous sentez pas capable de le faire seul, demandez à vos parents et amis de vous aider. Vous me direz qu'il n'est pas toujours nécessaire de faire une enquête aussi poussée et vous aurez raison. Mais certains malades en ont besoin pour sentir qu'ils se prennent en charge. Pour l'homme qui a écrit cette lettre, un avocat habitué à «livrer des combats», comme il dit, il n'était pas question de ne pas être informé de tous les choix thérapeutiques disponibles. Il recommande d'ailleurs, comme je le fais moi-même, de commencer ses recherches en téléphonant à la Ligue nationale contre le cancer ou à ses comités départementaux (45 84 14 30) qui vous feront parvenir des brochures d'information sur les différents types de cancer et les moyens de les soigner. La Ligue dispose par ailleurs d'un service local d'accueil et de conseil téléphonique, «Ecoute cancer», qui vous fournira toutes sortes de renseignements non médicaux.

Je ne prends pas de décisions à la place de mes patients, je me contente de leur donner avis et conseils. S'il y a une chose que mes années d'expérience m'ont apprise, c'est que chacun doit trouver son chemin personnel vers la guérison. Mon rôle consiste à faciliter cette recherche en partageant mes connaissances et mes intuitions avec ceux qui me le demandent.

Je me souviens d'une conférence où quelqu'un s'est levé pour dire qu'il avait entendu parler de guérisons par la radiothérapie, la chimiothérapie, la chirurgie, tout un tas de régimes et de techniques alternatives. Il ne comprenait pas comment il était possible que toutes ces méthodes soient efficaces parce qu'elles semblaient se contredire mutuellement. Je lui répondis : «C'est le corps qui guérit, pas le traitement.» Le corps peut utiliser différents agents de guérison. A chacun de décider celui qui lui convient le mieux. Si je me sers tellement des dessins de mes patients, c'est précisément pour découvrir à travers leur symbolisme les véritables dispositions de chacun par rapport aux différentes thérapies disponibles.

Au niveau intuitif, nous avons tous une connaissance de ce qui est thérapeutique pour nous. Tous les gens souffrant d'un lymphome, par exemple, n'auraient pas fait le même choix que mon correspondant. Disposant des mêmes informations, quelqu'un d'autre aurait peut-être rejeté comme trop risquée la chimiothérapie, qui lui paraissait prometteuse. Pour figurer son traitement, une femme avec qui je travaillais a dessiné le diable lui faisant une piqûre de poison. Si vous êtes dans les mêmes dispositions d'esprit, je vous conseille de changer de thérapie, de médecin ou d'avis. (Elle a changé d'avis dès qu'elle a pu faire elle-même ses choix au lieu d'y être contrainte par la pression de sa famille et de son médecin.)

Aux malades qui ont du mal à se décider pour une forme de traitement, je demande : «Quelle serait votre réaction si, après la thérapie que vous envisagez, votre maladie revenait?» Si la réponse est : «Je serais furieux de ne pas en avoir fait plus», c'est que cette option ne leur convient pas. Il faut toujours choisir une forme de traitement avec laquelle on pourra vivre *et* mourir. A aucun moment on ne doit pouvoir se reprocher : «Imbécile, pourquoi ne t'es-tu pas donné une meilleure chance de t'en sortir?»

Mais il ne faut pas non plus avoir l'impression que le traitement est pire que la maladie. L'idée, c'est de guérir, pas de se faire violence. Pour prendre un exemple concret, j'ai vu des cas où la femme d'un malade cancéreux obligeait toute la famille à manger de la cuisine macrobiotique. Un de ces malades a illustré la chose en dessinant la cuisine complètement chamboulée, sa femme déprimée d'avoir passé la journée à cuisiner, les enfants dépités parce qu'ils n'aimaient pas ça, et lui-même criant : « Pourquoi devrais-je manger de telles cochonneries ? » Il aurait préféré une chimiothérapie. Dans d'autres familles, par contre, le régime macrobiotique est très apprécié parce qu'il donne à tout le monde l'impression de participer à un processus de guérison.

Tout en considérant que certains régimes alimentaires sont plus sains que d'autres, je pense que chacun doit manger ce qu'il pense être bon pour lui. A la suite d'un stage où j'avais dit que les végétariens sont moins sensibles que d'autres au cancer, un homme m'a écrit pour me raconter son histoire :

« Je n'arrive pas à croire que moi qui, pendant dix-huit ans, ai pratiqué le végétarisme et l'hygiénisme, moi qui ai vécu une vie tellement saine (nourriture, exercice, méditation), j'aie pu attraper le cancer. Dans la Torah, il est dit : "L'homme décide, Dieu sourit." J'ai participé à une émission de radio avec Nathan Pritikin autrefois. Nous discutions des mérites respectifs de notre façon de vivre et de nous alimenter. Ce n'était pas une discussion, d'ailleurs, mais un duel verbal [...]. Il disait : Pas de noix, je répondais : Les noix sont une excellente source de protéines. Il disait : Ne mangez que le blanc des œufs, je répondais : Ne mangez que le jaune, etc. Il est mort d'une leucémie. J'ai contracté le cancer. Deux "schmucks" discutant du nombre d'anges qu'on peut asseoir sur une tête d'épingle. »

Quand il s'était levé pour demander quel était l'intérêt d'être végétarien si cela ne protégeait pas du cancer, je lui ai dit qu'il était végétarien pour de mauvaises raisons. Par ailleurs, les légumes l'avaient peut-être empêché d'avoir le cancer dix ans plus tôt, je ne sais pas. Mais je sais que, végétarien ou culturiste, on meurt tous un jour. Si vous mangez des légumes et vous levez à 5 heures du matin pour faire de l'exercice parce que cela vous convient, formidable. Mais, si vous le faites pour ne pas mourir, attendez-vous à une belle crise de rage quand vous vous découvrirez mortel. Vous regretterez amèrement de ne pas avoir fait la grasse matinée et mangé des glaces à la chantilly. La seule chose qui compte, c'est de trouver un mode de vie qui vous convienne et de le suivre. Vous vivrez plus longtemps ou moins longtemps qu'un autre, mais, si votre vie vous ennuie, elle vous paraîtra bien longue. Mieux vaut avoir l'impression que la vie « file beaucoup trop vite ».

Je dirai la même chose à propos de la boisson et même de la cigarette. On a pu lire, ces derniers temps, des articles disant que les femmes qui boivent ont plus de cancers du sein. Mais il faut prendre en compte l'ensemble de la vie de ces femmes — relations affectives, nutrition, grossesses —, pas uniquement le fait qu'elles boivent. Il faut aussi replacer la boisson dans un contexte culturel. Dans bien des cultures où les gens vivent centenaires, la consommation d'alcool est importante. L'alcool fait partie de leur société, de leur plaisir d'exister, et il ne s'agit plus là d'abus ou d'excès.

Il a été démontré que les hommes mariés peuvent fumer trois paquets par jour sans avoir plus de cancers que les célibataires fumant un paquet, ce qui prouve que l'amour est un contre-poison. En fait, les statistiques montrent que les célibataires gagnent moins d'argent, vont plus souvent en prison, sont plus fréquemment malades, se tuent plus volontiers et meurent plus jeunes. Mais, quand un homme heureux en ménage a fait remarquer cela, un célibataire endurci en a tiré la conclusion, évidente à ses yeux : pour vivre une mort bien lente, mariez-vous.

Comme l'a dit Jung, la chaussure qui convient à un homme fera souffrir son voisin. Il n'appartient qu'à vous de choisir le mode de vie ou, en cas de maladie, le mode de traitement qui vous convient.

Une femme qui s'était battue avec ses médecins sur différents points et avait gagné refusa de suivre une chimiothérapie. Elle avait lu que la sœur de Jimmy Carter, Ruth Stapleton, allait essayer de guérir par la prière d'un cancer du pancréas, et elle se mit dans la tête que la prière allait la guérir également. Mais le lendemain elle apprenait par les journaux que Ruth Stapleton était morte, et cela lui suffit. Quand son médecin de famille la supplia d'accepter la chimio tout en continuant à prier, elle se rendit à ses raisons. Il aurait pu lui faire remarquer que la Bible elle-même affirme que la médecine est un don de Dieu.

Il arrive toutefois qu'un traitement paraisse plus dangereux que bénéfique, quand ses chances de réussite sont minces et le temps gagné de piètre qualité à cause des effets secondaires qu'il engendre. Comme l'écrit Jeanne, une femme qui a refusé toute forme de traitement pour son cancer du poumon avec métastases : «La décision était simple ! Les six ou huit mois qu'il me restait à vivre seraient certainement de meilleure qualité que les douze à dix-huit mois que le traitement m'aurait accordés, avec Dieu sait quelles détériorations physiques qui m'auraient peut-être empêchée de dire et de faire ce qu'il fallait que je dise et fasse J'avais tellement à faire et tellement peu de temps. Il fallait que je reste en forme le plus longtemps possible.»

Elle prit nettement son parti, comme elle le faisait toujours :

« Oui, ma décision a été vite prise. Mais chaque fois qu'un problème se présente, il déclenche en moi un processus mental qui m'amène à décider ce qu'il faut faire dans l'immédiat, avant d'aller plus loin. » Jeanne a écrit cette lettre presque cinq ans après son diagnostic « terminal » et son refus d'une intervention médicale. Elle se portait très bien et ne présentait plus aucun signe de cancer.

Comment expliquer sa guérison ? Elle raconte ce qu'elle a fait et ce qui lui est arrivé au cours de ces cinq années mais ne désigne aucun facteur qui pourrait à lui seul rendre compte du phénomène. Ce qui me paraît le plus important, c'est qu'elle savait ce qu'elle voulait et qu'elle était disposée à en accepter les conséquences. Sa mère aurait voulu qu'elle fasse le traitement proposé par les médecins. Jeanne dut lui rappeler gentiment qu'elle l'avait toujours élevée en lui faisant prendre ses responsabilités. Sa famille était horrifiée de ce qu'elle « faisait à son mari » et exprimait clairement sa désapprobation. Son mari, sans approuver son choix, ne la désavouait pas et défendait sa position en disant : « Je ne peux vous dire que ce que Jeanne dirait elle-même si elle était là. »

Médicalement parlant, elle a « raffermi » sa santé par la nutrition. Mais les compléments alimentaires et vitaminiques furent certainement moins décisifs que les transformations de sa vie affective. Elle se rapprocha de son mari, de ses fils et de sa fille, si bien que « ces années ont été les plus intéressantes de sa vie ». Elle développa ses relations avec les autres, donnant et recevant beaucoup, se fit des amis nouveaux et reprit contact avec des amis anciens. Elle accepta avec plaisir ce que ses amis faisaient pour elle et pardonna à ceux qui ne savaient pas comment l'aider. « Ils sont aussi très profondément concernés mais ne savent pas comment le dire. Ils ont tellement peur de faire des gaffes! Je connais depuis longtemps ce genre de personnes, alors je commence par dire le mot qui leur fait si peur, pour les dédouaner en quelque sorte.» Elle a travaillé avec un groupe de soutien aux cancéreux et aimerait continuer à le faire, mais elle ne va plus aux réunions parce qu'elle a l'impression que son attitude peu orthodoxe a froissé certains membres du groupe.

Au moment de déménager, elle a distribué à ses enfants les plus beaux objets qu'elle possédait, non par manque de confiance en l'avenir mais parce qu'elle en était «arrivée à considérer que les choses n'ont vraiment aucune importance». Sur le point d'être convertie par un chrétien, elle a finalement préféré s'en tenir à ses propres croyances, élaborées au fil des années.

Jeanne raconte aussi que, fumeuse depuis quarante-cinq ans, elle a arrêté net le jour où on lui a annoncé son diagnostic. Une de ses amies infirmières pense que le choc causé à son organisme par ce brusque sevrage a très bien pu «renverser la vapeur». Ou, comme le suppose Jeanne, son corps a trouvé lui-même le traitement qui lui convenait, l'hyperthermie, puisque son «corps tout entier devenait soudain extrêmement chaud, sans aucune raison apparente». Il y a aussi le fait qu'elle est «plutôt du genre à éviter le stress et la fatigue. Les gens passent beaucoup trop de temps à se préoccuper de choses contre lesquelles on ne peut rien».

Cette femme est un catalogue vivant d'attitudes saines. Elle sait ce qu'elle veut au niveau médical, elle aime et elle est aimée, elle est sereine, gère bien sa vie, prend des décisions auxquelles elle croit, tout en en acceptant les conséquences, elle a une philosophie personnelle bien établie et considère que la mort, comme la vie, a un sens. Elle a vu sa maladie non comme une condamnation à mort mais comme une porte ouverte sur la vie. Et, pour l'instant, elle est trop occupée à vivre pour mourir. Elle termine sa lettre en disant : « Je me sens tellement bien, tellement fière de la façon dont j'ai géré la situation jusqu'ici [...]. Merci de rappeler qu'il est réellement possible de garder toute sa dignité en choisissant le moment de s'en aller. Je n'en suis pas encore à faire ce choix, mais il est bien agréable de savoir que la possibilité existe. Le moment venu, j'essaierai de faire de mon mieux. »

On trouve dans cette lettre pratiquement tout ce que mon ami chiropracteur Jeff Rockwell et sa femme appellent les « symptômes de la sérénité ».

1. Tendance à penser et à agir spontanément plutôt que sur la base de peurs acquises de l'expérience passée.

2. Capacité évidente à profiter du moment présent.

3. Perte de la tendance à se juger soi-même.

4. Perte de la tendance à juger les autres.

5. Perte d'intérêt pour les conflits.

6. Perte de la tendance à interpréter les actions des autres.

7. Perte de toute disposition à l'inquiétude (symptôme grave).

8. Crises profondes et fréquentes de valorisation.

9. Sentiment heureux de communication avec les autres, avec la nature.

10. Fréquentes crises de sourire, par les yeux du cœur.

11. Sensibilité accrue à l'amour offert par les autres et tendance irrépressible à l'offrir également.

12. Tendance accrue à laisser les choses se produire plutôt qu'à vouloir les provoquer.

Et Rockwell conclut : « Si vous manifestez tous ou la plupart de ces symptômes, sachez que votre état de sérénité est si avancé qu'il est pratiquement irréversible. »

Suivre son propre chemin

L'indépendance est l'une des caractéristiques de ceux qui ont trouvé la sérénité. Ils font confiance à leur instinct. Personne ne peut les convaincre de ne pas obéir à leurs voix intérieures.

Brendan O'Regan, dont le travail sur les rémissions spontanées a été mentionné au chapitre 1, cite les recherches d'une candidate au doctorat qui a publié une petite annonce dans un journal de l'Idaho pour trouver, dans un rayon de trois cents miles, des gens qui auraient guéri spontanément. Elle reçut vingt-cinq réponses, chiffre assez remarquable pour une région de population aussi clairsemée. Elle se rendit rapidement compte que les personnes en question étaient en majorité des femmes de fermier ayant en commun une grande confiance dans leur propre jugement. Une femme à qui elle demandait comment elle avait réagi en apprenant son diagnostic répondit simplement : « Je me suis dit que c'était *son* avis. — Pourriez-vous m'en dire plus ? — Eh bien, on a l'habitude d'entendre raconter tellement de choses par des experts du ministère qui viennent visiter nos terres. Ils disent de planter du maïs dans telle parcelle, mais, quand on le fait, le maïs ne pousse pas. Ils disent : N'en plantez pas là, mais on ne les écoute pas, et le maïs pousse magnifiquement. Alors j'ai compris que les experts ne savent pas tout. Quand le docteur m'a annoncé qu'il me restait six mois à vivre, je me suis dit en moi-même : "Qu'en sait-il ? Ce n'est qu'un expert !" »

Il est intéressant de noter qu'aux Etats-Unis les Etats où l'on trouve le plus de gens âgés, quatre-vingt-cinq ans et plus, sont le Maine, le Dakota du Nord et le Minnesota. (Et, parmi ces personnes, 70 p. 100 sont des femmes.) Ce sont effectivement des Etats où les conditions de vie ne sont pas faciles et où les gens sont dès le départ obligés d'être des survivants. Ils s'habituent donc à prendre la vie comme elle est et à se débrouiller tout seuls. (Je crois aussi que la vie dans les petites communautés rurales, qui sont nombreuses dans ces Etats, permet d'exprimer ses émotions, alors que, dans les grandes villes, on est obligé de se protéger derrière un mur si l'on veut survivre au stress ambiant.)

Je me souviens de la première conférence que j'ai faite dans le New Hampshire, Etat comparable à ceux que je viens de citer. Cela se passait dans un petit village, mais l'église où je devais prendre la parole était littéralement bondée. Quand j'ai demandé à ces gens d'où ils venaient et pourquoi, je me suis rendu compte que beaucoup avaient fait plusieurs heures de route pour venir. Un homme m'a dit : « Je fais bien deux heures de voiture pour me ravitailler, pourquoi n'en ferais-je pas autant pour apprendre à devenir responsable de ma santé ? »

Ces gens-là savent qu'ils ne sont pas obligés de mourir parce qu'un expert, fort de ses statistiques, le leur a prédit.

A ce propos, le théoricien de l'évolutionnisme, Jay Gould, a écrit un article tout à fait réjouissant. En 1982, Gould souffrait d'une forme rare de cancer, le mésothéliome abdominal. Il commence son article en rappelant les différents degrés de la malhonnêteté selon Mark Twain : « Mensonge, mensonge avéré, statistique ». Il évoque ensuite la durée moyenne de survie pour sa maladie, qui est de huit mois. Mais il ajoute : « Moyens et moyennes ne sont que des abstractions [...] la réalité est mouvante. » Il ne se contente pas de mépriser les experts, il les bat sur leur propre terrain en faisant une analyse statistique bien plus fine (et optimiste) de ses chances, qui tient compte de son âge, du stade d'évolution de sa maladie, de l'excellent traitement médical qu'il va recevoir et de son état d'esprit personnel. Mais, pour finir, il rejette ses propres conclusions en soulignant que les statistiques ne s'appliquent qu'à des situations statiques et que, vu la nature expérimentale de son traitement, sa situation ne peut pas être statique. C'est ainsi qu'il conclut, en empruntant la terminologie des statisticiens : « La chance aidant, je vais me trouver dans le premier groupe d'une nouvelle distribution à forte moyenne et une aile droite tendant vers la mort naturelle à un âge avancé. » Je connais personnellement plusieurs rescapés du mésothéliome qui devraient être morts. Et voilà pour les statistiques d'espérance de vie !

Dulcy Seiffer est une autre de ces patients exceptionnels suffisamment indépendants pour ne pas en tenir compte. Quand les médecins lui dirent qu'elle n'avait que 40 p 100 de chances de survivre à son cancer ovarien plus de deux ans, elle n'écouta pas vraiment — ce qui n'empêcha pas les médecins de lui répéter la nouvelle en toute occasion. Puis, par une de ces « coïncidences » qui transforment la vie des gens, une infirmière la mit dans la même chambre qu'une autre malade qui était, comme elle, propriétaire d'un motel, et qui lui parla de l'ECAP. En écrivant à l'ECAP, Dulcy entamait le long voyage vers la guérison, qui lui demanderait une détermination et un optimisme énormes étant donné les nombreux obstacles à franchir, à commencer par ce sombre pronostic.

Dulcy fut tout de suite confrontée à un problème pratique : comment concilier les nécessités d'un traitement chimiothérapique compliqué et son envie de retourner à Sainte-Croix où se trouvait sa maison et l'hôtel qu'elle tenait avec son mari ? L'hôpital local n'étant pas équipé pour la soigner, elle dut trouver elle-même la solution. Elle discuta avec plusieurs infirmières et finit par en trouver une qui accepta de se faire expliquer le protocole au téléphone par une infirmière de Boston, où Dulcy avait été hospitalisée. Puis elle s'arrangea pour faire venir les médicaments nécessaires de Porto Rico toutes les trois semaines.

En s'inspirant des cassettes de l'ECAP, Dulcy enregistra dix programmes de visualisation, imaginant « des méthodes pour faire remonter son taux de globules blancs et rouges, des exercices pour les bons jours, d'autres pour les mauvais jours. Le fait d'être une artiste [lui] permit de donner un certain cachet créatif à ces bandes ». Au moment où elle m'écrit sa première lettre, un an après son diagnostic, elle croit déjà que ses tumeurs ont disparu, car, dit-elle, « quand j'en arrive à la partie "autoguérison" de ma méditation, j'envoie l'armée tigre de mes globules blancs dans tout mon corps, mais ils ne trouvent pas la moindre tumeur à se mettre sous la dent ». Quelques semaines plus tard, la chirurgie exploratoire confirme son intuition, il n'y avait plus rien, « après huit traitements de chimiothérapie seulement mais beaucoup de méditation et d'efforts holistiques ».

Dulcy voyait aussi un psychiatre qui l'aidait à surmonter sa peur en l'hypnotisant. « Il me disait : "Ça va aller mieux. Bientôt vous découvrirez que votre cancer est parti." Je sortais de son cabinet certaine de gagner. » L'amour, donné et reçu, l'aidait également. « Rien n'était plus dur pour moi que d'aimer. Je ne suis pas du genre tendre, affectueux, câlin [...]. Mais, dès que je me suis découvert assez d'amour-propre pour vouloir m'occuper de ma santé et satisfaire mes besoins, j'ai aussi découvert que les autres me donnaient plus d'amour et d'encouragements que je n'aurais pu le rêver.»

Dulcy profita d'une rémission de presque trois ans avant de rechuter à la suite d'une «foutue année», comme elle dit, où elle s'était laissé déborder par des soucis familiaux et professionnels. Mais Dulcy est une lutteuse, et sa rechute lui a servi de catalyseur pour approfondir ses problèmes en commençant une psychothérapie et en faisant partie d'un groupe. Elle continue ses séances de méditation, profitant de ces insomnies du milieu de la nuit que connaissent nombre d'entre nous pour écouter une cassette particulièrement réconfortante qu'elle a enregistrée elle-même.

Il faut une bonne dose de courage pour dire non aux experts et aux statistiques, mais je rencontre sans arrêt des gens comme Dulcy. Un jour, à la fin d'une de mes conférences, un monsieur est venu me donner sa carte. Il était cadre chez un éditeur et paraissait tellement malade que j'avais peu d'espoir de le revoir un jour. J'aurais été étonné qu'il survive plus de cinq ou six semaines.

Cinq ans plus tard, je donnais une conférence dans un village de province, et devinez qui vient me voir, le même homme, apparemment très en forme. Il était suivi de six de ses concitoyens qu'il avait amenés parce que ce que j'avais dit cinq ans plus tôt l'avait beaucoup aidé. Après m'avoir écouté, il avait quitté le groupe de soutien auquel il appartenait et dont l'ambiance, négative, ne faisait que le déprimer. Ensuite, dans le cadre du programme de visualisation qu'il s'était fixé, il avait donné un nom à son générateur de rayons X et avait commencé à lui parler, lui disant qu'il devait le guérir. Son médecin pensait qu'il était devenu fou, et sa femme était tellement bouleversée qu'elle dut aller consulter un psychiatre. Mais lui, cinq ans après, est toujours là et nous encourage tous.

Une femme m'écrit : « Mon cancérologue m'avait simplement dit qu'il me restait un an à vivre. Après l'avoir viré, je suis allée en voir un autre à qui j'ai dit, d'entrée : "Je viens de virer mon précédent médecin, alors, je vous en prie, garder vos pronostics pour vous. De toute façon, de ce truc-là, je m'en sortirai." » Et c'est ce qu'elle a fait, entre autres, puisqu'elle a complètement restructuré sa vie — après avoir également « viré » son mari, comme elle le dit elle-même.

Mais ce sont probablement les personnes atteintes du sida qui doivent mener le plus dur combat pour échapper aux malédictions que représentent les prédictions des experts. Michael Callen, l'éditeur d'une brochure intitulée *Surviving and Thriving with AIDS* (Survivre et bien se porter avec le sida), dont j'ai extrait les règles de Steven James citées plus haut, a écrit un article sur son expérience personnelle. Il raconte comment le fils d'un de ses amis, âgé de six ans, qui ne l'avait pas vu depuis plusieurs mois, lui a demandé s'il était déjà mort. Cela montre à quel point l'idée de sida est liée dans l'esprit des gens, et même des enfants, à une issue fatale.

Il me semble qu'à force de dire qu'une maladie est mortelle à 100 p. 100, on finit par tuer des gens. Parce qu'ils n'ont plus d'espoir. Mais un grand nombre de survivants à long terme commencent à remettre en question cette opinion d'« expert », de même que certains des professionnels de la santé qui travaillent avec des malades du sida et qui ont une vision bien plus optimiste que la version officielle. Callen cite l'opinion de Nathaniel Pier, un médecin de New York, à ce sujet : « La façon de présenter le sida dans les publications médicales est sérieusement biaisée, ce qui donne au public une image distordue de la réalité. On ne voit jamais ceux qui s'en sortent bien, qui ont une bonne qualité de vie, parce qu'ils ne fréquentent pas les centres médicaux et qu'on ne parle pas d'eux dans les journaux. »

Et quand on parle d'eux, dans des articles comme celui du *New York Times* intitulé « Les mystères du sida : comment peut-on être porteur sain ? », on ne tient jamais compte des facteurs psychosociaux. Dans cet article, par exemple, il est question de facteurs tels que la « virulence » (le virus HIV serait plus « doux »), la génétique (certaines personnes seraient tout simplement nées dénuées de susceptibilité au virus), l'immunité (il y a peut-être « quelque chose d'inhabituel » dans le système immunitaire de certains séropositifs, qui leur permet de rester sains). Mais le fait que des études psychologiques sur les survivants à long terme soient actuellement en cours et l'idée qu'il existe peut-être des facteurs sur lesquels les séropositifs *peuvent* influer ne sont jamais mentionnés.

Et, pourtant, les docteurs George Solomon et Lydia Temoshok ont déjà répertorié un certain nombre de facteurs psychologiques liés à la survie, qui pourraient encourager tous les séropositifs à se prendre en charge. On y trouve, entre autres :

1. Accepter la réalité du diagnostic tout en refusant d'y voir une condamnation à mort, imminente en tout cas.

2. Mettre en œuvre des moyens personnels de résistance active pouvant avoir des conséquences bénéfiques sur la santé.

3. Changer de mode de vie pour s'adapter aux réalités de la maladie.

4. Percevoir le médecin traitant comme un collaborateur au lieu de se situer dans une attitude passive-complaisante ou méfiante par rapport à lui.

5. Avoir le sentiment qu'on a une part de res-

ponsabilité dans sa santé, qu'on peut influer sur elle.

6. Se sentir attaché à la vie par tout ce qu'on a encore à faire.

7. Etre persuadé que la vie a un sens et un but.

8. Lui trouver un sens nouveau avec la maladie.

9. Avoir déjà eu une maladie mortelle ou vécu des événements graves.

10. Faire de l'exercice physique.

11. Se procurer des informations utiles et trouver du réconfort auprès d'une personne atteinte du même virus.

12. Avoir des relations avec d'autres malades sur le mode altruiste.

13. Les survivants à long terme savent s'affirmer et aussi dire non.

14. Les survivants à long terme ont la capacité de se retirer en eux-mêmes pour s'y ressourcer.

15. Les survivants à long terme sont sensibles à leur corps et à ses besoins.

16. Les survivants à long terme sont disposés à communiquer et parlent facilement des problèmes liés à leur maladie.

Non seulement il n'est jamais question du travail des psychiatres et des psychoneuro-immunologistes dans les articles sur les survivants du sida, mais aucun témoignage de personnes concernées n'y est jamais rapporté... L'opinion de Callen sur les qualités des survivants est très proche de celle de Solomon.

« Si je devais décrire d'un mot la caractéristique commune aux séropositifs que j'ai interrogés, je parlerais de "cran". Car ce sont des lutteurs : opiniâtres, incroyablement bien renseignés sur le sida, acharnés à vivre et passionnés, ils se donnent du mal pour rester vivants. Et ils s'impliquent dans l'aspect social du sida soit en se faisant connaître des médias soit en devenant conseillers ou opérateurs dans des réseaux téléphoniques d'aide aux malades. Cet engagement politique peut jouer comme antidote contre l'égocentrisme qu'engendre le sida. Se rendre compte qu'il y a des gens plus malades que soi, et qu'on peut les aider, c'est un formidable soulagement, c'est peut-être aussi un facteur de guérison. »

Avoir un but

Avoir un but, qu'il soit politique ou personnel, peut avoir une influence déterminante sur la santé. Elisabeth Kübler-Ross raconte l'histoire d'une femme très gravement malade qui demanda aux médecins de l'hôpital de l'aider à survivre jusqu'au mariage de son fils. Si seulement elle pouvait assister à la cérémonie, leur dit-elle, il lui serait égal de mourir ensuite. Les médecins accédèrent à sa demande et, à coups de médicaments et de transfusions, réussirent à la remettre sur pied. Le jour du mariage, on lui enleva ses perfusions, on l'habilla, on la maquilla, et elle quitta l'hôpital toute guillerette. Tout le monde s'attendait à ce qu'elle revienne épuisée, prête à se coucher et à mourir. Mais non. Elle annonça fièrement dès son retour : « N'oubliez pas que j'ai un autre fils ! »

Un homme dont je soignais l'épouse me dit un jour : « Ma femme est un boomerang, je suis sûr qu'elle va s'en sortir. » Quand je lui demandai ce qu'il voulait dire, il m'expliqua : « Pendant mon service militaire, quand nous étions pris dans une embuscade sans vivres ni munitions et qu'il fallait envoyer quelqu'un chercher du secours, nous n'envoyions que les hommes dont nous étions sûrs qu'ils allaient revenir après avoir fait le nécessaire. Nous les appelions des boomerangs.»

Avoir un but, c'est physiologique, comme l'espoir. La psychologue Jeanne Segal écrit que, dans le cadre d'un travail avec des malades cancéreux, un de ses collaborateurs a fait une enquête pour déterminer s'il existait une corrélation statistique entre le travail volontaire et la survie. Sa réponse, dit Segal, fut un oui retentissant! Cela confirmait au plan physique ce qu'elle avait observé au plan psychologique en travaillant dans un service d'aide aux familles. Les méthodes de conseil qu'elle avait apprises semblaient peu efficaces, mais elle découvrit un jour que, dans l'immeuble où elle travaillait, une association humanitaire demandait des volontaires. Elle prit l'habitude d'y envoyer ceux de ses clients avec lesquels la situation restait bloquée — «et vous savez ce qui s'est passé? Ils se sont mis à aller mieux très vite. Même les cas limites. En donnant d'eux-mêmes, leur contact avec la réalité, leur estime d'eux-mêmes, et leur envie de vivre se sont nettement améliorés.» Les bénévoles vivent plus longtemps et sont moins souvent malades.

Les médecins sont trop rarement conscients de ce besoin d'un but et d'un sens à la vie que ressentent leurs patients, c'est pourquoi ils sont incapables d'expliquer les améliorations spectaculaires qu'ils sont amenés à constater. Mais je sais qu'il y a toujours, à la base de ces améliorations, des circonstances particulières, une transformation existentielle quelconque. Il y a peu de temps, j'ai reçu une lettre d'un cancérologue me disant qu'une malade que nous avions soignée tous les deux pour un cancer extensif du sein était revenue le voir cinq mois plus tard, et qu'il ne l'avait «jamais vue aussi en forme». Il n'en disait pas plus. J'ai demandé à l'étudiant en médecine qui travaillait avec moi d'appeler cette personne et de s'enquérir de son histoire, car j'étais persuadé qu'il y en avait une. La dame raconta effectivement qu'en arrivant dans une «maison de repos», un hospice plutôt, elle y avait trouvé l'ambiance tellement insupportable, tellement déprimante qu'elle avait suscité une véritable révolution parmi les pensionnaires pour réclamer un meilleur traitement. Elle avait beaucoup parlé avec l'équipe d'encadrement de la tendresse et de l'amour dont les pensionnaires avaient besoin, et elle avait transformé l'institution. Ensuite, elle s'était sentie tellement bien qu'elle était rentrée chez elle et s'était payé une nouvelle voiture !

Le défi que représente la maladie contribue à donner un sens à la vie dans la mesure où l'on trouve sa propre voie vers la «guérison» et l'amour. Une femme remarquable m'a décrit dans une lettre ses efforts pour reprendre pied dans la vie à la suite d'un accident qui l'avait rendue partiellement paraplégique. «Ne jamais renoncer», tel est son credo : «J'ai découvert une chose, c'est que dans ce domaine il y a trop d'inconnues. Des impossibilités se changent perpétuellement en possibilités. J'ai toujours pensé que notre corps et notre esprit peuvent faire plus qu'on ne leur permet, plus qu'on ne leur demande, pour notre santé. C'est à cette source-là qu'il faut aller puiser.» Ses médecins lui ayant dit qu'elle n'avait rien de mieux à faire que d'«espérer un traitement», elle reste déterminée à jouer un rôle actif dans sa guérison. Elle m'écrit en fait pour me demander quel genre de visualisation elle pourrait faire pour se débarrasser de sa paralysie de la colonne vertébrale. Elle relève un défi au lieu d'accepter un échec.

Pour se donner un but, certaines personnes s'efforcent aussi de continuer à faire ce qu'elles aiment malgré leur maladie. Je pense à John Calderhead, l'un de mes correspondants, qui a dû être amputé d'une jambe en 1983 à cause d'un sarcome.

Il faisait du ski depuis l'âge de sept ans et participe maintenant à des compétitions pour handicapés. «Je skiais bien avant mon opération, pourquoi n'aurais-je pas continué?» a-t-il dit à un journaliste qui l'interrogeait. Il a tout simplement refusé que son invalidité devienne une incapacité.

Pour le rabbin Aaron Soloveitchik, c'est l'amour du Talmud qui est devenu une raison de vivre. Tout juste capable de marcher à la suite d'une attaque, cet homme de presque soixante-dix ans fait le voyage de Chicago à New York chaque semaine pour continuer à transmettre sa connaissance des anciens textes juifs. «Le simple fait de nouer mes lacets est aussi pénible que d'ouvrir un passage à travers la mer Rouge [...] je souffre continuellement. Mais quand je donne un *shiur* (cours), je le sens moins», dit-il.

Certaines personnes paraissent posséder des réserves de courage et de joie inépuisables. On pourrait dire que leur but, c'est de nous apprendre à vivre. J'ai reçu une lettre formidable d'une femme qui me raconte la vie de son beau-père :

«M. Wood a contracté les trois pires formes de polio il y a trente ans. On lui donnait dix ans à vivre à l'époque, et il était, comme il l'est encore, paralysé depuis le cou jusqu'aux doigts de pied. La nuit, il est dans un poumon d'acier, et, pendant la journée, c'est sa femme qui s'occupe de lui. Pendant ces trente ans, ils ont élevé sept enfants, dont le dernier est né juste après sa paralysie. Il a vu tous ses enfants faire des études secondaires. Jusqu'à l'année dernière, il peignait à l'huile en tenant ses pinceaux dans la bouche et il a vendu un grand nombre de toiles et de dessins. Certaines de ses œuvres sont exposées dans la capitale de notre Etat.

«M. Wood a toujours gardé son intérêt pour la

vie et il adore converser avec les gens qui lui rendent visite. Il ne se considère pas comme plus malheureux qu'un autre. Au contraire, il fait preuve d'une grande compassion pour autrui. Il a toujours des choses intéressantes à raconter et il sait mettre ses interlocuteurs en valeur.

« Il y a quelques années, il s'est acheté une voiture rouge décapotable toute neuve et pendant la saison chaude il passe le plus de temps possible à se promener à la campagne et à aller voir les gens de la famille. Sa femme l'accompagne, et ils engagent un chauffeur mécanicien pour conduire. Ils doivent bien sûr emporter tous ses appareils et son respirateur.

« C'est un homme de détermination. Il a un but dans la vie, c'est une personnalité "exceptionnelle" ou, comme vous le dites, un "patient exceptionnel". »

Mais pour être exceptionnel il n'est pas nécessaire d'accomplir des exploits. C'est votre attitude dans la vie qui vous rend exceptionnel, pas le fait de skier sur une jambe, de faire de la peinture avec la bouche ou de se guérir par la visualisation.

Une femme est venue à ma consultation un jour, atteinte de sclérose en plaques. Son exploit à elle, c'est d'avoir réappris à marcher parce qu'elle avait un bébé et voulait savoir marcher avant lui. Quel courage et quelle beauté ! J'ai rencontré une foule de gens admirables, chacun d'entre eux ayant trouvé sa façon personnelle d'être exceptionnel, d'être fort aux endroits cassés. La diversité des comportements exceptionnels est infinie. A vous de trouver le vôtre.

Comme le dit Max Navarre dans *Survivre et se bien porter avec le sida* :

« Si vous ne vous êtes jamais aimé, jamais vraiment aimé, tendrement et sans conditions, c'est le moment de commencer. Aimez-vous, pardonnez-vous et sachez en même temps qu'il n'y a rien à pardonner. Aimez les autres et laissez-les vous aimer. Vous ne vous en lasserez jamais. L'amour inconditionnel peut faire des choses surprenantes, et c'est un filet de sécurité. On peut faire ces choses surprenantes quand on se sait en sécurité. Des miracles se produisent tous les jours. »

L'un de ces miracles est l'amour, dont parle Max Navarre. C'est l'amour qui nous rend immortels au vrai sens du terme. J'ai souvent participé à des émissions de télévision où des gens se sont levés, furieux, pour me dire qu'un membre de leur famille s'était courageusement battu pour survivre et était mort quand même, bien qu'il ait fait tout ce qu'un patient exceptionnel est censé faire. Je comprends à quel point c'est dur. Je sais que ces personnes voudraient que leurs parents ne soient pas morts et que ces parents eux-mêmes auraient préféré ne pas mourir. Mais le fait d'être exceptionnel ne veut pas dire qu'on soit éternel. Personne ne l'est.

Etre exceptionnel, cela veut dire que ceux qui vous survivent quand vous mourez après avoir refusé les défis de la vie, connaissent la plénitude au lieu du vide. Car « chagrin » n'est pas forcément synonyme de « vide ». J'ai pris la parole à des quantités de cérémonies de commémoration organisées par des parents de personnes décédées et j'ai constaté que ces parents sont en eux-mêmes des commémorations vivantes tellement ils donnent à la communauté en partageant ce qu'ils ont appris de la vie grâce à ceux qui sont morts. C'est merveilleux à voir, parce que cela montre que la vie continue, et que perdure le message transmis par l'exemple des morts.

Ce dont nous parlons, c'est de relever les défis de la vie, pas de vivre éternellement. C'est encore à Evy McDonald que nous devons la meilleure description des transformations qui «guérissent» une vie et peuvent aussi, au passage, avoir raison d'une maladie.

Elle raconte comment, dans les mois suivant sa «sentence de mort», elle a modifié sa vision intime de la réalité :

1. Je haïssais mon corps : je l'ai aimé tel qu'il était, «une méduse affalée dans un fauteuil roulant».

2. J'en voulais à mes parents : je leur ai pardonné comme je me suis pardonné à moi-même.

3. J'étais en attente, croyant que la vie me devait quelque chose : j'ai commencé à donner de moi-même avec ce que j'avais de talents et d'énergie.

4. J'étais dans le domaine du «faire», cherchant reconnaissance et récompense : je pratique aujourd'hui l'art d'«être».

5. J'étais coincée, tourmentée par des émotions non dites, non reconnues : j'ai maintenant des émotions saines et consciemment choisies.

6. J'avais peur des relations intimes et sexuelles : je me suis mise à l'intimité et à la sexualité comme à une expression claire, sacrée, extatique de moi-même.

La personne qui affirme ainsi son existence illumine tous ceux qu'elle côtoie et trouve son immortalité dans l'amour qu'elle laisse derrière elle. Les patients exceptionnels ne laissent pas de vide derrière eux. Ils laissent l'exemple de leur vie et l'amour qu'ils ont inspiré à leurs proches.

Pour changer : Programme thérapeutique en cinq points

Permettez-moi de vous présenter maintenant une liste de choses que j'aimerais vous voir faire chaque jour et qui vous aideront à devenir exceptionnel. C'est ainsi que vous «guérirez» votre vie, et la vie des autres, tout en vous débarrassant peut-être des maux qui vous affligent.

1. Tenez un journal où vous noterez chaque jour ce que vous ressentez, ce dont vous avez rêvé. Dans une enquête réalisée auprès d'étudiants et de cadres, on a constaté que ceux qui tenaient un journal avaient un système immunitaire plus actif, souffraient moins de rhumes ou autres indispositions en période d'examens ou de travail intense. Même après avoir cessé de tenir leur journal, ils gardaient pendant six mois des défenses plus efficaces. Vous pouvez aussi faire de temps en temps des dessins.

2. Participez à un groupe thérapeutique qui se réunisse deux heures par semaine et qui vous offre l'amour, les discussions, la discipline dont vous avez besoin. Si vous tombez sur un groupe où les gens passent leur temps à se plaindre, n'y retournez pas. Si vous n'en trouvez aucun qui corresponde à vos besoins spécifiques, ce n'est pas grave, l'important, c'est d'être en contact avec des gens ouverts et positifs.

3. Méditez, visualisez, priez ou écoutez de la musique douce quatre ou six fois par jour. Ces «intermèdes» vous permettront de vous recentrer, de vous calmer, d'envoyer à votre corps des messages de vie. Mais ils sont destinés à vous détendre et ne doivent donc pas être ressentis

comme un travail. Choisissez ce qui vous paraît le plus facile, ce qui vous convient le mieux.

4. Vivez heure par heure votre humeur. Si vous êtes proche de la mort, dix minutes vous suffiront, peut-être. Cela ne veut pas dire que vous devez vivre comme si vous alliez mourir dans une heure ou dans dix minutes, mais qu'il faut vous demander, à cette fréquence, comment vous vous sentez. Si vous n'êtes pas bien, identifiez ce qui ne va pas et résolvez-le dans cet intervalle de temps. Cela vous apprendra que vous êtes responsable de votre humeur, donc de la qualité de votre temps. Plus votre temps vous semblera important, plus vous refuserez de mal le vivre.

5. Deux fois par jour, pendant un quart d'heure, mettez-vous nu devant un miroir. Analysez ce que vous ressentez — ce sera probablement négatif — et apprenez à aimer ce que vous voyez dans ce miroir, comme l'a fait Evy McDonald, qui est passée d'une image dépréciative, «une méduse affalée dans un fauteuil roulant», à une appréciation progressive de chaque partie de son corps en commençant par son sourire, puis ses cheveux, etc., jusqu'à reconstituer un ensemble qu'elle a pu, honnêtement, trouver beau.

Maintenant que vous avez lu cette liste, vous comprenez sûrement pourquoi la plupart des gens préfèrent se faire opérer. Seul un être exceptionnel peut entreprendre un tel travail. Mais, une fois que vous l'aurez fait, vous vous apercevrez que vous vivez de plus en plus dans l'instant, et votre vie sera une suite d'instants dont la qualité ne dépend que de vous. Alors la joie entrera dans votre vie et vous serez au paradis sans mourir.

7

LA VRAIE QUESTION :
VIE, AMOUR ET IMMORTALITÉ

> « Les docteurs ne savent pas tout. Ils comprennent la matière, pas l'esprit. Or vous et moi vivons dans l'esprit. »
>
> William SAROYAN, *Une comédie humaine*

Arthur Hertzler, médecin à la fin du siècle dernier, a écrit un livre *(The Horse and Buggy Doctor)* qui m'a rappelé le véritable sens du mot « guérison ». Le premier chapitre commence ainsi : « "Ô Dieu, protège-nous de la diphtérie !" Ces mots sonores, murmurés par mon père à la prière du matin, furent mon premier contact avec la tragédie de la maladie. » Dans les pages qui suivent, les souvenirs de l'épouvantable épidémie de diphtérie que vécut l'auteur pendant son enfance évoquent toute l'horreur d'un fléau pour lequel la médecine du temps n'avait pas de remède : charrettes où s'entassent les cadavres encombrant les routes de campagne, huit enfants sur les neuf d'une famille morts en dix jours, la peur omniprésente.

Aujourd'hui, avons-nous peur de la diphtérie ? Non. Avons-nous peur du sida ? Oui. Dans cinquante ans, aurons-nous peur du sida ? Non. Y aura-t-il une nouvelle maladie à redouter ? Oui.

Il est essentiel de se rendre compte que nous ne

pourrons jamais tout guérir. Nous n'aurons jamais de maisons pour tous les sans-abri, de nourriture pour tous les affamés, mais en tant que médecin, parent ou ami, rien ne nous empêche de soigner. Et, grâce à nos soins, la véritable «guérison» pourra se produire, la guérison de l'esprit et de la vie de chacun.

L'affection contre les affections

Dans son livre *Out of Solitude*, le prêtre catholique Henri Nouwen nous dit ce qu'est l'affection. Il commence par expliquer que l'affection n'est pas l'attitude du fort envers le faible : l'affection passe entre égaux et réunit dans la joie comme dans la peine. L'affection est parfois la seule expression possible de l'intérêt que l'on porte à quelqu'un. C'est parfois difficile à accepter, surtout pour nous, médecins, habitués que nous sommes à réparer des mécaniques et non à «guérir» des personnes chères. Mais, comme le dit Nouwen, c'est peut-être l'essentiel.

«[...] quand on se pose honnêtement la question de savoir quelles sont les personnes qui comptent le plus pour nous, on s'aperçoit que ce sont celles qui, au lieu de donner des conseils, des solutions, des soins, ont choisi de partager notre souffrance, de toucher nos blessures d'une main légère et tendre. L'ami qui sait se taire dans les moments de désespoir, de confusion, l'ami qui reste auprès de nous à l'heure du chagrin et du deuil, l'ami qui peut tolérer de ne pas savoir, de ne pas guérir et qui envisage avec nous la réalité de notre impuissance, voilà un ami qui nous porte de l'affection [...].»

Et voilà un médecin qui peut «guérir» même les cas désespérés. Ce dont les malades et les mourants ont le plus besoin, c'est de la reconnaissance de notre humanité commune. Le médecin carcéral dont j'ai déjà parlé cite un passage du livre de Soljenitsyne, *Une journée d'Ivan Denissovitch*, dans lequel Ivan, contemplant son gardien, se demande : «Comment un homme qui a chaud peut-il comprendre un homme qui a froid?» et se pose la question : «Comment un homme qui n'a pas le sida peut-il comprendre ceux qui l'ont?» Comme je le lui dis dans une lettre : «Vous pouvez au moins comprendre la souffrance. Vous faites partie de l'espèce humaine.» S'il n'a rien à offrir médicalement, il peut toujours donner une poignée de main, une accolade pour montrer qu'il reconnaît la souffrance d'un frère.

Je ne veux pas dire que cela soit facile, surtout quand la personne est proche de la mort. Communier avec un mourant, c'est nous confronter à notre propre mortalité. Cela demande beaucoup de courage. Rien d'étonnant à ce que les médecins et infirmières qui sont chargés des mourants s'arrangent pour garder des distances, se protéger. Mais les conséquences de cette attitude sont parfois bien cruelles. Une élève infirmière qui était mourante a décrit la souffrance que lui procurait l'attitude de l'équipe soignante qui refusait de passer un peu plus de temps auprès d'elle :

«Je sais, vous êtes mal à l'aise, vous ne savez ni quoi dire ni quoi faire. Mais croyez-moi, je vous en prie, si vous vous intéressez tant soit peu à moi, vous ne pouvez pas faire d'erreurs. Reconnaissez simplement l'affection que vous me portez. C'est tout ce que nous voulons. Nous pouvons poser des questions, demander pourquoi et comment, mais nous n'attendons pas vraiment de réponses. Ne fuyez pas... attendez... tout ce que j'ai besoin de savoir, c'est qu'il y aura quelqu'un pour me tenir la main au bon moment. J'ai peur... Il y a une foule de choses dont j'aimerais parler avec vous. Et vraiment, cela ne vous prendrait pas énormément de temps...

« Si seulement nous pouvions être tout simplement honnêtes, reconnaître notre peur, vous et moi, et nous toucher. Si vous avez un peu d'affection pour moi, serait-ce vraiment mettre votre prestige en péril que de me l'exprimer, même si c'est en pleurant avec moi, tout simplement, d'individu à individu ? Ce serait peut-être moins dur de mourir après... dans un hôpital... entourée d'amis. »

Elle s'adresse surtout aux infirmières, bien que ce soient généralement *elles* les plus disposées à s'attarder dans une chambre, à caresser un front, à tenir une main, tandis que les médecins se hâtent vers ceux qu'ils peuvent encore « réparer », désemparés qu'ils sont devant les mourants. Mais c'est une attitude qui prive souvent les malades d'espoir — et de vie. Si vous étiez guérisseur, vous continueriez à offrir de l'espoir tant que votre patient continuerait à se battre. Combien de temps ? C'est au patient d'en décider, pas à vous. Le docteur Karl Menninger, l'un des pionniers modernes de la compréhension du rapport corps-esprit, a écrit, dans une lettre à notre amie commune Ann Landers :

« Il y a quelques années, je m'apprêtais à écrire un livre sur dix cas désespérés. Il s'agissait de patients que la médecine n'avait plus l'espoir de guérir et qui ont guéri ! Certains sont même aujourd'hui "mieux que bien", selon moi, "miraculés" comme on le dit parfois. Bien entendu, ce ne sont pas mes soins qui les ont sortis d'affaire bien qu'ils le pensent parfois (et moi aussi). [...] Eh bien, je n'ai jamais écrit ce livre et je sais maintenant qu'il est inutile de l'écrire puisqu'un dénommé Bernie Siegel a publié l'un des meilleurs livres de médecine que j'aie jamais lus. C'est un livre qui dit que l'espoir et l'amour guérissent les gens pour qui la médecine et la chirurgie ne peuvent rien. Aucune maladie n'est sans espoir, ce sont souvent les malades qui le sont.»

Dans une lettre qu'il m'écrivit plus tard, il me dit que son livre aurait contenu le même message, que l'«espoir et l'amour sont les remèdes les plus méconnus. L'espoir intervient dans les cas désespérés». Je cite le docteur Menninger non pour me faire de la publicité, mais pour montrer que ces idées sont en nous depuis longtemps, même si la plupart des médecins actuels les ont oubliées — s'il les ont jamais sues.

L'espoir est utile à bien des égards. Mais il faut se souvenir que l'espoir en question est celui du patient, pas celui du médecin. En tant que médecin traitant, vous devez savoir être attentif à la forme d'espoir que manifeste chaque malade. C'est ce qui m'a été rappelé un jour où une patiente, à qui je rendais visite, tendit la main vers moi au moment où je quittais l'unité de soins intensifs. Reliée à un respirateur, elle ne pouvait pas parler mais m'écrivit : «Vous ne me laisserez pas ?» Je lui expliquai que je la quittais pour me rendre en salle d'opération. Elle écrivit à nouveau : «Vous ne m'abandonnez pas ?» Alors j'ai compris ce qu'elle voulait dire. Je lui dis que bien sûr je ne l'abandonnerais pas, que je serais toujours là quand elle aurait besoin de moi. C'était tout ce qu'elle voulait, et c'est une chose que je peux toujours donner, même quand je n'ai pas d'autre moyen d'aider un malade.

Mon travail consiste à vaincre non la mort mais les maux de la vie. Tous les patients exceptionnels le savent, c'est dans l'acceptation de notre vulnérabilité que réside notre « guérison ».

La mort comme « guérison »

Nous constatons souvent que les enfants sont particulièrement délicats avec ceux qui les soignent, faisant preuve d'une sagesse bien supérieure à leur âge et d'une générosité qui leur permet de nous pardonner l'inefficacité de nos soins. Le docteur Naomi Remen raconte un incident survenu pendant qu'elle était responsable du service pédiatrique de l'hôpital Mt. Zion à San Francisco. En arrivant un matin, elle tombe sur un groupe d'infirmières et d'internes en train de se disputer, s'accusant réciproquement d'avoir menti à un petit garçon de cinq ans qui mourait de la leucémie. Apparemment, quelqu'un lui avait dit qu'il pouvait rentrer chez lui le jour même puisqu'il avait annoncé à l'infirmière qu'elle devait préparer sa valise pour qu'il s'en aille. L'enfant n'était évidemment pas en état de quitter l'hôpital, et l'infirmière essayait de savoir qui avait eu la légèreté de lui faire une telle promesse, mais personne dans le service n'admettait l'avoir fait. Personne n'avait non plus posé la question à l'enfant, et le docteur Remen décida d'aller le voir.

« Quand j'ai ouvert la porte, il était assis sur son oreiller face à moi, occupé à colorier. Une fois de plus, je fus frappée par ses traits émaciés, par son air malade. Puis il leva les yeux de son dessin et nos regards se croisèrent. A ce moment-là, tout changea. La chambre s'emplit de silence et il y eut comme une lumière jaune — et une énorme présence. J'eus l'impression que nous étions passés hors du temps. Je me rendis très nettement compte de la culpabilité que je ressentais par rapport à ce petit garçon. Je lui avais causé de grandes souffrances et surtout, depuis les nombreux mois où je m'occupais de lui, je n'avais pas réussi à le guérir. Mais, au moment où nos regards se croisèrent, je sus également qu'il me pardonnait. Et moi-même, à ce moment-là, je me suis pardonné. Pas seulement pour lui, mais pour tous les enfants que j'avais traités, fait souffrir et été incapable de guérir pendant les dix ans de ma carrière. Ce fut pour moi comme une "guérison".

«Et puis, à un autre niveau, je ressentis qu'il n'était plus un petit garçon malade et que je n'étais plus le docteur. Nous étions deux êtres humains qui avaient joué à la perfection, lui, le rôle du petit garçon et moi, celui du docteur. Il n'y avait absolument rien à pardonner. Il n'y avait qu'amour et un profond respect mutuel. Tout cela fut très soudain, très rapide.

«Puis il dit : "Docteur Remen, je rentre *chez moi.*" J'ai bafouillé quelque chose comme : "Je suis très contente pour toi", j'ai tourné les talons et je suis sortie.

«J'étais très troublée, très secouée par ce qui venait de se passer parce que, à l'époque, je n'avais aucun contexte dans lequel le replacer. Je revins à mon bureau où m'attendait l'équipe. "Qu'a-t-il dit?" me demanda-t-on. Je répondis que je ne lui avais pas posé la question et proposai : "Attendons un peu, nous verrons bien ce qui va se passer." Quelques heures plus tard, l'enfant dit qu'il était fatigué. Il s'allongea, tira sa couverture par-dessus sa tête et mourut tranquillement.

« Toute l'équipe eut beaucoup de chagrin. Mais chacun fut soulagé qu'il soit mort avant d'avoir découvert qu'il ne pouvait pas rentrer chez lui, avant d'avoir découvert que quelqu'un lui avait menti. Mais j'ai compris, moi, qu'il n'avait eu besoin de personne pour savoir qu'effectivement il allait rentrer chez lui. Il le savait à un niveau bien plus profond que ne pouvait l'apprécier l'équipe. »

J'ai eu une expérience similaire avec un enfant de deux ans que j'avais opéré et à qui je continuais de rendre visite. Il était à l'hôpital, en train de mourir, tout traitement actif ayant été interrompu. Un jour, il dit à sa mère : « Bientôt je serai un petit oiseau et je m'envolerai. J'aimerais bien que tu viennes avec moi mais tu ne peux pas. » Et pendant plusieurs semaines il continua à préparer ses parents à son départ.

Un matin, quand j'arrivai, au lieu de me demander comme d'habitude de lui sortir un esquimau du frigidaire, il me montra la chaise près du lit, indiquant que je devais m'asseoir là, à côté de lui. Puis il dit à sa mère de mettre une cassette des « Muppets » que nous regardâmes ensemble un moment. Bientôt je lui dis que je devais partir, et il fit une chose qu'il n'avait jamais faite : il me montra ses joues pour signifier que je devais l'embrasser. J'obéis, bien sûr, et quittai la chambre très honoré d'avoir eu ce privilège, trop flatté d'ailleurs pour réaliser qu'il m'avait fait ses adieux. Un quart d'heure après, il était mort. Et je compris une fois encore que, si je n'abandonne jamais mes patients, c'est parce qu'ils ont tellement à donner. L'amour de cet enfant me soutient encore aujourd'hui.

Jim McQuade, un étudiant en médecine qui a travaillé un mois avec moi, a interrogé vingt-cinq médecins sur leur attitude face à la mort. En conclusion de son article, il écrit :

> « Il est important de parvenir à l'acceptation de la mort non seulement comme réalité absolue mais comme faisant partie de l'ordre naturel des choses. Le médecin qui accepte cela n'aura plus besoin d'éviter ceux dont les problèmes le dépassent. Il (ou elle) pourra rester avec ses patients dans une relation de compagnonnage, partager avec eux le destin commun des mortels et l'amour qui peut les unir jusqu'à la fin. Comme l'a dit George Santayana, "il n'existe pas d'autre remède à la naissance et à la mort que de profiter de l'intervalle". Ce n'est qu'en acceptant la mort et l'amour que nous pourrons profiter de l'intervalle. »

Et McQuade termine en citant les paroles d'un des médecins interrogés, qui a la réputation de bien s'occuper des mourants : « Après tout, c'est le dilemme humain par excellence, le seul sujet vraiment intéressant, et j'ai l'opportunité d'être là, de participer. En un sens, j'ai l'occasion de *pratiquer* la mort et de m'y préparer. Le fait de pouvoir passer de longues heures avec un mourant pendant qu'il se prépare à mourir, cette expérience-là est en elle-même merveilleuse. »

Pour lui, le temps passé avec des mourants est un privilège. Par contre, quand je fais des conférences pour des médecins, je leur demande souvent combien d'entre eux ont effectivement assisté à la mort d'un patient et, sauf quand il y a tentative de réanimation ou autre procédure exceptionnelle, près de

100 p. 100 d'entre eux n'ont *jamais* vécu cette expérience. Nous évitons de nous trouver auprès des malades dans leurs derniers moments parce que nous ressentons leur mort comme un échec personnel. Quand notre attitude aura changé, nous pourrons devenir, en tant que corps médical, un groupe plus authentiquement « guérisseur ». Quand nous comprendrons que notre rôle est de soulager la souffrance, pas de faire échec à la mort, nous serons à même de ressentir comme un honneur le fait d'assister aux derniers moments d'un individu. Et quand nous aurons compris que les gens ont cette incroyable capacité de mourir au moment qui leur convient, nous serons en mesure de voir, nous aussi, que la mort peut être la « guérison » finale, car nous mourons comme nous vivons.

La mort comme défi et comme chance

Un jour où je rendais visite à une femme dans sa chambre d'hôpital et où je lui expliquais quel merveilleux défi elle avait relevé en voulant garder le contrôle sur sa maladie, sa vie et même sa mort, je me laissai tellement emporter par mon sujet que je m'entendis lui dire : « Et vous pouvez même survivre à votre mort. » Il y eut un moment de silence, elle me regarda d'un drôle d'air, et tous les deux nous éclatâmes de rire.

Je sais que cela peut paraître fou de parler de la maladie comme d'une grâce puis de présenter la mort comme un défi. Surtout quand ce défi n'est pas seulement pour les médecins mais également pour la famille, les amis et le malade lui-même. L'un de mes patients exceptionnels a dit un jour : « L'issue fatale n'est pas nécessairement la pire », et je suis tout à fait d'accord. Selon Woody Allen, « il y a des choses pires que la mort. Ceux qui ont déjà passé une soirée avec un courtier d'assurances savent de quoi je parle». Ne pas vivre, voilà le pire, tandis que mourir peut être une «guérison», la fin d'une vie pleine et riche pour quelqu'un qui est souffrant, fatigué et qui aspire au repos. Mais le plus important, c'est que seule la certitude de notre mort peut donner sens, nécessité et beauté à chaque moment de notre vie.

La plus grande chance qui nous soit donnée, c'est de ne pas vivre éternellement. Cela nous oblige à envisager le sens de notre existence. Cela permet aussi à ceux qui n'ont jamais pris le temps de vivre de se l'accorder, enfin, avant de mourir. Une jeune femme m'a demandé un jour de voir sa mère et de l'aider à mourir. Elle disait que sa mère était malheureuse, qu'elle avait décidé d'arrêter la chimiothérapie, qu'elle était disposée à mourir mais qu'elle n'y arrivait pas.

J'allai voir cette femme qui me répéta la même chose. Elle était malade et voulait mourir. A ce moment-là, le téléphone se mit à sonner. Elle décrocha et parla quelques minutes. C'étaient ses petits-enfants qui annonçaient leur visite. «Excusez-moi», dit-elle en sortant de son lit. Elle prit dans son placard une jolie robe, une perruque, sa trousse de maquillage et commença à se préparer. Je lui dis : «Je comprends que vous ayez du mal à mourir. Vous continuez à vouloir être la femme, la mère, la grand-mère parfaite. C'est difficile quand on est morte.»

Je lui rendis d'autres visites, j'essayai de l'aider à se défaire de tous ses rôles, à se détacher, à prendre des distances pour pouvoir mourir sans trahir personne. Deux semaines plus tard, j'étais auprès d'elle quand le téléphone sonna. Comme elle s'apprêtait à répondre, je lui dis : «Voilà un très bon exemple de ce que je suis en train de vous expliquer. Si vous voulez mourir, vous n'avez pas besoin de décrocher. » Mais elle décrocha et, au lieu de dire comme la plupart des gens quand le médecin est là : « Je te rappelle dans quelques minutes, je suis occupée », elle se mit à bavarder. Au bout d'un petit quart d'heure, elle me tendit le combiné en disant : « C'est ma fille. » Nous échangeâmes quelques propos et je raccrochai. Je dis à la mère : « Vous dépensez toute votre énergie avec votre famille au lieu de la garder pour vous, c'est pourquoi vous n'arrivez pas à mourir. »

Le téléphone se remit à sonner ; et je lui dis qu'elle n'avait pas à répondre. Sa main se tendit vers le téléphone puis recula, à plusieurs reprises, jusqu'à se poser sur le combiné. Avant qu'elle ait eu le temps de décrocher, je lui dis : « Il faut que je parte maintenant, on m'attend en salle d'opération, mais vous savez, cet appel, c'est une erreur, et Dieu vous l'envoie pour vous faire comprendre quelque chose. » En m'éloignant, je l'entendis répondre au téléphone, et c'était bien une erreur, comme je l'avais pressenti. Vingt-quatre heures plus tard, elle mourait. Ce coup de téléphone l'avait sans doute convaincue mieux que moi. Je ne prétends pas être clairvoyant mais, quand on a de l'affection pour les gens, il y a des moments où l'on « sait ». Et je me sers de cette science pour aider mes patients.

C'est toujours triste de constater qu'au seuil de la mort on peut continuer à se dépenser pour les autres sans penser à soi-même, sans se préoccuper de ses besoins ou de ses désirs propres.

Mais c'est plus triste encore de voir comment certaines personnes sont dépossédées de toute volonté et de tout mouvement par le personnel hospitalier et son arsenal mécanique, chimique, électronique de procédure d'urgence. A l'hôpital, un jour où j'étais de garde, je suis entré dans une chambre et j'ai demandé à la femme qui s'y trouvait comment elle allait. « Mal, m'a-t-elle répondu, mon médecin vient de me dire que j'étais mourante. » Je lui dis : « Si vous êtes mourante, pourquoi ne pas vous lever et rentrer chez vous ? A votre place, je ne voudrais pas passer mes derniers moments dans cette chambre, reliée à un tas de tuyaux et de machines. Rentrez plutôt chez vous, dans cette maison que vous avez construite avec votre mari et que vous aimez, asseyez-vous sous le porche et mourez tranquillement. » Elle m'a regardé, son visage s'est éclairé, et elle a dit : « Mais bien sûr, vous avez raison. » Et cela lui a redonné du courage. En l'espace de quatre ou cinq jours, sans que son cancérologue comprenne pourquoi, ses analyses de sang sont devenues meilleures et elle a pu quitter l'hôpital. Elle a vécu encore quelques mois et, le jour de son choix, est revenue mourir à l'hôpital paisiblement. Son exemple fut un enseignement et un bienfait pour sa famille et pour moi.

Dans le *JAMA*, le docteur Alvan Feinstein raconte l'expérience hospitalière malheureuse de sa mère, âgée de quatre-vingt-dix ans. Après avoir été plusieurs fois ramenée artificiellement à la vie, cette femme autrefois indépendante et spirituelle fut réduite à l'état végétatif.

« Dans la mesure où la préservation de sa vie ne sert à personne, n'est souhaitée par personne, ni par elle ni par ceux qui l'aiment le plus, pourquoi les médecins ne se sont-ils pas contentés de la laisser mourir en paix ? Pourquoi ont-ils poursuivi une thérapie complexe qui ne satisfait personne sinon eux et leur obstination à faire reculer la mort, quelles qu'en soient les conséquences? Je ne connais pas la réponse à ces questions. Mais le médecin en moi pleure avec le fils, pleure sur ma mère et sur ce qui est arrivé à ma profession. »

Notre profession peut effectivement être cruelle lorsqu'elle s'obstine à empêcher les gens de mourir tranquillement. Nous devons apprendre que la mort n'est pas pathologique, qu'elle fait partie de la vie, qu'elle est naturelle bien que nous l'ayons rendue aussi peu naturelle que possible à force de vouloir nier nos limites. J'ai assisté à beaucoup de morts très belles, mais combien d'autres ressemblent à celle que décrit le poème de Helen Blitzer!

LA BARRIÈRE

Mon père appelle
Berta. Berta…
Ma mère attend devant sa porte.
Des médecins, des infirmières s'agitent.
Des machines pompent de l'air dans ses poumons
Forcent son cœur à garder le tempo.

Bardé d'électrodes mon père se tourne
et appelle encore sa femme.

Ecartée de son chevet
ma mère n'ose approcher
On lui a dit qu'elle gênait.

Contre sa chair
Mon père ne sent
que le métal froid du défibrillateur.
Sa vie
un point
rebondit sur le moniteur

tandis que cliquette et ronronne le moteur.

Berta...

Silence.

On roule les machines hors de sa chambre
vers qui, vers quoi ?

Ma mère est informée
«Puis-je le voir maintenant ?»
Non ! L'infirmière a parlé. Il y a une salle d'attente
spéciale.

Mon père refroidit.

Ses lèvres
encore ouvertes
sur le nom de ma mère.

Comme c'est terrible pour un couple d'être séparé au moment de la mort, et que cette mort soit privée de toute dignité ! Médecins et infirmières ne sont évidemment pas les seuls obstacles à une belle mort. Bien des gens meurent pleins de colère, ne laissant derrière eux qu'amertume parce qu'ils n'ont pas compris que la mort n'est pas seulement un processus physique mais également une transition émotionnelle, psychologique et spirituelle. J'ai reçu une lettre décrivant deux morts très différentes dans la même famille, l'une dans le contexte médical et religieux habituel, l'autre dans un environnement ouvert et «thérapeutique». Le frère et la sœur succombaient à la même maladie génétique rare, déclarée dans la trentaine, mais le frère avait été aidé par un couple qui croyait aux méthodes alternatives comme celles dont je vous ai parlé dans mon premier livre. C'est d'ailleurs ce couple qui m'a écrit.

Ils disent de la sœur qu'elle était «amère et repliée sur elle-même depuis le début de sa maladie jusqu'à ses derniers moments [...]. La façon dont elle est morte, pleine d'angoisse et de colère, a rendu la situation très pénible pour tous les membres de sa famille, proches ou éloignés, pour les gens qui s'étaient occupés d'elle et aussi pour elle-même. L'amertume qui en a résulté perdure encore aujourd'hui.» Le frère, par contre, avait participé aux réunions d'un groupe de patients exceptionnels, fait des exercices de visualisation spécialement adaptés à son cas et regardé des cassettes vidéo que ses amis lui avaient achetées.

«En conséquence de quoi, Kevin a vécu sa maladie tout à fait autrement que sa sœur. Bien sûr, ce n'était pas un saint, il avait ses humeurs et pleurait parfois. Mais il avait un merveilleux sourire pour tous ceux qui l'approchaient et, à la fin, quand il ne pouvait plus dire "oui" qu'en levant un sourcil, il souriait toujours [...]. Son attitude facilitait le travail de ceux qui l'aimaient et s'occupaient de lui — les bénévoles de l'hôpital, le groupe de soutien, les soignants du centre de soins. Cela lui a permis de mieux supporter son épreuve parce qu'il se faisait aimer, parce qu'il gardait un esprit positif, ouvert à l'espoir et, d'une certaine façon, à l'acceptation [...]. [Bien qu'il n'ait pas survécu] ce qui s'est produit est tout de même un miracle.»

Je cite cette lettre en hommage à ce jeune homme, patient exceptionnel que j'ai eu le privilège de côtoyer. Ses amis terminent leur lettre par ces mots : «Sa mort fut celle d'un héros. Les gens qui s'occupaient de lui ont dit qu'il leur avait "appris à mourir". »

Il peut arriver des choses extraordinaires aux familles réunies autour d'un mourant. Laissez-moi vous raconter l'une de ces histoires telle qu'elle m'a été racontée par une femme rencontrée dans un magasin. Bobbie et moi cherchions un cadre pour des photos que j'avais prises. Au rayon encadrement, il y avait une femme qui me regardait fixement. Comme je portais un chapeau, Bobbie me l'enleva en disant : « Oui, c'est bien Bernie. » La femme s'approcha, se présenta et nous expliqua que son mari et elle avaient eu l'intention de venir à nos réunions mais que son mari était mort avant qu'ils en aient trouvé l'occasion. Elle cherchait également un cadre pour une photo de lui qu'elle tenait à la main. Encore un exemple de ces « rencontres de hasard » qui prouvent bien que les coïncidences sont un truc inventé par Dieu pour rester anonyme. Car le récit de cette femme méritait d'être connu. C'est l'histoire des derniers jours de son mari, Richard Meads, dont elle tenait à ce que le nom soit publié en hommage à sa vie. Peu de temps avant sa mort, alors que la douleur l'obligeait à prendre de la morphine, il appela sa femme à son chevet.

« "Kathie, viens là. Je sais ce que c'est maintenant. Ce n'est pas le CANCER. — Qu'est-ce que c'est ? demandai-je. — C'EST L'AMOUR INFINI ! C'est ce que je ressens pour toi, pour Richard et Jeremie, et c'est DIEU ! Il a toujours été là et je ne le voyais pas. Je t'aime tellement en cet instant. C'est plus fort que l'amour, c'est un désir intense, me dit-il. Je t'aime depuis la pointe de mes orteils jusque dans tout mon corps, et il se mit à me couvrir de baisers. — Je t'aime tout autant", lui dis-je, en espérant que l'effet de la morphine allait

306

s'atténuer. Mais ce n'était pas la morphine, il était parfaitement lucide. Il voyait très clairement toutes les choses essentielles de la vie, il voyait même, au-delà de la vie, une vérité plus grande.

« Il passa toute la nuit à me dire combien il m'aimait. Le lendemain, j'allai travailler, mais, en rentrant, je le trouvai plus mal, plus lointain, désorienté. Notre voisine, Linda, proposa de téléphoner au docteur Alberts pour qu'il autorise son transport en ambulance, et je la laissai faire.

« Le père Mike arriva et s'assit près de Richard. Quand le docteur Alberts fut là, il l'examina rapidement et me dit : "N'allez pas à l'hôpital. Il n'a plus beaucoup de temps. Sa place est ici avec son prêtre et tous ceux qu'il aime. A l'hôpital, on ne lui ferait rien de plus que ce que vous pouvez faire vous-mêmes." Je n'arrivais pas à le croire. ÇA N'EST PAS — ÇA NE PEUT PAS ÊTRE LA FIN — mais c'était vrai. C'était le lundi, à 15 h 30.

« La maison fut bientôt remplie de parents, d'amis, de gens que nous aimions. Nous l'avons tous entouré cette nuit-là. Il préférait rester assis mais il n'avait pas peur. Il était paisible et voulut parler à tous. C'était son tour de dire "adieu" et "je t'aime" à chacun d'entre nous et il le fit. Il dormit quelques heures. Au matin, il était assez désorienté. Il n'arrivait plus à s'asseoir complètement. Il parla de son bateau. Pendant des heures, nous avons fait du bateau. Je lui parlais sans arrêt. Il me répondait toujours. A un moment, je lui demandai : "C'est une course que nous faisons ?" Il me répondit : "Oui. — Et quelle est notre position ? — Nous sommes en tête, largement en tête !" J'aurais dû me douter que nous serions "largement en tête !".

« Puis, environ trente-cinq minutes avant de mourir, il se mit à dire : "Soleil, Soleil." Je compris tout d'abord qu'il avait sommeil, mais il me dit : "Non, non la Lumière, la Lumière, une Lumière énorme." Alors j'ai compris et dit : "Oui, Richard. Tu vois la Lumière ? La Lumière, c'est Jésus. C'est bien si tu vas vers la Lumière. — Parfait, dit-il, j'y vais, mais tu viendras me rejoindre dans une demi-heure. — Oui, répondis-je avec plus d'amour que je n'en avais jamais ressenti de toute ma vie, je te rejoindrai dans une demi-heure, mon amour !"

«Mais il n'était pas encore tout à fait prêt à nous quitter. Il fit encore un peu de bateau. Je continuais à murmurer "je t'aime" et lui me répondait tendrement "je t'aime". Puis il cessa de me répondre mais je continuai à lui parler : "Je suis avec toi. Je t'aime, mon amour." Je sais qu'il m'entendait et qu'il était encore parmi nous. Si paisible. Si plein d'amour. Mais il savait parfaitement où il allait. Il nous a emmenés avec lui aussi loin qu'il a pu. Il nous a montré à tous qu'il était dans une sorte de transition. La mort n'était pas une fin mais le commencement de quelque chose d'autre qui devait être beau à sa manière, sinon il ne m'aurait pas quittée aussi paisiblement. Grâce à lui, je n'ai plus peur de la mort. Quelle que soit cette autre vie, je le découvrirai quand j'irai le rejoindre "dans une demi-heure".»

Si vous rencontrez Kathie et qu'elle vous raconte cette histoire, vous pleurerez avec elle comme nous l'avons fait, mais vous saurez aussi qu'elle, sa famille et ses amis, de même que son mari, ont vécu un grand bonheur, une grâce extraordinaire. Quand Bobbie et moi sommes allés dîner chez elle, quelque temps après, il y avait dans la pièce une chaleur et une douceur qui prouvaient que Kathie et sa famille étaient encore environnées et soutenues par l'amour qu'ils avaient partagé pendant ces derniers jours.

La mort : ultime épanouissement

Dans son livre *Souls on Fire*, Elie Wiesel écrit : «Quand nous mourrons, pour aller au ciel et rencontrer notre Créateur, notre Créateur ne nous demandera pas : Pourquoi n'es-tu pas devenu Messie ? Pourquoi n'as-tu pas découvert de remède pour ceci ou cela ? La seule chose qui nous sera demandée en cet instant précieux, c'est : Pourquoi n'es-tu pas devenu *toi* ? »

La conscience d'être mortel permet souvent de commencer à se réaliser. Je vous en ai déjà donné plusieurs exemples : l'homme qui a interrompu sa carrière d'avocat pour se mettre au violon quand il croyait n'avoir plus qu'un an à vivre, la femme qui a divorcé pour pouvoir aimer vraiment quelqu'un pour la première fois, l'homme qui s'est mis à s'exprimer quand il a compris que sa maladie — et les problèmes de santé de son fils — provenait de sentiments refoulés.

Chacun se trouve à sa manière, et la pleine affirmation de soi consiste souvent à continuer d'être ce que l'on est. Je pense par exemple à cette mère juive hospitalisée qui a conseillé à sa famille d'aller faire un bon repas avant que la cafétéria ne ferme et qui est morte cinq minutes après leur départ. Elle est morte heureuse d'avoir fait un dernier cadeau à ses enfants. Elle est morte comme elle a vécu, en mère aimante.

Quand on sait que la mort est peut-être proche, il arrive que l'on se mette enfin à vivre et que cela déclenche dans le corps un processus de guérison. Une femme à qui l'on avait dit qu'il ne lui restait

309

que six mois à vivre m'a raconté : « Ça m'a mise dans un tel état de fureur que j'ai commencé à aller mieux. » En fait, pour moi, un bon hôpital est un hôpital où le personnel prépare si bien les gens à la mort que certains se trouvent trop en forme pour mourir. Leurs conflits émotionnels étant enfin résolus, ils quittent l'hôpital et rentrent chez eux.

Les personnes qui éprouvent des joies spirituelles peuvent également se remettre de façon tout à fait inattendue. C'est ce qui est arrivé à un homme soigné en réanimation à l'hôpital. Il se réjouissait de mourir parce qu'il rencontrerait Jésus et monterait au ciel. Un soir, il entendit le médecin annoncer à sa famille réunie autour de son lit qu'il ne passerait certainement pas la nuit. Il en éprouva une telle joie qu'il se rétablit. La dernière fois que j'ai été en contact avec sa famille, j'ai appris qu'il avait recommencé trois fois. Je leur ai conseillé de ne rien lui dire la prochaine fois pour qu'il puisse partir tranquillement.

Cette histoire peut surprendre, mais j'ai connu plusieurs cas similaires. Des parents qui font un long voyage pour venir assister aux derniers moments d'un mourant et qui viennent me voir, choqués de l'avoir trouvé en pleine forme. Je leur explique que leur parent est enfin en paix avec lui-même et avec le monde. Plus de traitement, plus de rendez-vous, plus de soucis ni d'angoisse, conscient de ses besoins et de ses désirs. Le réconfort que procure ce genre d'apaisement produit souvent ce que j'appelle un petit miracle, rémission qui peut durer quelques jours ou quelques mois.

Dans un article de Katy Butler publié par le *San Francisco Chronicle*, trois survivants à long terme du sida racontent comment à l'approche de la mort ils ont appris à dire oui à ce qu'ils étaient et non à ce qui n'avait pas d'importance. Bob Reynolds, qui s'était toujours considéré comme un «type effacé qui restait dans son coin», s'est mis à militer dans un groupe d'aide aux malades du sida, le Shanti Project, à tenir tête à ses médecins pour obtenir le traitement qu'il voulait et, d'une façon générale, à prendre sa vie en main.

« Quand on se trouve confronté à la réalité de sa mort, on est amené à repenser la façon dont on veut vivre. J'avais le choix, ou me laisser sombrer dans le désespoir, l'impuissance et la rage... ou réagir et investir mon désespoir, ma rage et ma frustration dans une action positive.

« Tout ce que je crois bon pour moi, je me l'offre. Je n'ai pas de honte à me sentir fatigué, de mauvaise humeur ou déprimé. Il y a des périodes où je travaille beaucoup à Shanti et d'autres où j'ai besoin d'une cure de flemme. Je rentre chez moi, je m'enfonce dans mon canapé et je me plonge dans mes polars, ou alors je sors dans la cour derrière la maison et je me défoule en hurlant.

« Je me demande souvent : "Est-ce que je vis comme je voudrais vivre si je n'avais plus qu'un mois à vivre ?" »

Toujours dans le même article, un autre homme, Dan Turner, raconte comment, sûr que la créativité améliorerait ses défenses immunitaires, il a quitté son travail pour faire ce dont il avait longtemps rêvé : écrire des chansons. Il en écrivit une par semaine pour une radio locale. Lui aussi parle de choix : « C'est la musique qui m'a permis de rester vivant [...]. Et ce fut une joie d'écrire ces chansons semaine après semaine [...]. Il faut que les gens sachent qu'ils ont le choix. On peut s'investir totalement dans le moment présent ou se laisser envahir par la terreur de l'avenir. En accusant le sida de tous les maux et en ne pensant qu'à ça, on se crée un monstre tout-puissant à l'intérieur. »

En bref, il faut écrire (ou chanter) des chansons, jouer du violon, tomber amoureux de la vie ou continuer à être la mère juive qu'on a toujours aimé être. L'important, c'est de faire ce qu'on a envie de faire. Il sera bien plus facile, ensuite, d'envisager sa mort. Comme le dit Ron Cavey, le troisième homme de l'article :

«Je pense que je vais mourir du sida. J'ai bien vécu et je n'aurai pas de regrets. J'ai fait mon testament et préparé une bande magnétique pour mon enterrement : poèmes de Walt Whitman et musique country : Dolly Parton, Juice Newton et Willie Nelson.

«J'ai toujours envisagé la mort comme une merveilleuse aventure. A aucun prix je ne voudrais la manquer. »

Les jeunes gens, hommes et femmes, qui doivent combattre le sida me paraissent mériter une considération particulière. Ils sont confrontés très jeunes au problème de la vie et de la mort. Mais ils relèvent le défi avec beaucoup de courage. La façon dont ils se soutiennent mutuellement, dont ils se groupent, s'entraident, s'aiment et tâchent de donner un sens à leur vie est un exemple très enrichissant. Il nous montre ce dont nous sommes tous capables.

Je pense en particulier aux jeunes hommes qui ont dû s'affirmer dans leur homosexualité. Leonard Matlovich, un sergent de l'armée de l'air qui s'est battu contre la décision d'exclure les homosexuels de l'armée et qui a gagné, s'est parfois caché d'être homosexuel. Le fait de contracter le sida lui est apparu comme une opportunité d'affirmer ce qu'il était, de rejoindre la communauté « gay » et de se sentir fier d'y appartenir. Son biographe raconte :

« S'il doit y avoir une maladie et si je dois l'attraper, autant que ce soit celle-là parce qu'elle a déjà fait énormément de bien. La vérité, c'est que, avant de nous regrouper, la seule chose que nous, homosexuels, nous avions en commun, c'était la sexualité. Mais le phénomène du sida nous permet de partager bien davantage en nous obligeant à nous serrer les coudes. Et finalement l'amour, l'affection et la compassion qui se sont exprimés dans cette communauté à cause du sida prouvent que nous sommes réellement capables d'aimer très fort. Notre communauté en sortira renforcée, meilleure. »

Matlovich résume son expérience militaire en une phrase : « J'ai été décoré pour avoir tué deux hommes et révoqué pour en avoir aimé un. » Il savait avant de mourir qu'il avait vécu ce qu'il voulait vivre en aimant et en vivant selon son choix. Si seulement nous pouvions tous en dire autant et cesser de nier nos désirs en ce monde dans l'espoir d'être récompensés dans l'autre !

Comment vivre au paradis et devenir authentique

J'ai un secret à vous confier : je sais comment vivre au paradis sans mourir. Par les visites que j'y ai faites, j'ai pu constater trois différences essentielles entre le paradis et la terre. Premièrement, la vue est magnifique, deuxièmement, il fait toujours beau et troisièmement, le temps n'existe pas. C'est toujours maintenant, maintenant éternellement et pour toujours. Bien que je sois incapable de reproduire la vue magnifique et le temps superbe, je peux vous aider à créer le paradis sur terre en vous apprenant à vivre dans le présent.

Pour comprendre ce que cela veut dire pratiquement, pensez à ce que vous feriez avant d'entreprendre un voyage si vous saviez qu'il est sans retour. Quels coups de téléphone donneriez-vous, quelles lettres écririez-vous, quelles pensées aimeriez-vous confier ? C'est comme cela que nous devrions vivre chaque journée, en pensant que c'est peut-être la dernière.

A ce propos, des paroles très sages ont été écrites par Nadine Stair, une femme de quatre-vingt-cinq ans au seuil de la mort. J'ai lu plusieurs versions légèrement différentes de ce poème, mais c'est celle-là que je préfère.

Si je devais revivre ma vie, j'essaierais
De faire plus de bêtises la deuxième fois. Je serais
Plus détendue, plus souple, plus folle aussi
Que je n'ai osé l'être. Il y a très
Peu de choses que je prendrais encore au sérieux.
Je prendrais plus de risques, ferais plus
De voyages. J'escaladerais plus de montagnes,
Traverserais plus de rivières, contemplerais
Plus de beauté. Je mangerais plus
De gâteaux et moins de haricots.
J'aurais plus d'ennuis réels
Et moins d'imaginaires. Vois-tu...
Je fais partie des gens prévoyants,
Sains et raisonnables qui vivent
Une heure après l'autre, un jour après l'autre.
Oh, j'ai eu mes bons moments
Et si j'avais à recommencer
J'en aurais bien davantage.
En fait, j'essaierais de n'avoir rien
D'autre que des moments, l'un après l'autre,

Au lieu de vivre avec tellement d'avance
Sur le présent. J'ai fait partie
Des gens qui ne se déplacent jamais sans
Un thermomètre, une bouillotte, un bain
De bouche, un manteau de pluie, un parachute.
Si j'avais tout à recommencer,
Je voyagerais légère, bien plus légère
Que je ne l'ai fait.
Je me mettrais pieds nus plus tôt
Au printemps et je le resterais
Plus tard en automne. Je ferais plus
De tours de manège où j'attraperais
Plus d'anneaux dorés. J'aborderais
Plus de gens, je cueillerais plus de fleurs
Je danserais plus souvent. Si je pouvais
Tout recommencer.
Mais vois-tu
Je ne peux pas.

S'il est une vérité commune à tous les patients exceptionnels, c'est qu'ils sont devenus authentiques. Ils n'arrivent pas au seuil de la mort pour se rendre compte qu'ils n'ont jamais vraiment vécu. Certains ne «vivent vraiment» que quelques moments avant de mourir. Mais ils ont vécu et sont prêts à partir. Ils savent qui ils sont, où ils sont allés et pourquoi. Cela leur permet de lâcher prise plus facilement, cela permet à ceux qui les aiment de les voir partir plus facilement quand ils sont fatigués et souffrants.

Quand l'acceptation de la mort est réelle à un moment précis pour quelqu'un, ceux qui l'aiment peuvent lui murmurer : «Si tu veux partir, fais-le. Personne ne t'en voudra. Nous survivrons parce que ton amour nous accompagnera toujours.» Si le moment n'est pas le bon — comme ce fut le cas pour Rachel, dont j'ai parlé plus haut —, cela ne hâtera pas la mort, cela soulagera la personne de savoir qu'elle peut mourir à son heure sans anéantir les siens.

Cela peut même inciter la personne à reprendre pied dans la vie. Par contre, si le message arrive à point, c'est un soulagement. J'ai vu des gens rendre leur dernier soupir dès qu'ils ont su que leur famille ne leur en voudrait pas de partir. C'est une expérience spirituelle incroyable. Voir quelqu'un recevoir la permission de mourir, sourire et quitter la vie, c'est comprendre que la mort n'est pas seulement l'arrêt des fonctions physiques. Quelque chose s'en est allé.

Une infirmière m'a raconté qu'elle avait fait le voyage en Californie pour tenir compagnie à son fils dont l'amant était en train de mourir du sida. Quand elle arriva, il était en soins intensifs, et elle conseilla à son fils de lui dire qu'il pouvait s'en aller. Le fils ne voulait pas, et elle insista : « Dis-lui que ta mère est avec toi et qu'il peut lâcher prise. » Le fils répéta ces mots à l'oreille de son amant, qui mourut sur-le-champ.

Comme vous le savez, je vois Dieu comme une énergie intelligente et aimante. Tout, dans la création, doit donc être signifiant. Car les mêmes molécules messagères dont j'ai déjà parlé circulent dans toute la matière vivante. On les trouve dans les organismes unicellulaires et dans les plantes comme dans l'être humain. Il y a quelques années, je réfléchissais à ces choses-là et je me suis soudain demandé pourquoi les feuilles changent de couleur chaque automne. Et, aussi, pourquoi nous, les hommes, sommes tous de différentes formes, tailles, couleurs ? Quel est le sens de cette réalité ?

Quand les feuilles se mettent à pousser au printemps, elles sont toutes légèrement différentes. Certaines un peu roses, certaines vert clair, d'autres

316

plus pâles, chacune de formes et de tailles différentes. Mais imaginez que vous soyez une feuille de platane en train d'éclore. Vous vous demandez comment vous allez exprimer votre singularité, mais les autres feuilles de l'arbre vous disent : « Hé, tu es sur un platane, adapte-toi. Tu seras verte et de telle forme. As-tu envie que les gens nous montrent du doigt en disant : "Quel drôle d'arbre !" ? » Vous avez envie d'être dans le coup, alors, tout le printemps et tout l'été, tant que le soleil brille et que vous êtes bien nourrie, vous restez verte, comme tout le monde, de la forme qu'il faut, adaptée. Puis arrive l'automne, il commence à faire froid, et certaines de celles qui vous donnaient des conseils se mettent à tomber. Vous êtes toujours accrochée mais vous savez que ce n'est pas pour toujours, alors, il vous vient l'envie de montrer à tout le monde qui vous êtes réellement avant de quitter l'Arbre de vie. Le vert, qui n'était qu'une façade, s'en va et vous réalisez enfin la beauté de votre moi individuel unique.

Et vous resterez accrochée aussi longtemps qu'il vous plaira. Les arbres portent encore des feuilles fragiles et ratatinées jusqu'en janvier, exactement comme les rues de nos villes voient passer des humains fragiles et ratatinés. Combien de temps vous faudra-t-il pour considérer que vous avez montré vos vraies couleurs et vécu votre vie ? Vous êtes le seul à pouvoir en décider. Si vous avez vécu, et vécu de bons moments, il sera plus facile de vous détacher. Vous connaîtrez, ceux que vous aimez connaîtront votre beauté singulière, et il en restera plus qu'un souvenir, un réconfort. Alors vous serez immortel.

Par contre, si vous ne vous autorisez pas à comprendre ou à exprimer votre valeur propre, vous laissez derrière vous une souffrance inguérissable, un vide que rien ne peut combler. Alors ne partez pas avant d'avoir réalisé votre beauté. Car vous y gagnerez non seulement l'immortalité mais aussi la «guérison» par l'amour que vous donnerez et qui vous sera donné. C'est une forme de guérison qui ne peut venir que de vous. Je sais tout cela parce que je l'ai vu se produire devant moi et parce qu'on me l'a maintes fois raconté. Un homme m'a écrit des mots que sa femme, trop faible pour écrire, lui avait dictés :

> «Il me semble que je comprends maintenant la vraie nature de l'amour. Même si je souffre, je suis heureuse parce que je ressens vraiment l'amour. Tout me touche mais surtout l'amour de ma famille et de mes amis. Quelle merveille que la vie... les arbres, les oiseaux, les fleurs, l'herbe... inexplicable, merveilleux... mais surtout l'amour de mon mari (ceci n'est pas facile à écrire pour moi, le scribe/mari). »

Quelques jours plus tard, je reçus une autre lettre — deux, plutôt, puisqu'une des filles m'écrivit également — me disant que cette femme était morte mais que ses dernières semaines avaient été une bénédiction pour eux tous :

> «Tout en sachant qu'elle allait terriblement me manquer [...] j'ai pu la laisser partir, car elle était en paix avec le monde et particulièrement en paix avec elle-même. Elle a fini par comprendre à quel point elle était importante pour tellement de gens [...].
> «Même si ses tentatives d'autoguérison ont échoué, je crois qu'elle a essayé de toutes ses forces. [Ici, j'interviens pour dire que, si elle a succombé à sa maladie, elle n'en a pas moins

guéri sa vie et celle de ses proches dans le plus pur sens du mot "guérir"]. Toutefois [...] elle a sûrement mené le bon combat. Cela nous a aidés à la soutenir et nous avions l'espoir qu'un miracle allait se produire. Le miracle n'a pas eu lieu, mais je ne considère pas que ce soit un échec [...], je pense qu'en essayant elle a montré tant de force et de détermination que nous avons tous été contaminés par son courage [...]. Les dernières semaines ont été à la fois terribles et merveilleuses.

« L'amour "guérit". Malgré notre tristesse, nous ne sommes pas effondrés, nous comprenons qu'Alice vit en nous. »

La lettre de la fille se terminait par les derniers mots que lui avait dits sa mère : « L'amour, c'est la seule chose qui compte — rien d'autre n'est important, rien d'autre n'existe. »

Continuer à vivre dans les autres : par l'amour

Qu'est-ce qui nous permet de vivre après notre mort ? Qu'est-ce qui permet à ceux que nous laissons derrière nous de guérir de leur chagrin ? C'est l'amour, bien sûr. Et c'est essentiellement celui qui est malade qui va aimer, guérir et donner l'exemple pour les autres. Il faut commencer par l'amour de soi, comme nous l'avons vu. L'amour de soi, c'est la reconnaissance de l'étincelle divine qui est en nous, quelles que soient nos imperfections (nous sommes tous parfaitement imparfaits, ne l'oubliez pas). Et l'amour de soi nous inspire l'ouverture aux autres, le désir de les aimer et de les aider.

Si vous aimez, vous ne pouvez pas rater votre vie. Dans *La Mort d'Ivan Ilitch*, le protagoniste comprend avant de mourir que son fils l'aime et qu'il n'a donc pas vécu en vain. Cela suffit à remplir une vie, se dit-il, aimer et être aimé, voilà le secret. Ceux que nous aimons sont notre avenir et notre immortalité.

Mais les grands écrivains ne sont pas les seuls à connaître ces vérités. Chacun d'entre nous peut les découvrir au cours de son existence. Phil Bolsta m'a envoyé un poème écrit pour sa femme après sa mort et intitulé *Les Yeux de notre enfant*. J'en citerai un extrait :

Et tu m'as dit : « Cherche-moi
Dans les yeux de notre enfant
Tu m'y trouveras.
Jamais je ne te quitterai, mon chéri,
Ne pleure pas. Cela me fait trop de mal.
Je remercie Dieu de notre vie ensemble.
De la joie que tu m'as donnée. »
Puis tu as fermé les yeux et murmuré « au revoir »
Mon amie, ma femme, mon épouse.

Hier soir, notre fille a fait sa prière et a grimpé dans
        [son lit.
Elle s'est allongée et vers moi a tourné la tête.
Je contemplais son visage quand tu es arrivée dans
        [ses yeux.
Et j'ai senti tes bras, légers comme un vent d'été, se
        [refermer sur moi.
Incrédule et d'abord chagriné j'ai essuyé une larme
Mais ta voix s'est élevée, pleine, fraîche et claire.
Et ta musique, se posant sur mon âme, s'est épanouie
        [comme une rose.
Alors mes blessures ont commencé à guérir, à se refer-
        [mer.
Et quand ta musique s'est arrêtée, quand ta caresse
        [s'en est allée,

J'étais calme et paisible. Notre fille a bâillé
Et j'ai vu que sa couverture lui venait au menton.
Elle a souri et dit : « Bonsoir papa. C'est maman qui
[m'a bordée. »

J'ai toujours du mal à lire ce poème sans pleurer. Mais j'ai reçu un autre témoignage d'amour et de fidélité de la part d'une jeune femme en deuil de sa mère. Celle-ci, qui souffrait d'un cancer, n'avait plus qu'un an à vivre d'après les médecins mais « elle disait toujours à mon père : "j'ai un mari et trois enfants à la maison, il faut que je m'occupe d'eux" », et elle a prolongé sa vie de dix-sept ans. Dix-sept années de souffrances mais aussi d'amour et de joie :

> « Tant qu'elle était vivante, sur terre, avec son mari et ses enfants, elle est restée passionnée. Ma mère était si fière que je devienne infirmière ! Elle s'intéressait à tout ce que je faisais, mes devoirs à la maison, mes stages à l'hôpital, etc. Elle me soutenait toujours et chaque fois que je me sentais découragée, près d'abandonner, elle était là pour m'épauler, me persuader que j'y arriverais.
>
> « [...] je serai infirmière dans neuf mois et c'est ce que je voulais, mais, si je pouvais faire un vœu, ce serait que maman soit là le jour où je recevrai mon diplôme. Je ne sais pas encore ce que sera ce jour, s'il sera triste ou gai. J'adore mon métier et je sais que ce qui le rend tellement beau et enrichissant, c'est qu'il nous permet de nous occuper de gens comme maman. »

Vivre à travers sa fille mais aussi à travers le travail de sa fille, savoir que tous les patients dont elle s'occupera recevront une dose d'amour supplémentaire à cause de son amour pour vous, quelle

321

merveilleuse façon d'atteindre l'immortalité! Cette femme a laissé un héritage qui peut se partager entre des centaines de gens et rester intact.

Cela ne veut pas dire que ces deux femmes n'auraient pas souhaité que la mère vive plus longtemps dans sa chair. Je sais que parler de la survie spirituelle apporte peu de réconfort à ceux qui vont mourir comme à ceux qui viennent de perdre un être cher. Cela me rappelle l'histoire du petit garçon qui appelle son père au milieu de la nuit parce qu'il est effrayé par le tonnerre et les éclairs. Le père lui dit qu'il ne doit pas avoir peur puisque Dieu le protège. L'enfant répond qu'il le sait bien mais que «pour le moment il aimerait mieux quelqu'un en chair et en os». Nous préférons tous les gens que nous aimons «en chair et en os».

Il n'existe sans doute pas de mort plus difficile à accepter que celle d'un enfant, parce qu'il nous semble que l'enfant n'a pas eu sa chance non seulement de vivre mais aussi d'atteindre cette sorte d'immortalité dont je viens de parler. Cependant, les enfants peuvent accomplir bien des choses en peu d'années. Ils peuvent devenir aussi immortels dans l'amour que bien des gens trois fois plus âgés qu'eux — je pense à Kelly Carmody, petit garçon de neuf ans, que ses parents ont aidé à combattre ses tumeurs pendant deux ans avec visualisation, régime macrobiotique, voyage à Hawaii, consultation d'un guérisseur au Mexique et amour, en plus de la chimiothérapie et des radiations. Au moment de sa mort, il avait touché le cœur de bien des gens, dans sa ville, au Minnesota, mais aussi à Hawaii. Ses parents ont reçu des dizaines de poèmes à sa mémoire, des centaines de personnes ont assisté à son enterrement, chanté ses chansons préférées et lâché des ballons rouges. Kelly Carmody continuera à vivre dans le cœur de ses parents mais aussi dans celui de tous ces gens, comme en témoignent les messages qu'il a reçus de son vivant. Je garde, sous la plaque de verre qui recouvre mon bureau, une photo de son beau visage parmi d'autres photos que je contemple souvent pour me donner du courage.

Mais cela ne diminue en rien la peine de ceux qui restent, je le sais. «Six mois après, nous souffrons encore terriblement», m'écrit son père, et les poèmes qu'il m'envoie sont empreints de cette souffrance. Mais il sait également ce que son fils et toute sa famille ont accompli pendant ces deux ans et qui leur a permis de découvrir, comme il l'écrit dans un poème, «le lien qui unit le cœur de tous les hommes à chacun et à tous».

La mort comme naissance dans une autre dimension : la vie éternelle

Pour chacun d'entre nous, la vie du corps se termine un jour. La mère d'un de nos amis est morte à l'hôpital juste au moment où une voix annonçait : «L'heure des visites est terminée», et il me semble que c'est une bonne image de la mort ; la fin d'une visite, la fin du contact physique avec les autres. La chair disparaît, mais quelque chose d'autre commence, même si nous ignorons quoi. Jung a dit : «Notre psyché se retrouve dans une région qui n'est captive ni du changement, ni du temps, ni de l'espace. Dans cette forme d'être, notre naissance est une mort et notre mort une naissance.» Et cela me semble juste.

De même que je crois que l'amour, le rire et la paix spirituelle sont physiologiques, de même, je crois que dans notre vie terrestre nous sommes la manifestation physique de l'énergie intelligente et aimante que nous nommons Dieu. David Bohm, le physicien quantique dont j'ai parlé plus haut à propos du mot «somasignifiant», est l'un des scientifiques contemporains qui considèrent le physique et le psychique comme deux expressions différentes de la même réalité. Depuis Einstein, nous savons aussi que particules et ondes, masse et énergie ne sont que des manifestations différentes de la même réalité.

L'intégralité de l'individu, c'est l'intégralité de l'univers en microcosme. Atomiquement, anatomiquement et cosmiquement, nous exprimons cette unité, que nous en soyons conscients ou non. J'ignore si on pourra le prouver un jour, mais il se produit des phénomènes qui suggèrent l'existence d'une communication entre le domaine spirituel et le domaine matériel qui ne peuvent s'expliquer qu'ainsi. Comment comprendre, par exemple, le fait que les malades qui prient ou pour lesquels on prie guérissent plus vite ou aient moins de complications que les autres? Différentes études l'ont montré, de même que d'autres ont montré qu'on pouvait affecter le fonctionnement de machines et communiquer avec des bactéries par la pensée.

Randy Byrd, cardiologue et ancien professeur de médecine à l'université de Californie, a effectué un test en double aveugle avec trois cent quatre-vingt-treize malades soignés dans le service de cardiologie de l'hôpital de San Francisco. Au hasard, les malades ont été répartis en deux groupes, l'un pour lequel des prières seraient dites, l'autre non, sans que ni les médecins soignants ni les intéressés sachent qui était dans tel groupe. Or il fut statistiquement prouvé que le groupe pour lequel on avait prié avait moins besoin d'antibiotiques et d'intubation d'une part, et souffrait de moins d'œdèmes pulmonaires d'autre part. Une autre étude réalisée à Montréal par le biologiste Bernard Grad, de l'université McGill, a démontré l'efficacité de la prière, qu'elle soit faite par le malade lui-même ou par d'autres personnes.

Deux publications médicales connues ont refusé de publier l'étude du docteur Byrd, bien que sa méthodologie parût parfaitement correcte*. C'est dommage, car nous avons besoin de nous ouvrir à toutes sortes de possibilités. Et je suis certain que, si le docteur Byrd avait découvert un médicament qui donne les mêmes résultats statistiques, il aurait été publié immédiatement. Mais les questions spirituelles dérangent énormément la plupart des scientifiques, qui ne veulent pas renoncer à leur incrédulité. Les physiciens font parfois exception à cette règle, peut-être parce que leur travail les met en relation étroite avec les mystères ultimes de l'univers pour lesquels ils ne peuvent s'empêcher d'éprouver une admiration respectueuse. Albert Einstein, qui se considérait comme un croyant, a écrit : « La plus belle expérience que nous puissions vivre, c'est celle du mystère. C'est l'émotion fondamentale qui veille sur le berceau de l'art authentique et de la science véritable. Celui qui ne la connaît pas et qui ne sait plus s'émerveiller n'a plus de vie en lui, ses yeux sont obscurcis. »

Pourquoi parler de ces choses-là dans un livre sur la guérison ? Parce que je pense que la spiritualité fait partie de la guérison et parce que je pense aussi que la mort n'est pas une fin mais un nouveau commencement. Mon expérience m'incite à croire que nous vivons effectivement sur un autre mode énergétique quand notre corps est mort. Je ne dis pas cela uniquement pour vous réconforter mais parce

* Il paraît que l'article a finalement été publié en septembre 1988 dans *Southwest Medical Journal*.

que j'ai vu et entendu raconter des choses extraordinaires.

Beaucoup de mes correspondants me disent avoir été prévenus de la mort de quelqu'un qui se trouvait très loin d'eux. Une voix, une vision, un signe et, quand le téléphone sonnait, ils savaient ce qu'on allait leur annoncer. Inconsciemment, nous connaissons bien des choses concernant l'avenir. Certaines personnes en prennent conscience dans leurs rêves. Moi, je m'en rends compte en étudiant des dessins. Quel que puisse être votre point de vue sur ces phénomènes, sachez qu'une enquête nationale a montré que les gens qui ont vécu des expériences mystiques sont loin d'être des fanatiques religieux ou de dangereux psychopathes. Ils ont généralement un niveau intellectuel et culturel supérieur à la moyenne et une conscience ainsi qu'une pratique religieuse inférieures à la moyenne. Certains ne croient pas eux-mêmes à ce qui leur est arrivé. Raisonnables et sains, ils se trouvent tellement embarrassés par ces expériences mystiques qu'ils hésitent à en faire état.

Participant à des assemblées de parents qui ont perdu un enfant, on entend raconter de telles histoires qu'on comprend qu'ils aient peur d'en parler. Une femme m'a confié qu'après la mort de sa petite fille l'infirmière qui s'en occupait avait l'impression qu'elle était encore là. Puis, un jour, elle sentit que son esprit l'avait finalement quittée. Peu de temps après, la mère était dans sa voiture, quand une mouette descendit en piqué et vint se poser juste devant elle, l'obligeant à freiner sec et à attendre, un temps qui lui parut interminable, que l'oiseau ait fini de traverser la rue. La mouette était l'animal préféré de sa fille, et la mère eut l'impression que c'était elle qui lui rendait visite. Et ce sentiment d'une intervention divine se confirma très vite; ayant remis la voiture en marche, elle arriva à un croisement où un épouvantable accident venait de se produire, accident qu'elle n'aurait certainement pu éviter sans l'aide de la mouette.

Ce genre d'histoire peut aussi arriver à des époux séparés par la mort. Une femme m'a écrit peu après Noël :

> « Jusqu'à présent, Allen m'est apparu sous la forme d'un rouge-gorge dont le chant joyeux égayait une triste marche sous la pluie, sous la forme d'un colvert qui s'est nettement éloigné des autres pour venir caqueter devant moi tandis que je courais autour du réservoir de Central Park, et en personne, le jour de Noël, dans un rêve ou une vision très précise. Il était debout près de la porte, bien habillé, avec quelque chose de rouge, écharpe ou ceinture, très beau et vaguement espiègle comme s'il nous faisait une surprise pour Noël. Il m'a tendrement embrassée sur la bouche avant de s'effacer [...]. Je me suis éveillée d'excellente humeur et décidée à faire de ce jour-là une journée heureuse — ce qu'elle a été. En buvant du champagne avant dîner, j'ai raconté à tout le monde ma vision, et nous avons passé une excellente soirée [...].

> « Je ne suis pas toujours aussi en forme. La douleur est pire que ce que j'imaginais, mais jusqu'à présent j'ai réussi à faire face et je suis toujours sensible aux joies de la vie comme aux signes d'amour d'Allen. »

La mort n'est pas un échec

Certains pensent que c'est une erreur de dire aux malades qu'ils sont responsables de leur maladie, parce qu'ils en retirent le sentiment d'un échec personnel s'ils n'arrivent pas à guérir. J'espère vous avoir maintenant convaincus qu'il ne s'agit pas de cela. La maladie et la mort ne sont pas des échecs. Seule la façon dont nous affrontons la maladie et dont nous relevons le défi de notre mortalité déterminera notre réussite ou notre échec. Si malades que nous soyons, si proches de la mort, tant que nous sommes vivants, il nous reste une chance de faire quelque chose de notre vie. Pendant le Marathon de New York, une femme qui nous regardait passer s'est écriée : «Vous êtes tous vainqueurs.» C'était un cri d'espoir et une vérité qui nous a réchauffé le cœur et nous a poussés à continuer.

Dans un sermon intitulé «Essayez encore», monseigneur Arthur Campbell, de New York, reprend le texte du prophète Jérémie pour expliciter ce que Dieu attend de nous.

«Dieu conseilla à Jérémie d'aller dans l'atelier du potier pour y apprendre une leçon intéressante.

«Jérémie regarda le potier travailler à son tour. Le potier prenait une motte de glaise, la posait sur le plateau et commençait à la faire tourner en actionnant la pédale avec son pied. Pendant que tournait le plateau, les mains du potier étiraient et façonnaient la glaise pour lui donner une forme gracieuse. Quand le potier n'était pas content de son travail, il recommençait, tout simplement. Il mouillait la glaise et lui donnait une autre forme. D'un grand bol, il faisait par exemple une coupe haute et étroite. Le potier essayait et essayait encore jusqu'à trouver la forme et la taille exactes de l'objet qu'il voulait modeler.

«Jérémie fut prompt à comprendre la leçon. Dieu nous traite comme le potier traite sa glaise. Il nous modèle selon des formes et des tailles différentes. Il fait de certains de larges bols solides et d'autres de hauts vases délicats. Mais parfois il n'aime pas ce qu'il voit, alors il reprend la glaise et recommence.

«Quelle leçon merveilleuse et rassurante que celle-là! Dieu ne se désintéresse pas de nous quand nous sommes abîmés par l'échec ou malmenés par les événements. Dieu est bien décidé à faire de nos vies quelque chose de beau et d'utile, quel que soit le temps que cela lui prendra. Et, parce que Dieu ne nous abandonne jamais, nous ne devons pas nous abandonner nous-mêmes. La devise, le message du potier est clair pour nous tous: "Essaie encore." Le seul péché impardonnable, c'est de renoncer à la vie quand tout va de travers.»

Ceux qui s'engagent dans l'action découvriront que, quelle que soit l'issue du combat, ils auront créé quelque chose de beau. Tel est le cadeau que nous fait la maladie en nous donnant conscience d'être mortels. Le face-à-face avec la mort nous bouleverse et suscite en nous un changement profond qui nous ouvre à l'amour, pour la première fois de notre vie, parfois.

Susan, dont j'ai déjà cité plusieurs lettres, était une femme terriblement agressive quand je l'ai rencontrée. Elle irradiait une telle rage qu'il était pénible de rester avec elle dans la même pièce — j'avais l'impression que les fenêtres allaient exploser! —, mais elle a refusé l'héritage d'alcoolisme et de violence légué par ses parents pour chercher sa propre voie. Voici ce qu'elle m'écrit dans sa dernière lettre:

«Très franchement, je sais que je mourrai de ma maladie. Mais ce qui compte, c'est que je laisserai derrière moi quelque chose de positif. Vivre, mourir, guérir physiquement ou ne pas guérir, quelle importance ? Le but ultime pour moi, c'est de vivre et de marcher dans la plénitude de l'amour divin, de façon à devenir pour tous source de guérison.

« Vivre, c'est aimer, rien de plus, rien de moins. Voilà ce que j'ai appris. »

Voilà ce que nous apprendrons tous, je l'espère, avant de quitter la vie. Car c'est la clé de l'immortalité, l'héritage que nous léguerons à notre famille et à nos amis, le doux fardeau qu'il leur faudra porter. Ceux qui ont été les témoins d'un tel courage continueront à vivre après notre mort. Faire autrement serait une gifle à la mémoire de celui qui n'est plus.

C'est à vous de vous assurer que ceux que vous aimez gardent foi en la vie. Quel que soit leur chagrin, ils doivent savoir que vous vivrez en eux. L'amour est plus fort que la mort et que l'oubli. Dans le roman de Saroyan, *Une comédie humaine*, le jeune héros pleure son frère Marcus, tué à la guerre. Homère a l'impression qu'après la mort de Marcus le monde a perdu tout intérêt et toute beauté. Mais un ami lui parle :

« Je n'essaierai pas de te consoler, dit Spangler, je sais que cela n'est pas possible. N'oublie pourtant pas qu'un homme juste et bon ne peut pas mourir. Tu le retrouveras dans les rues..., dans les maisons. Tu le rencontreras partout, en ville, dans les vergers et les vignobles, dans les rivières et dans les nuages, dans tout ce qui compose le monde où nous vivons. Tu sentiras sa présence dans tout ce qui a été créé par l'amour ou pour l'amour, dans tout ce qui croît, dans tout ce qui est abondant. Le corps d'un homme peut disparaître — ou être enlevé —, mais toutes ses qualités subsistent et ne meurent jamais. L'amour est immortel et rend toutes choses immortelles. »

Si vous voulez que votre mort soit « source de guérison pour tous », message vivifiant pour ceux que vous aimez, vous devez relever les défis que Dieu vous propose. Vous découvrirez ainsi l'héroïsme qui est le vôtre.

Le vrai héros sait que l'héroïsme consiste à vivre pleinement et joyeusement chacun des moments qu'il nous est donné de vivre. Alors lisez cet avertissement :

AVERTISSEMENT

Quand je serai vieille, je porterai du violet
Avec un chapeau rouge mal fichu, mal seyant.
Je dépenserai ma pension en cognac, en gants fins
Et sandales de satin, sans rien garder pour le beurre
Je m'assiérai sur le trottoir quand je serai fatiguée
Je chiperai des bonbons dans les magasins, je tirerai
[le signal d'alarme
Je marcherai dans le ruisseau les jours de pluie
Je rattraperai ma jeunesse trop sage
Je sortirai en pantoufles dans la rue
Je piquerai des fleurs dans le jardin des voisins
J'apprendrai à cracher.

On peut porter des chemises horribles et grossir
Manger deux kilos de saucisse d'un coup
Ou du pain et des yaourts toute une semaine
Et amasser crayons, stylos, bricoles dans des boîtes

Mais maintenant il faut s'habiller pour avoir chaud
Payer son loyer, éviter de jurer en public
Donner le bon exemple aux enfants
Inviter des amis à dîner et lire les journaux.

Mais je devrais peut-être m'y mettre dès maintenant
Pour que les voisins, les amis ne soient pas trop cho-
[qués
De me voir soudain vieille et portant du violet.

Jenny JOSEPH

Alors consacrez-vous entièrement à l'amour, à la vie, et commencez à porter du violet!

MÉDITATIONS

Vous pouvez enregistrer vous-même les quatre méditations suivantes ou demander à un ami de le faire, d'une voix douce et calme. Vous pouvez également prévoir un fond musical apaisant. Respectez les pauses que j'ai indiquées. Elles correspondent à des silences de quinze à soixante secondes, selon le temps qu'il vous faut pour bien visualiser une image. Vous devrez peut-être essayer différentes voix, différentes musiques, différents rythmes avant de trouver la combinaison qui vous convienne le mieux. Souvenez-vous qu'il n'y a pas de bonne ou de mauvaise manière de faire ces visualisations. Ne vous jugez pas.

Méditation 1

Commencez par respirer profondément plusieurs fois. Inspirez calmement. A chaque expiration, chassez vos problèmes, vos soucis, vos craintes. L'air que vous expulsez les chasse loin de vous. Et, quand vous êtes prêt, levez les yeux et fermez vos paupières si elles ne le sont déjà. Sentez maintenant qu'une vague de paix submerge votre corps, de la tête aux pieds. Imaginez qu'elle a une couleur, cette vague, ou répétez-vous un mot comme «paix» ou «relaxe». Détendez les muscles de la mâchoire, du cou, des épaules.

Essayez maintenant de vous souvenir de votre classe, à l'école. Vous êtes là, devant votre vieux pupitre en bois où des noms sont gravés, vous entendez vos camarades de classe autour de vous, le maître ou la maîtresse, au tableau, écrit à la craie la leçon du jour. Quand il ne reste plus de place sur le tableau, le maître prend une éponge et efface tout. Faites la même chose. Nettoyez votre ardoise et effacez le tableau noir de votre esprit, afin d'être prêt pour de nouvelles leçons, de nouvelles expériences.

Une fois que vous aurez fait place nette, nous allons partir en voyage. Vous savez quelle est notre destination. C'est le pays de nulle part, c'est votre petit coin d'univers, votre paysage à vous, en plein milieu de nulle part, avec ses belles couleurs, ses senteurs, ses textures, ses bruits. Transportez-vous dans cet endroit très spécial que vous vous êtes créé. Une fois là, trouvez un creux, un recoin où vous pouvez vous nicher pour vous reposer. Vous êtes bien. Prenez le temps d'absorber l'énergie de la terre et du ciel, prenez le temps de vous guérir. S'il reste le moindre problème dans votre esprit ou dans votre corps, voyez-vous en train d'éliminer ce problème par le traitement ou la technique qu'il vous plaît d'utiliser. Et, maintenant, restez tranquille, bien à l'aise dans ce petit coin que vous seul connaissez.

PAUSE

Quand vous serez prêt, levez-vous et recommencez à suivre ma voix. Vous allez vous habiller pour travailler. Nous allons construire un pont entre votre coin d'univers et le nôtre, un pont au-dessus d'une rivière qui va conduire à votre chemin personnel dans l'univers.

Alors, habillez-vous et regardez, touchez la trame, la texture, la matière de votre vie. Voyez comment elle vous a préparé pour ce voyage. Si vos vêtements ont besoin d'être réparés, réparez-les avec amour pour être bien équipé et prêt à travailler à votre pont.

Puis regardez le pont que vous avez construit tout en le traversant : quelle est sa largeur ? sa longueur ? sa résistance ? Quel genre de connexion avez-vous avec l'univers ?

PAUSE

Au moment où vous traversez votre pont pour prendre votre chemin et commencer votre voyage, tous les gens de votre vie sont rassemblés — famille, amis, collègues de travail, tous ceux avec lesquels vous avez des relations, quelles qu'elles soient. Arrêtez-vous pour leur parler, les toucher. Voyez quels changements se produisent en vous et en eux quand vous êtes ensemble. Toutes sortes de sentiments peuvent se manifester. Ce ne sont que des sentiments.

PAUSE

Quand vous aurez fini, reprenez votre voyage. Mais, si vous préférez vous attarder encore, vous pourrez nous rattraper plus tard. Sur le bord du chemin, vous allez voir une vieille maison avec un jardin et un perron. Traversez le jardin, montez les marches du perron, entrez dans la maison et trou-

vez la pièce principale. Dans cette pièce, vous cher-
cherez un coffre.

Remarquez si ce coffre se trouve dans un coin
sombre et poussiéreux ou bien en vue au milieu de
la pièce. Avez-vous beaucoup cherché pour le trouver ? Quand vous aurez trouvé votre coffre, ouvrez-
le et regardez ce qu'il y a dedans, ce que votre cœur
voudrait vous dire. Quel cadeau, quel message votre
cœur a-t-il pour vous quand vous cherchez dans
votre coffre ?

PAUSE

Quand vous aurez trouvé le message, lisez-le et
sortez sur le perron puis dans le jardin. Trouvez un
endroit où vous avez envie de planter une graine
pour embellir le jardin. Préparez le sol, prenez la
graine et plantez-la. Et puis devenez cette graine
enfouie dans le noir, en étant attentif à ce qu'elle
peut ressentir. Savez-vous dans quel sens pousser ?
Savez-vous où est le haut ? Vers où vous allez
envoyer vos racines ? Vous n'y voyez rien, dans
l'obscurité, mais vous pouvez sentir et vous pouvez
savoir.

PAUSE

Enfoncez vos racines dans le sol pour y puiser la
nourriture et la force dont vous avez besoin pour
vous sentir solide. Et puis poussez. En écartant tous
les obstacles, tous les problèmes, jusqu'à sortir en
pleine lumière. Poussez, bourgeonnez et épanouis-
sez-vous. Devenez cet individu unique et beau que
vous êtes déjà. Etirez vos membres vers le ciel et le
soleil. Et sentez comme vos pétales sont soyeux,

votre odeur délicate, vos couleurs somptueuses. Croissez. Grandissez. Epanouissez-vous. Là où vous êtes. Une fois devenu fleur, intégrez cette nouvelle forme d'être. Et puis reprenez votre chemin. Vous allez trouver un petit coin tranquille où j'aimerais que vous vous arrêtiez. Etendez-vous ou asseyez-vous et devenez petit, tout petit, assez petit pour pénétrer à l'intérieur de vous-même. Parcourez votre corps en réparant, en reconstruisant, en recréant. Parcourez tous les méandres de votre esprit, ouvrez toutes les portes, faites disparaître toutes les vieilleries qui vous encombrent, ouvrez les vannes et tournez les boutons qu'il faut pour déclencher en vous les changements que vous souhaitez afin de créer un nouveau moi, un nouveau vous, un nouveau je.

Regardez maintenant dans un miroir ce nouvel être, cette création. Et regardez-vous vous-même. Réfléchissez à ce que vous voyez et embrassez-vous, acceptez-vous. Devenez un avec votre nouveau moi. Puis, progressivement, laissez ce nouveau moi revenir dans la pièce. Respirez paisiblement, respirez consciemment, revenez tranquillement. Vous êtes lucide, alerte mais également détendu et apaisé. Reprenez conscience de votre siège ou de votre couche. Lorsque la musique et la voix se seront tues, revenez dans la pièce et ouvrez vos yeux nouveaux... dès que vous serez prêt.

Méditation 2

Faites quelques respirations profondes. Inspirez l'oxygène, la vie. Faites-vous ce cadeau. Vous méritez d'être la personne que vous êtes. Alors respirez la paix, la vie, l'amour, l'oxygène. Et permettez-vous de bien vous installer. Quand vous êtes prêt,

337

levez les yeux et fermez les paupières. Laissez-vous recouvrir, de la tête aux pieds, par une vague de paix qui va détendre tous vos muscles. Inspirez la paix et expirez tous vos conflits, vos craintes, vos soucis. Ensuite, souvenez-vous comment on efface une ardoise. On nettoie son ardoise, on vide son esprit. Vous savez bien où nous allons, maintenant.

PAUSE

Une fois encore, nous partons vers le pays de nulle part, vers votre petit coin d'univers. A chaque visite, prenez le temps de bien regarder. Le paysage est-il différent ? les couleurs sont-elles plus vives ? les sons ont-ils changé ? et les odeurs, les matières ? Comment vous sentez-vous en retrouvant tout cela ? Allez vers votre creux et nichez-vous dedans pendant un moment. Prenez ce moment pour vous. Pour absorber l'énergie de la terre et du soleil, pour guérir votre corps et votre esprit. Prenez le temps d'éliminer tous vos problèmes, dans ce petit coin bien à vous, tranquille.

PAUSE

Quand vous vous sentirez purifié et prêt à partir, habillez-vous. Et, chaque fois que vous vous habille-rez, voyez si la trame, la texture, la matière de vos vêtements, de votre vie ont changé en quoi que ce soit. Si elles ont changé, vous saurez que vous êtes vous-même en train de changer, de grandir, et que les réparations dans le tissu de votre vie peuvent être faites en permanence avec de l'amour.

Ensuite, traversez le pont qui vous relie à notre partie de l'univers. Prenez conscience de la solidité, de la longueur, de la largeur de ce pont et de tout changement intervenu depuis votre dernier passage. En vous engageant sur votre chemin, sachez que vous tournerez toujours dans la bonne direction. Chaque fois que le chemin bifurque, vous saurez où aller. Vous sentirez qu'il faut parfois tourner à droite, qu'il faut parfois tourner à gauche, mais, quel que soit votre choix, il sera bon pour vous.

En marchant sur ce chemin, vous allez voir un enfant venir à votre rencontre et vous saurez que cet enfant, c'est vous. Donnez-lui ce dont il a besoin. Allez avec l'enfant et soyez un enfant. Vous trouverez peut-être un terrain de jeu ou un parc. Vous voudrez peut-être aller courir dans un bois ou dans un champ. Allez où votre enfant veut aller pour se sentir libre et éprouver de la joie. Prenez un moment pour être enfant et avoir une enfance heureuse.

Ensuite, ne faites plus qu'un avec votre enfant et revenez sur votre chemin. En avançant, vous allez trouver un ascenseur. Il est entièrement en verre, et, si vous regardez le tableau de commande, vous constaterez que l'ascenseur est près du quatre-vingt-dixième étage. Je veux que vous le fassiez descendre vers les étages soixante-dix et soixante. Laissez-vous transporter à travers les années jusqu'à un étage ou une année important pour vous. Quand vous arriverez à cet étage, arrêtez l'ascenseur et entrez dans les voix, les parfums, les images qu'il vous importe de retrouver. Quelle qu'en soit la raison, vous avez choisi cette année-là pour revivre, pour sentir, pour guérir, pour aimer. En revenant à cette époque et à ce spectacle familiers, demandez-vous ce que vous ressentez. Passez là tout le temps nécessaire pour ce que vous voulez réaliser et faire.

PAUSE

Quand cela sera terminé, et à ce moment-là seulement, vous allez vous remettre à suivre ma voix. Nous reprenons l'ascenseur, nous redescendons au rez-de-chaussée et nous reprenons notre chemin. Sachez que l'ascenseur est toujours là pour vous et qu'il marche dans les deux sens. Il monte, il descend, vers le futur, vers le passé. Le chemin monte au sommet d'une colline et descend vers la mer ou un lac. En regardant les mouettes, voyez comme il est facile de voler, de s'élever au-dessus de ses problèmes. Vous aussi, vous pouvez apprendre à voler, à vous élever au-dessus des contingences de ce monde. Vous savez ce que c'est de décoller, comme il est facile de courir trois pas et de pousser vers le haut. Faites trois pas et lâchez le poids que vous portez, de manière à vous élever et à voler. Le poids dont vous vous êtes débarrassé, ce sont vos problèmes. Laissez-les partir, s'enfoncer et disparaître dans les eaux. La nature s'en chargera. Et vous, continuez à monter, soutenu par la nature, libre de voler. Profitez de ce moment de liberté totale où vous êtes soutenu tandis que vous planez au-dessus de tout.

Quand vous serez prêt, descendez tout doucement, posez-vous sur la plage. Etirez-vous. Absorbez l'énergie de la terre et du soleil. Une fois encore, ouvrez-vous, ouvrez chacune de vos cellules à la lumière et à l'amour. Harmonisez vos organes. Créez votre nouvel être, votre moi. Allez dans chacune de vos cellules, dans chaque structure, dans votre ADN. Reprogrammez vos mécanismes génétiques. Réparez. Recréez. Refaites tout, jusqu'à ce que vous soyez satisfait de votre travail. Et, quand c'est fait, laissez votre lumière emplir la pièce pour qu'elle se mêle à notre lumière, à notre amour. Et prenez en vous un peu de notre lumière et un peu de notre amour pour que nous soyons en vous mais aussi pour que vous soyez toujours avec nous en cas de besoin. Prenez cette lumière et cet amour et conservez-les dans votre poitrine. Quand vous les sentirez en vous, prenez conscience de votre poitrine, sentez-la et sentez comme elle bouge à chaque respiration. Respirez cet amour, et que chaque inspiration vous fasse revenir, un peu plus éveillé mais toujours paisible. Quand vous serez prêt, vous ouvrirez les yeux et vous reviendrez dans la pièce, alerte et détendu, mais avec une nouvelle vision du monde et de vous-même.

Méditation 3

Respirez profondément plusieurs fois. A chaque inspiration, sentez la vie entrer en vous. Inspirez la vie, l'énergie, la paix. Emplissez vos poumons. Sentez votre poitrine se gonfler, se vider. Sentez la vie et l'énergie circuler dans tout votre corps. Sentez comme vos soucis et vos pensées sont chassés à chaque expiration et s'envolent comme des ballons. Si vous ressentez la moindre tension musculaire, localisez-la et éliminez-la. Laissez-vous inonder par une vague de paix.

PAUSE

Vous vous retrouvez à l'école, en classe. Votre pupitre est si vieux qu'en le caressant du bout des doigts vous sentez des noms gravés et des dates. Vous entendez la craie crisser sur le tableau noir, vous entendez les bruits du dehors — enfants en récréation, bruits de vaisselle au réfectoire. Prenez conscience de tous ces sons.

Quand la maîtresse a fini la leçon, elle efface ce qu'elle a écrit. Et vous, vous essuyez le tableau de votre esprit. Effacez bien tout ce qui est écrit et remplacez ce tableau par un écran de cinéma.

PAUSE

Sur cet écran géant, nous allons recréer votre coin d'univers, en plein milieu de nulle part. Vous le connaissez bien, maintenant, et vous savez comment y aller, alors matérialisez-le dans toutes ses formes, ses matières, ses sons, ses odeurs, tout ce qui le rend si particulier. Reconstituez ce paysage et trouvez-y un coin pour vous nicher. Prenez quelques instants pour éliminer tout problème et « guérir » votre vie. Une fois votre vie « guérie », vous verrez tous vos maux soignés et éliminés.

Quand vous aurez fini, recommencez à suivre ma voix. C'est le moment de mettre vos vêtements de travail. La trame, la texture, la matière de votre vie peuvent changer de jour en jour. Considérez la texture et la matière de vos vêtements, touchez-les, puis avancez-vous sur ce pont que vous avez construit pour vous relier à l'univers, à notre univers. Traversez-le. Vous avez assez de courage pour franchir tous les ponts de votre vie et marcher sur votre chemin.

Soyez attentif à ce que vous ressentez en marchant, de façon à savoir où tourner. Le chemin va bifurquer, mais vous saurez toujours quelle direction prendre. A un certain moment, vous arriverez devant un beau jardin et un étang. Approchez-vous du bord de l'eau, quittez vos vêtements et entrez dans l'eau. Elle est tiède, elle vous fait du bien. L'étang n'est pas profond, vous pouvez vous y allonger, vous laisser porter par l'eau, baigner par l'eau, guérir par l'eau.

Puis vous vous retournez pour regarder dans l'eau. Regardez sous la surface. Voyez ce qui s'y trouve. Plongez au fond de l'eau pour aller chercher ce qui vous paraît digne d'être rapporté, ce qui va vous apprendre, vous faire comprendre quelque chose. Qu'y a-t-il au fond de tout cela ?

Amenez votre découverte au niveau conscient et rapportez-la sur la plage. Séchez-vous au soleil, rhabillez-vous et reprenez votre chemin.

Vous arrivez à un théâtre de plein air. Tous les gens de votre vie sont assis sur les gradins. Vous allez monter sur la scène et leur dire ce que vous voulez qu'ils sachent en jouant pour eux. Vous pouvez jouer, danser, parler. Montrez-leur ce que vous voulez leur faire voir et sentir. La scène vous appartient. Le spectacle sera celui que vous voudrez.

PAUSE

Quand vous aurez terminé votre représentation, venez vous mêler au public et voyez comment il réagit. Que ressentez-vous ? Qui voyez-vous dans le public ? Qu'ont entendu les gens ?

PAUSE

Quand vous aurez terminé, revenez sur votre chemin et continuez à avancer. Loin devant vous, vous apercevez une lumière très brillante. Vous verrez peut-être quelqu'un sortir de cette lumière et s'avancer vers vous. A mesure que ce personnage va se rapprocher, vous verrez plus distinctement à quoi il (ou elle) ressemble, vous sentirez ce que sa présence provoque en vous. Finalement, vous serez assez proches l'un de l'autre pour que vous sachiez comment s'appelle ce personnage qui est votre guide. Parlez-lui des questions, des problèmes, des conflits qui existent dans votre vie. Mais si personne n'a encore émergé de la lumière, retournez-vous vers l'ombre projetée par cette lumière. Regardez votre ombre, parlez à votre ombre et voyez ce qu'elle peut vous apprendre. Prenez un moment pour parler à

344

votre guide ou à votre ombre, pour apprendre, pour vous laisser guider.

PAUSE

Cela fait, sachez que vous serez toujours guidé, chaque fois que vous en aurez besoin. Reprenez votre chemin et marchez, jusqu'à ce que vous trouviez un endroit tranquille et sûr où vous pourrez vous arrêter, vous reposer, vous laisser pénétrer par la lumière et par l'amour.

PAUSE

Entrez dans votre corps pour façonner votre nouveau moi. Parcourez chacune de vos cellules, réparez-la, ouvrez-la à la lumière et à l'amour, reprogrammez votre ADN. Parcourez les zones de votre cerveau et de votre esprit où se trouvent les centres de contrôle, et faites tous les changements nécessaires à l'émergence du nouveau moi, du nouveau je. Puis contemplez votre œuvre dans un miroir. Et regardez-vous vous-même hors du miroir. Faites coïncider les deux images, pour qu'elles se mêlent, s'interpénètrent et forment votre nouveau moi. Ce nouveau moi va redevenir conscient de sa respiration, du siège sur lequel il est assis, du sol, de la musique et de ma voix. Quand vous serez prêt, quand chaque respiration vous rendra plus alerte, plus détendu, revenez dans la pièce régénéré, serein, en ouvrant vos yeux nouveaux.

Commencez par respirer à fond plusieurs fois. A chaque inspiration, faites pénétrer en vous la paix, l'amour, la lumière, tout ce qui emplit la pièce. Faites-le vôtre.

Détachez-vous de vos problèmes, de vos soucis, de tout ce qui vous pèse. Et puis levez les yeux et fermez doucement vos paupières quand vous serez prêt.

Laissez-vous recouvrir, de la tête aux pieds, par une vague de paix, en répétant un mot comme «paix» ou «relaxe» à chaque inspiration. Puis effacez le tableau de votre esprit et tendez un écran vierge. Recréez sur cet écran votre petit coin au pays de nulle part. Encore une fois, prenez un moment pour vous y arrêter avant d'entreprendre votre voyage. Prenez des forces, guérissez-vous et offrez-vous une bonne mesure d'amour.

PAUSE

Une fois que vous aurez rechargé vos batteries, que vous serez plein d'amour pour vous-même, avancez-vous vers votre pont et voyez quels changements vous y avez apportés. Ensuite, passez le pont et commencez votre voyage. A chaque pas vous vous sentez plus détendu sur ce chemin qui est le vôtre.

Bientôt, vous arrivez en vue d'une montagne. Votre chemin la gravit, et je voudrais que vous entrepreniez l'ascension. Tout ce dont vous pouvez avoir besoin, équipement, outils, se trouve à votre disposition. Restez attentif à la façon dont vous progressez, dont vous franchissez les obstacles, dont vous arrivez au sommet.

En arrivant au sommet, réjouissez-vous de votre réussite et félicitez-vous des efforts que vous avez accomplis. Vous apercevrez ensuite un énorme ballon aux couleurs d'arc-en-ciel, avec une nacelle Montez dans la nacelle et détachez le ballon. Vous y êtes en sécurité.

Elevez-vous au-dessus des arbres, au-dessus des nuages. Le vent vous porte. Vous vous sentez léger, insouciant. Continuez à monter jusqu'à ce que la terre vous apparaisse comme une boule bleutée. Tous les problèmes sont bien dérisoires, vus de si haut ! Mais, s'il vous reste quelques soucis, prenez le carnet et le crayon qui se trouvent à portée de votre main pour les noter. Faites la liste de tous les problèmes de votre vie. Puis détachez la feuille et jetez-la par-dessus bord, tandis que vous continuerez à flotter, léger, insouciant. Vous pouvez maintenant vous détendre et apprécier votre liberté.

Vous allez commencer à descendre, tout doucement. Descendez jusqu'à toucher terre, au bord de votre chemin. Sortez de la nacelle et reprenez votre voyage.

Demandez-vous ce que vous aimeriez être si vous pouviez être n'importe quelle créature. Et devenez cette créature. Animal, oiseau, poisson, être humain, qu'aimeriez-vous être ? Un papillon ? Prenez le temps de vous sentir bien dans la peau de cette créature.

Demandez ensuite à la créature ce qui vous est arrivé et ce que l'expérience peut vous apprendre. Puis redevenez vous-même et reprenez votre voyage. Regardez devant vous pour voir où va votre chemin. Où va-t-il vous conduire ? Vous allez bientôt vous arrêter et inscrire un message sur le panneau vierge qui se trouve au bord du sentier. Inscrivez ce que vous aimeriez dire aux gens qui vont passer par là. Vous pouvez peindre, dessiner ou écrire tout ce que vous voudrez, sur ce panneau. C'est le message que vous laissez à ceux qui vous suivront.

Quand vous aurez terminé, dirigez-vous à nouveau sur votre chemin. En avançant, vous allez le voir disparaître dans un tunnel obscur qui traverse la montagne. Vous y entrez, mais tout au bout vous voyez de la lumière et vous vous dirigez vers cette lumière. Il fait noir, dans le tunnel, il fait humide et froid. Vous allez peut-être vous cogner contre les parois, trébucher, et même tomber. Mais si vous restez concentré sur la lumière, si vous avancez vers elle, vous trouverez la sortie. Vous souvenez-vous d'avoir été un petit enfant, d'avoir appris à marcher ? Combien de fois vous a-t-il fallu tomber ? Et quand vous avez appris à faire du vélo ? Combien de fois êtes-vous tombé ? Mais, à chaque fois, vous vous êtes relevé et vous avez recommencé. Vous êtes remonté sur votre vélo. Alors dirigez-vous vers cette lumière comme vous avez appris à marcher et à faire du vélo. Vous savez vaincre les difficultés.

Pour finir, vous sortez en pleine lumière. Et tout le monde est là, vos parents, vos amis. Comment vous voient-ils ? Qu'allez-vous leur raconter de votre expérience ? Prenez un moment pour échanger avec eux vos impressions, vos idées, des paroles.

PAUSE

Ensuite, vous allez rassembler autour de vous tous ceux que vous aimez. Contentez-vous de vous laisser aimer, guérir, et sentez ce qui change en vous pendant que vous laissez cet amour, cette guérison entrer en vous. Et maintenant, regardez-vous. En quoi avez-vous changé ? Acceptez ce changement et ramenez-le avec vous dans la pièce, dans votre vie, dans l'avenir. Quand vous aurez intégré ce changement, autorisez-vous à revenir, ragaillardi, régénéré, recréé. En ouvrant vos yeux neufs, vous verrez votre nouveau moi, dès que vous serez prêt.

NOTES

1

« Le Projet rémission, de l'Institut des sciences noétiques » :
B. O'Regan, « Healing, Remission and Miracle Cures », publié
dans l'*Institute of Noetic Sciences Special Report*, mai 1987.
Pour plus de détails sur ce chiffre de quatre mille, voir *Noetic
Sciences Review*, automne 1988.

« Certains chercheurs plus sensibles à cet aspect »,
*Advances: Journal of the Institute for the Advancement of
Health*, automne 1986.

« On sait qu'un tiers ou plus des patients » : sur ce chiffre
d'un tiers, voir H. K Beecher, « The Powerful Placebo », in *Journal of the American Medical Association*, 1955.

« Les douleurs postopératoires ; le mal de mer ; les céphalées » : R. Ornstein et D. Soble, *The Healing Brain*, New York,
Simon & Schuster, 1987, p. 78-79.

« Comme l'explique un texte scientifique » : L. White, B. Tursky et G.E. Schwartz, *Placebo: Theory Research and Mechanisms*, New York, The Guilford Press, 1985.

« Quel meilleur exemple de ce lien corps-esprit » : R.A. Kirkpatrick, « Witchcraft and Lupus Erythemosus », *JAMA*, 1981,
p. 1937-1938.

« Plusieurs autres cas de guérison miraculeuse de lupus » :
B.F. Solomon et R.H. Moos, « Emotion, Immunity and
Disease: a Speculative Theorical Integration », in *Archives of
General Psychiatry*, décembre 1964, p. 657-674.

**« Il semble en effet que la disparition de la douleur mise en
évidence dans de très nombreuses études »** : pour plus de
détails sur les mécanismes de l'effet placebo, voir J.D. Levine,
N.C. Gordon et H.L. Fields, « The Mechanism of Placebo Analgesia », in *The Lancet*, 1978, p. 654-657 ; J.D. Levine, N.C. Gordon, R.T. Jones et H.L. Fields, « The Narcotic Antagonist
Naxolone Enhances Clinical Pain », in *Nature*, 1978, p. 826 ;

B. O'Regan, « Placebo : The Hidden Asset in Healing », in *Investigations : a Research Bulletin of the Institute of Noetic Sciences*, 1985.

« **Brendan O'Regan, spécialiste des personnalités multiples** » : B. O'Regan, « Multiple Personality — Mirrors of a New Model of Mind ? » in *Investigations : a Research Bulletin of the Institute of Noetic Sciences*, 1985.

« **En 1964, le docteur George Solomon** », Solomon et Moos, « Emotions, Immunity and Disease ».

« **Corrélats psychosociaux** » : B.R. Cassileth, E.J. Lusk, D.S. Miller, L.L. Brown et C. Miller, « Psychosocial Correlates of Survival in Advanced Malignant Disease », in *New England Journal of Medicine*, juin 1985 ; M. Angell « Disease as Reflection of the Psyche », *ibid.*, juin 1985. Lettres à la rédaction, *ibid.*, 1986, p. 1354-1359.

« **Déjà Candace Pert, par exemple, utilise la peptine T** » : « US to Let Bristol-Myers Market AIDS Drug », in *New York Times*, 3 mars 1988.

« **Dans les maternités où l'on a constaté que les prématurés** » : T. Fields et *al.*, « Tactile/Kinestetic Stimulation Effect on Preterm Neonates », in *Journal of Pediatrics*, mai 1986.

« **Une publication britannique équivalente, The *Lancet*** » : K.W. Pettingale, T. Morris, S. Greer et J.L. Haybittle, « Mental Attitudes to Cancer : an Additional Prognostic Factor », in *The Lancet*, 30 mars 1985.

« **Sandra Levy, professeur de psychiatrie et de médecine** » : S.M. Levy, « Emotions and the Progression of Cancer : a Review », in *Advances : Journal of the Institute for the Advancement of Health*, hiver 1984, p. 10-15.

« **Mais les dernières recherches de S. Levy ont mis en évidence** » : S.M. Levy, J. Lee, C. Bagley et L. Lippman, « Survival Hazard Analysis in Recurrent Breast Cancer Patients : Seven Year Follow-up », in *Psychosomatic Medicine*, septembre-octobre 1988.

« **David McClelland, professeur de psychologie et de relations sociales** » : J.Z. Borysenko, « Healing Motives : an Interview with David C. McClelland », in *Advances : Journal of the Institute for the Advancement of Health*, printemps 1985.

« **Des études ont prouvé que la relaxation** » : J.K Kiecolt-Glaser, R. Glaser et *al.*, « Modulation of Cellular Immunity in Medical Students », in *Journal of Behavioral Medicine*, 1986. J.K. Kiecolt-Glaser, R. Glaser et *al.*, « Psychosocial Enhancement of Immunocompetence in a Geriatric Population», in *Health Psychology*, 1985, p. 25-41.

« **Le corps et l'esprit sont des expressions différentes** » : on a découvert que les fibres nerveuses provenant du cerveau se ramifient dans les organes par le système immunitaire et que les cellules immuno-compétentes possèdent des récepteurs pour les molécules messagères qui circulent dans les synapses des terminaisons nerveuses. On a aussi découvert que les peptides ne sont pas produits seulement par le cerveau mais également par le système immunitaire. Les recherches faites par l'immunologiste Ed Blalock ont montré que les transmetteurs chimiques produits par le système immunitaire ferment le circuit de communication en retournant au cerveau. Pour plus de détails sur les interactions entre système immunitaire et système nerveux central, voir J.E. Blalock, «The Immune System as a Sensory Organ», in *Journal of Immunology*, 132, 1984 ; E. Smith, D. Harbour-McMenamin et J.E. Blalock, «Lymphocite Production of Endorphins and Endorphine-Mediated Immunoregulatory Activity», in *Journal of Immunology*, 135, 1985 ; J.E. Blalock, D. Harbour-McMenamin et E. Smith, «Peptide Hormones Shaped by the Neuroendocrine and Immunologic Systems», in *Journal of Immunology*, 135, 1985. Pour un bref aperçu des liens anatomiques et biochimiques entre système immunitaire et système nerveux central, mentionnant les travaux de Karen Bulloch et David Felten (sur les liens anatomiques), Janet Kiecolt-Glaser, Sandra Levy et autres, voir J.L. Marx, «The Immune System belongs in the Body», in *Science*, 227, 8 mars 1985.

« **Elles sont exprimées dans le corps et font partie du corps** » : C.B. Pert, «The Wisdom of the Receptors : Neuropeptides, Emotions, and Bodymind», *Advances : Journal of the Institute for the Advancement of Health*, été 1986, p. 8-16.

« **Pour Freud et Jung, l'inconscient était** » : C. Pert et M. Ruff, «AIDS Research : a Leading Edge at NIMH», in *Psychological Perspectives*, printemps 1987, p. 105-112.

« **Nous savons que les mêmes neuropeptides sécrétés par le cerveau** » : Pert et Ruff, «AIDS Research».

« **Comme l'a démontré Swami Rama** » : E. et A. Green, *Beyond Biofeedback*, New York, Dell, Delta Books, 1977.

« **Des études effectuées sur des rats et des souris** » : R. Ader et N. Cohen, «Behaviorally Conditioned Immunosuppression», in *Psychosomatic Medicine* 37, 1975 : p. 333-40.

2

«Comme l'a dit le psychologue jungien Russel A. Lockhart» : R.A. Lockhart, «Cancer in Myths and Dreams», *Spring 1977: an Annual of Archetypal Psychology and Jungian Thought*, 1977.

«Le psychothérapeute et écrivain jungien Arnold Mindell» : A. Mindell, *Dreambody*, Boston, Sigo Press, 1982.

«Je ne crois pas qu'on se crée réellement une maladie» : A. Mindell, *Working with the Dreaming Body*, Londres et New York, Routledge & Kegan Paul, 1985.

«Le désordre physique, dit Jung à ce propos» : C.G. Jung, *The Structure and Dynamics of the Psyche*, vol. 8 des *Collected Works*, Princeton, Princeton University Press, 1960, p. 502.

«Dans une enquête effectuée à l'université Ben Gourion» : *Psychology Today*, juin 1987, donne le compte rendu d'une étude de D. Bar-On publiée dans *Human Relations*, 1987.

«La maladie avait pour finalité, la souffrance pour signification» : R.A. Lockhart, «Cancer in Myths and Dreams», p. 7-8.

«Les patients mais aussi les médecins» : H. Sabini et V.H. Maffly, «An Inner View of Illness: The Dreams of Two Cancer Patients», in *Journal of Analytic Psychology*, 1981, p. 149.

«On ne peut pas dire que tout symptôme est un défi» : C.G. Jung, Letters, vol. 1, 1906-1950, Princeton, Princeton University Press, 1973, p. 429.

«Quand j'ai commencé à étudier les rêves de malades» : Meredith Sabini, «Imagery in Dreams of Illness», in *Quadrant*, printemps 1982.

«Pendant quelques heures éternelles» : A. Huxley, Les Portes de la perception, éd. du Rocher, 1979.

«Le docteur Caroline Bedell Thomas» : M. Harrower, C.B. Thomas et A. Altman, «Human Figures Drawings in a Prospective Study of Six Disorders: Hypertension, Coronary Heart Disease, Malignant Tumor, Suicide, Mental Illness and Emotional Disturbance», in *Journal of Nervous and Mental Disease*, 1975 ; C.B. Thomas, L.W. Jones et D.C. Ross, «Studies on Figure Drawings: Biological Implications of Structural and Graphic Characteristics», in *Psychiatric Quarterly Supplement*, 1968.

«La thérapeute jungienne Susan Bach» : S. R. Bach, «Why we do this Work: a Short Introduction to the Reading and Evaluation of Spontaneous Pictures», in *Psychosomatische Medizin*, 9, 1980.

« La psychologue Joan Kellog »: J. Kellog, M. MacRae, H.L. Bonny et F. Di Leo, «The Use of Mandala in Psychological Evaluation and Treatment», in *American Journal of Art Therapy*, 16, juillet 1977; J. Kellog et F. Di Leo, «Archetypal Stages of the Great Round of Mandala», in *Journal of Religion and Psychical Research*, 5, janvier 1982.

« A ce moment-là j'ai su »: Mindell, *Dreaming Body*.

3

« Une étude récente du National Institute of Health »: Lena Williams, «Influence of Pets Reach New High», *New York Times*, août 1988.

« Pour étayer sa théorie, Achterberg cite »: J. Achterberg, *Imagery in Healing*, Boston, Shambhala, 1985.

« Est cité par Ernest Rossi dans son livre »: E.L. Rossi, *The Psychobiology of Mind-Body Healing: New Concepts of Therapeutic Hypnosis*, New York, W.W. Norton and Co., 1986; voir aussi E.L. Rossi et D.B. Cheek, *Mind-Body Therapy: Methods of Ideodynamic Healing in Hypnosis*, New York, W.W. Norton and Co., 1988.

« Même sous anesthésie »: R. Rymer, «What you hear under the Knife», *Hippocrates*, mai-juin 1987.

« Une intéressante étude concernant vingt personnes »: E.D. Le Winn et M.D. Dimancescu, «Environmental Deprivation and Enrichment in Coma», in *The Lancet*, 1978.

« Il a collecté toutes les informations scientifiques »: D.B. Cheek, «Awareness of Meaningful Sounds under General Anesthesia: Considerations and a Review of the Literature 1959-79», article présenté le 17 novembre 1979 à la réunion annuelle de l'American Society of Clinical Hypnosis à San Francisco et repris dans *Theoretical and Clinical Aspects of Hypnosis*, 1981.

L'étude de référence est celle de L.S. Wolfe et J.B. Millett, «Control of Postoperative Pain by Suggestion under General Anesthesia», in *American Journal of Clinical Hypnosis*, 3, 1960. Voir aussi D. Hutchings, «The Value of Suggestion Given under Anesthesia: a Report and Evaluation of 200 Consecutive Cases», *ibid.*, 4, 1961.

« Il est désormais prouvé que les suggestions positives »:

C. Evans et P.H. Richardson, « Improved Recovery and Reduced Postoperative Stay after Therapeutic Suggestions during General Anesthesia », in *The Lancet*, 27 août 1988. Voir aussi H.L. Bennett, « Behavioral Anesthesia », *Advances: Journal of the Institute for the Advancement of Health*, automne 1985.

« Une autre recherche assez surprenante » : les travaux de Marcel et Hilgard sont cités par D. Goleman dans *Vital lies, Simple Truths: the Psychology of Self-Deception and Shared Illusions*, New York, Simon & Schuster, 1985.

« Des recherches psychologiques ont montré » : D.B. Cheek, « Areas of Research into Psychosomatic Aspects of Surgical Tragedies Now Open through Use of Hypnosis and Ideomotor Questioning », *Western Journal of Surgery, Obstetrics and Gynecology*, 1962.

« Les fonctions spécifiques attribuées à notre cerveau » : Achterberg, *Imagery*, p. 122.

« Le docteur Dean Ornish, cardiologue » : Dean Ornish, communication privée, août 1987 et informations émanant de l'American Heart Association, Dallas, Texas, 14 novembre 1988.

« La relaxation est bénéfique pour les asthmatiques » : à propos de Fuller von Bozzay, voir C. Locke et D. Colligan, *The Healer within: the New Medicine of Mind and Body*, New York, New American Library, Mentor Books, 1987. Pour Lehrer, voir P. Lehrer, « Relaxation Decreases Large-Airway but Not Small Airway Asthma », in *Journal of Psychosomatic Research*, avril-mai 1986.

« Non seulement il se produit une diminution du niveau d'angoisse » : A. Meares, « A Form of Intensive Meditation Associated with the Regression of Cancer », in *American Journal of Clinical Hypnosis*, octobre 1982, janvier 1983.

« 1. Prenez quelques minutes chaque matin » : S.F. Santorelli, « Mindfulness and Mastery in the Workplace: 21 Ways to Reduce Stress during the Workday », in *Buddhist Peace Fellowship Newsletter*, automne 1987.

« Les travaux de la psychologue Mary Janoski » : D. Goleman, « Relaxation: Surprising Benefits Detected », in *New York Times*, mai 1986.

« Dans un entretien avec Ernest Rossi » : M.H. Erickson et E.L. Rossi, « Autohypnotic Experiences of M.H. Erickson », in *American Journal of Clinical Hypnosis*, juillet 1977.

« Le docteur Karen Olness a décrit » : K Olness, « Teaching

Mind/Body Skills to Children », in *Noetic Sciences Review*, printemps 1988.

4

« **Un groupe de cancérologues, de psychiatres et d'enseignants** » : Michelle Vranizan, « Dramatic Nuances of Telling Patients they have Cancer », in *Medical Tribune*, septembre 1986.

« **Je sais aussi que le professeur Sandra L. Bertman** » : « Effort grows to Create Sensitive Doctors », in *New York Times*, 8 avril 1986.

« **Il existe un hôpital en Californie** » : D. Roraback, « Patients for a Day », in *Los Angeles Times*, San Diego Edition, 5 juillet 1988.

« **Comme le constate une étude publiée dans le *JAMA*** » : J. Older, « Teaching Touch at Medical School », in *JAMA*, 252, 17 août 1984.

« **Dans une lettre récemment publiée** » : J.E. Mattews, « My Dream », in *JAMA*, 4 décembre 1987.

« **La qualité paie** » : une étude portant sur quatre-vingts personnes du Harvard Community Health Plan qui compare des patients engagés dans un programme de « bien-être » (qui consiste à leur apprendre la visualisation et la relaxation) avec un groupe de contrôle montre que dans le premier groupe la demande de soins médicaux est réduite de 47 p. 100 dans les six mois suivants, entraînant une économie de 171 à 252 dollars par personne. Le fait est rapporté par Joan Turkington dans « Help for the Worried Well », in *Psychology Today*, août 1987, et D. Goleman dans « The Mind Over the Body », in *New York Times Magazine*, 27 septembre 1987.

5

« **L'histoire est celle d'un couple, Charlie et Josephine** » : G.L. Engel, « A Life Setting Conductive to Illness : the Giving-up-Given-up Complex », in *Annals of Internal Medicine*, août 1968.

« **Le docteur Engel est bien placé pour savoir** » : G.L. Engel, « Emotional Stress and Sudden Death », in *Psychology Today*, novembre 1977.

« **Caroline Bedell Thomas, professeur** » : C.B. Thomas et K.R. Duszynski, « Closeness to Parents and the Family Constellation in a Prospective Study of Five Disease States : Suicide, Mental Illness, Malignant Tumor, Hypertension and Coronary Heart Disease », *John Hopkins Medical Journal*, 1974 ; C.B. Thomas, « Precursors of Premature Disease and Death : the Predictive Potential of Habits and Family Attitudes », in *Annals of Internal Medicine*, 1976 ; C.B. Thomas, K.R. Duszynski et J.W. Shaffer, « Family Attitudes Reported in Youth as Potential Predictors of Cancer », in *Psychosomatic Medicine*, 41, 1979 ; C.B. Thomas et O.L. McCabe, « Precursors of Premature Disease and Death : Habits of Nervous Tension », in *John Hopkins Medical Journal*, 1980.

« **Il y a quarante ans, le terme de biologie moléculaire** » : C.B. Thomas, « Cancer and the Youthful Mind : a Forty Year Perspective », *Advances : Journal of the Institute for the Advancement of Health*, 1988.

« **Une autre étude qui, à mon sens, confirme** » : T.I.A. Sorenson, « Genetic and Environmental Influences on Premature Death in Adult Adoptees », in *New England Journal of Medicine*, 24 mars 1988.

« **Une enquête effectuée en 1988 sur le même groupe** » : E. Smith, « Fighting Cancerous Feelings », in *Psychology Today*, mai 1988.

« **La tendresse est physiologique** » : pour un bref aperçu des recherches sur le contact physique et le bien-être physique et mental, voir D.L. Goleman, « The Experience of Touch : Research Points to a Crucial Role », in *New York Times*, 2 février 1988.

« **Les psychologues Lawrence LeShan et R.E. Worthington** » : L. Le Shan et R.E. Worthington, « Personality as a Factor in the Pathogenesis of Cancer : a Review of the Literature », in *British Journal of Medical Psychology*, 29, 1956 ; L. LeShan, « An Emotional Life-History Pattern Associated with Neoplastic Disease », in *Annals of the New York Academy of Sciences*, 1966 ; LeShan et Worthington, « Some Recurrent Life History Patterns in Patients with Malignant Disease », in *Journal of Nervous Mental Disorders*, 1956 ; LeShan, « Psychological States as Factors in the Development of Malignant Disease : a Critical Review », in *Journal of the National Cancer Institute*, 1959.

« **Caroline Thomas a été l'une des premières à étudier** » : P.L. Graves et C.B. Thomas, « Themes of Interaction in Medical Student's Rorschach Responses as Predictors of Midlife Health or Disease», in *Psychosomatic Medicine*, juin 1981.

«Dans l'analyse qu'il a faite en 1975 des publications spécialisées»: C.B. Bahnson, «Emotional and Personality Characteristics of Cancer Patients», article présenté le 14 mai 1975 à l'American College of Physicians et repris dans *Oncologic Medicine*, éd. A. Sutnick, University Park Press, 1976.

«Le docteur Solomon et sa collègue, le docteur Lydia Temoshok»: G.F. Solomon et L. Temoshok, «Psychoneuroimmunologic Perspective on AIDS Research: Questions, Preliminary Findings and Suggestions», in *Applied Social Psychology*, V.H. Winston & Sons, Inc., 1987.

«Ils ont identifié expérimentalement»: G.F. Solomon, L. Temoshok, A. O'Leary et J. Zich, «An Intensive Psychoimmunologic Study of Long-Surviving People with AIDS», in *Annals of the New York Academy of Sciences*, 1987.

«Mais dans le dernier article que j'ai lu»: Henry Dreher, «A Conversation with George Solomon», *Advances: Journal of the Institute for the Advancement of Health*, 5, 1988.

«Et en 1987, au moment où je parle de lui»: Solomon et Temoshok, «Psychoneuroimmunologic Perspective on AIDS Research».

«La psychologue Suzanne Kobasa»: S.R. Maddi et S.C. Kobasa, *The Hardy Executive: Health under Stress*, Homewood, Illinois, Dow Jones-Irving, 1984; S.C. Kobasa, «Stressful Life Events, Personality and Health: an Inquiry into Hardiness», in *Journal of Personality and Social Psychology*, 1979.

«Hans Selye, l'endocrinologue»: H. Selye, Le Stress de la vie, éd. Gallimard, 1975.

«Il a, par exemple, fait des expériences sur le comportement animal»: M.E.P. Seligman et S.F. Maier, «Failure to Escape Traumatic Shocks», in *Journal of Experimental Psychology*, 1967.

«De la même façon, les individus peuvent apprendre l'impuissance»: L.Y. Abramson, M.E.P. Seligman et J.D. Teasdale, «Learned Helplessness in Humans», in *Journal of the Abnormal Psychology*, 1978; Seligman, «Helplessness and Explanatory Style: Risk Factors for Depression and Disease», article présenté en mars 1986 lors d'une réunion de la Society for Behavioral Medicine à San Francisco.

«Seligman et ses collègues»: D. Goleman, «Research affirms Power of Positive Thinking», in *New York Times*,

3 février 1987; D. Goleman, « Feelings of Control Viewed as Central in Mental Health », in *New York Times*, 7 octobre 1979.

« Aux résultats de quarante ans de recherche » : G.E. Vaillant, « Natural History of Male Psychologic Health : Effects of Mental Health on Physical Health », in *New England Journal of Medicine*, 6 décembre 1979.

« Une mise à jour concernant quatre-vingt-dix-neuf de ces hommes » : C. Peterson et M.E. Seligman, *Journal of Personality and Social Psychology*, 1987. Les remarques de Seligman sont extraites de « Research affirms Power of Positive Thinking », de D. Goleman, in *New York Times*, 3 février 1987.

« J'ai lu récemment un article » : Ushanda io Elima, « Life with the Pygmies », in *Mothering Magazine*.

« Les parents devraient surtout » : Elida Evans, *A Psychological Study of Cancer*, New York, Dodd Mead & Co., 1926.

« Car l'esprit humain est virtuellement indestructible » : Alice Miller, *C'est pour ton bien*, éd. Aubier-Montaigne, 1984.

6

« Le cancer est peut-être une étape » : R.A. Lockhart, « Cancer in Myths and Dreams ».

« Et je terminerai par les paroles d'une femme » : Nancy Pappas, « Images of Healing », in *Northeast/The Hartford Courant*, 10 mai 1987.

« Elle a écrit une thèse » : la thèse se trouve en résumé dans « The Meaning of the Breast Cancer Mastectomy Experience », par Sheila Campbell, in *Human Medicine*, novembre 1986.

« Ray Berté apprit en 1977 qu'il avait » : B.S. Siegel et S. Schneider « The Medicine was Love », in *Redbook*, décembre 1987.

« Il a été démontré que les hommes mariés » : J.S. Goodwin ; W.C. Hunt, C.R. Key et J.M. Samet, « The Effect of Marital Status on Stage, Treatment and Survival of Cancer Patients », *JAMA*, 4 décembre 1987. Cet article montre que le pourcentage de survies à cinq ans des gens mariés atteints de cancer est comparable à celui des célibataires plus jeunes de dix ans. Dans une étude du docteur Harold Morowitz, de Yale, citée par Kirk Johnson dans « The Mind and Immunity », in *East West*, novembre 1986, il apparaît que le pourcentage de décès est moindre chez les hommes mariés, qu'ils fument beaucoup ou pas du tout, et que les célibataires se portent mieux que les veufs et les divorcés. En fait, le pourcentage de décès chez les gros fumeurs mariés est sensiblement le même que celui des non-fumeurs divorcés.

« **Les recherches d'un candidat au doctorat** » : B. O'Regan, « Healing, Remission and Miracle Cures », in *Institute of Noetic Sciences Special Report*, mai 1987

« **Dulcy voyait aussi un psychiatre** » : Siegel et Schneider, « Medicine was Love ».

« **Il raconte comment le fils d'un de ses amis** » : M. Callen, « I will Survive », in *The Village Voice*, 3 mai 1988, repris dans *Surviving and Thriving With AIDS : Collected Wisdom*, vol. 2, New York, People with AIDS Coalition, 1988.

« **Des articles comme celui du *New York Times*** » : L. Altman, « AIDS Mystery : Why do Some Infected Men stay Healthy ? » ; in *New York Times*, 30 juin 1987.

« **1. Accepter la réalité** » : Solomon, Temoshok, O'Leary et Zich, « Long Surviving People with AIDS ».

« **Si je devais décrire d'un mot** » : M. Callen, « I will Survive ».

« **Et vous savez ce qui s'est passé ?** » : J. Segal, « Doing Good : Service in the Nineties », in *AHP Perspective*, avril 1987.

« **Le simple fait de nouer mes lacets** » : « Rabbi endures Pain to Teach Talmud », in *New York Times*, 4 janvier 1987.

« **Leonard Matlovich, un sergent de l'armée de l'air** » : Mike Hippler, « An American Hero », in *Bay Area Reporter*, 30 juin 1988.

« **La plus belle expérience que nous puissions vivre** » : Albert Einstein, *Le Monde tel que je le vois*, essai publié en 1931.

« **Des fanatiques religieux ou de dangereux psychopathes** » : A. Greeley, « Mysticism goes Mainstream », in *American Health*, janvier-février 1987.

BIBLIOGRAPHIE

Achterberg, Jeanne, *Imagery in Healing*, Boston, Shambhala, 1985.

Ader, Robert, éd. Psychoneuroimmunology, New York, Academic Press, 1981.

Bennett, Hal, et Mike Samuels, *The Well Body Book*, New York, Random House, 1973.

Benson, Herbert, et Miriam Z. Klipper, *The Relaxation Response*, New York, Avon Books, 1976.

Benson, Herbert, et William Proctor, *Your Maximum Mind*, New York, Times Books, 1987.

Borysenko, Joan, *Penser le corps et panser l'esprit*, Inter-éditions, Paris, 1988.

Brennan, Barbara Ann, *Hands of Light*, New York, Bantam Books, 1988.

Campbell, Joseph, *The Hero with a Thousand Faces*, Princeton, Princeton University Press, 1968.
The Power of Myth, avec Bill Moyers, New York, Doubleday, 1988.

Cousins, Norman, *The Healing Heart*, New York, Avon Books, 1984.

Delaney, Gayle, *Living your Dreams*, New York, Harper & Row, 1981.

Evans, Elida, *A Psychological Study of Cancer*, New York, Dodd, Mead & Co., 1926.

Faraday, Ann, *The Dream Game*, New York, Harper & Row, 1976.

Frankl, Viktor, *Découvrir un sens à sa vie : avec la logothérapie*, Homme, 1988.

Franz, Marie-Louise, von, *Les Rêves et la mort*, éd. Fayard, Paris, 1985.

Furth, Gregg, *The Secret World of Drawings : Healing Through Art*, Boston, Sigo Press, 1988.

363

Garfield, Patricia, *La Créativité onirique : du rêve ordinaire au rêve lucide*, éd. de La Table Ronde, Paris, 1982.

Gendlin, Eugene, *Au centre de soi : mieux que se comprendre, se trouver*, éd. du Jour, 1983.

Green, Elmer et Alice, *Beyond Biofeedback*, New York, Dell, Delta Books, 1977.

Hertzler, Arthur, *The Horse and Buggy Doctor*, New York, Harper & Row, 1938.

Huxley, Aldous, *Les Portes de la perception*, éd. du Rocher, 1979.

Jung, Carl G., *L'Homme et ses symboles*, éd. Robert Laffont, Paris, 1964. *Ma Vie*, éd. Gallimard, Paris, 1970.
Problèmes de l'âme moderne, éd. Buchet-Chastel, Paris, 1987.

Justice, Blair, *Who gets Sick ?*, Los Angeles, J.P. Tarcher, 1988, distribué par St. Martin Press, New York.

LeShan, Lawrence, *How to Meditate*, New York, Bantam Books, 1984. *Vous pouvez lutter pour votre vie*, éd. Robert Laffont, Paris, 1982.

Locke, Stevens et Douglas Colligan, *The Healer Within*, New York, Dutton, 1986.

Menninger, Karl, *Love against Hate*, New York, Harcourt, Brace & Co., 1942.
Man against Himself ; même édition, 1938.
The Vital Balance, New York, Viking Press, 1963.

Mindell, Arnold, *Dreambody*, Boston, Sigo Press, 1982. *Working with the Dreaming Body*, Routledge & Kegan Paul, 1985.

Nouwen, Henri, *Le Chemin du désert*, éd. du Cerf, Paris, 1985.

Ornstein, Robert et David Sobel, *L'Incroyable Aventure du cerveau*, Inter-éditions, Paris, 1987.

Oyle, Irving, *The Healing Mind*, New York, Pocket Books, 1975.

Rosen, Sidney, *Ma voix t'accompagnera : Milton Erickson raconte*, éd. Hommes et Groupes.

Rossi, Ernest L., *The Psychobiology of Mind-Body Healing*, New York, W.W. Norton & Co., 1986.
Mind-Body Therapy : Methods of Ideodynamic Healing in Hypnosis, avec David Cheek, même éditeur, 1988.

Samuels, Mike, et Nancy, *Seeing with the Mind's Eye*, New York, Random House, 1975.

Saroyan, William, *Une comédie humaine*, 10/18, Paris, 1987.

Selye, Hans, *Le Stress de la vie*, éd. Gallimard, Paris, 1975.

Simonton, O. Carl, Stephanie Mattews-Simonton et James Creighton, *Guérir envers et contre tout*, éd. de l'Epi, 1982.

Soljenitsyne, Alexandre, *Le Pavillon des cancéreux*, éd. Julliard, Paris, 1968.

Thomas, Lewis, *Une science naissante: carnets d'un médecin*, Inter-éditions, Paris, 1984.

Tolstoï, Léon, *La Mort d'Ivan Ilitch*, éd. Stock, Paris, 1983.

La Bible.

L'ECAP (Exceptional Cancer Patients) est une organisation sans but lucratif fondée par le docteur Siegel en 1978. Dans l'Etat du Connecticut, l'ECAP propose un programme clinique avec réunions de groupes de soutien dirigées par des psychothérapeutes. Celles-ci sont ouvertes à tous les malades du cancer, du sida et autres maladies mortelles ou chroniques. De plus, l'ECAP organise chaque année plusieurs week-ends de stages présidés par le docteur Siegel et ouverts à toute personne intéressée, qu'elle ait ou non des problèmes de santé.

L'ECAP propose aussi depuis peu des services tels que formation et conseil professionnels, stages intensifs et groupes spécialisés tels que l'art-thérapie pour les enfants.

L'ECAP donne également, sur demande, le programme annuel des stages, des informations médicales et des conseils de soutien aux malades, les coordonnées de groupes locaux comparables à l'ECAP, quand il en existe.

L'ECAP distribue les cassettes, vidéo et audio, du docteur Siegel ainsi que des livres et cassettes inspirés par la philosophie qui est la sienne. Pour toute commande, demande de catalogue ou pour un complément d'information, écrire ou téléphoner à :

ECAP
1302 Chapel Street
New Haven, CT 06511
tél : (203) 865 83 92

VIDÉOCASSETTES DE L'ECAP DISPONIBLES :

Exceptional Patients : témoignages de membres de l'ECAP, avec la participation du docteur Siegel.

The Art of Health and Healing : conférence prononcée par le docteur Siegel et exposant la philosophie de la guérison physique, mentale et spirituelle.

Fight for your Life : le docteur Siegel et quatre patients cancéreux délivrent un message d'espoir et de détermination.

Hope and Prayer : les différents usages de la visualisation, présentés par le docteur Siegel.

CASSETTES AUDIO DISPONIBLES :

Opening to the Heart of Healing (1989) : coffret de deux cassettes de méditation avec un texte de présentation.

Getting Ready : Meditations for Surgery, Chemo and Radiation (1989) : quatre séances de visualisation dirigée pour préparer l'esprit à une intervention médicale.

Meditations for Everyday Living (1988) : méditations pour la vie quotidienne.

Healing Meditations (1988) : méditations pour guérir.

Guided Imagery and Meditation (1985) : visualisation et méditation dirigées.

PLUSIEURS ENREGISTREMENTS DE CONFÉRENCES SONT ÉGALEMENT DISPONIBLES, DONT :

Life, Hope and Healing (1988) : coffret de six cassettes où le docteur Siegel expose en détail sa philosophie et les techniques qu'il préconise pour vivre pleinement sa vie. Les témoignages de trois survivants illustrent ses théories.

Egalement disponible, la version abrégée des deux livres de Bernie Siegel, lue par l'auteur — deux cassettes de quatre-vingt-dix minutes.

REMERCIEMENTS

Nous tenons à exprimer nos remerciements pour les autorisations suivantes :

Extrait du *Pavillon des cancéreux*, d'Alexandre Soljenitsyne, © Julliard, 1968.

Extrait de *Kinflicks*, de Lisa Alther. ©1975, Lisa Alther. Avec l'autorisation d'Alfred A. Knopf, Inc.

Extraits du *Journal of the American Medical Association*, «Messages», par Jane A. McAdams, 6 septembre 1985, volume 254 (9), p. 1222, © 1985, American Medical Association; «The Bad News», par Marian Block, juin 1987, volume 257 (21), p. 2959, © 1987, American Medical Association; «Jailhouse Blues», par Joseph E. Paris, juin 1988, volume 259 (24), p. 3615, ©1988, American Medical Association; «The State of the Art», mars 1986, volume 255 (11), p. 1488, © 1986, American Medical Association. Avec l'autorisation de l'American Medical Association et des auteurs.

Extrait de *The Healing Brain*, de Robert Ornstein et David Sobel, © 1987, Institute for the Study of Human Knowledge. Avec l'autorisation de Simon & Schuster, Inc.

Extrait de «The Mysterious Placebo» de Norman Cousins, *Saturday Review*, octobre 1977. Avec l'autorisation d'Omni Publications International Ltd. et de l'auteur.

Extrait de «A New Prescription : Mind over Malady» de Rob Wechsler, ©1987, Discover Publications, Inc.

Extrait de «Tapping the Healers Within», © 1988, Carol Kahn. Reproduit avec l'autorisation d'Omni Publications International, Ltd.

Extrait de *Hands of Light : A Guide to Healing through the Human Energy Fields*, de Barbara Ann Brennan. © 1987, Barbara Ann Brennan. Avec l'autorisation de Bantam

Books, du groupe Bantam Doubleday Dell Publishing Group, Inc.

Extraits de *Advances: Journal of the Institute for the Advancement of Health*, « Healing Motives: An Interview with David C. McClelland », par Joan Z. Borysenko, volume 2 (2), printemps 1985 ; « The Wisdom of the Receptors », par Candace Pert, volume 3 (3), été 1986 ; « Cancer and the Youthful Mind », par Caroline Bedell Thomas, volume 5 (2), septembre 1988. Avec l'autorisation de *Advances* et des auteurs.

Extrait de « A Healing in the Theater of Life », par Evy McDonald. Reproduit avec l'autorisation de *Canadian Holistic Healing Association Newsletter*, volume 7 (4), hiver 1986-1987, qui a publié cet article.

Extrait de « AIDS Research: A Leading Edge at NIMH », par Candace Pert et Michael Ruff, Psychological Perspectives, volume 18 (1), printemps 1987, p. 105-112.

Extrait de « Imagery in Dreams of Illness », par Meredith Sabini, *Quadrant*, printemps 1982 ; extrait d'un texte d'Arnold Mindell, *Quadrant*, volume 14 (1), 1981. Avec l'autorisation de *Quadrant*, journal de la C. G. Jung Foundation for Analytical Psychology, Inc., of N.Y.

Extraits de « An Inner View of Illness: The Dreams of Two Cancer Patients », par Meredith Sabini et Valerie H. Maffly, publiés dans le volume 26 (2) du Journal of Analytical Psychology (1981) et reproduits avec l'autorisation de l'éditeur, The Society of Analytical Psychology.

Extraits de « Cancer in Myth and Dream », par Russell A. Lockhart, publié dans *Spring 1977: An Annual of Archetypal Psychology and Jungian Thought*, p. 1-26, puis dans *Words as Eggs* (Dallas, Spring Publications, 1983), p. 53-77. © Spring Publications, Inc.

Extraits de *L'Homme à la découverte de son âme*, de C. G. Jung.

Extraits de *The Dream Game*, d'Ann Faraday, © 1974, AFAR Publishers A.G. Avec l'autorisation de Harper & Row, Publishers, Inc.

Extrait de « The Body is like a Movie Screen », par Evy McDonald. Reproduit avec l'autorisation de l'auteur.

Extrait de *Working with the Dreaming Body*, d'Arnold Mindell (Arkana, 1985), © 1985. Reproduit avec l'autorisation de l'auteur.

Extraits de *The Vital Balance: The Life Process in Mental*

Health and Illness, de Karl Menninger. Peter Smith Publisher, Gloucester, Mass.

Extraits de *Imagery in Healing*, de Jeanne Achterberg, © 1985. Reproduit en accord avec Shambhala Publications, Inc., 300 Massachusetts Ave., Boston, MA 02115.

Extrait de *Penser le corps, panser l'esprit*, de Joan Borysenko, Inter-éditions, 1988.

Extrait de « A Form of Intensive Meditation Associated with the Regression of Cancer », par Ainslie Meares. *American Journal of Clinical Hypnosis*, volume 25, 1982- 1983, p. 134-135. Reproduit avec l'autorisation de l'*American Journal of Clinical Hypnosis*.

Extrait de « Mindfulness and Mastery in the Workplace : 21 Ways to Reduce Stress during the Work Day », par Saki F. Santorelli, *Buddhist Peace Fellowship Newsletter*, automne 1987. Avec l'autorisation de l'auteur.

Extrait de « Notes of New Age », par Alan Cohen. Reproduit avec l'autorisation de *New Frontier Magazine*. © 1987, *New Frontier Magazine*, 421 Fairmount Ave., Philadelphie, PA 19123.

Extrait de « The Therapist and the Journey into Hell », par Rollo May. *AHP (Association for Humanistic Psychology) Newsletter*, février 1987. Reproduit avec l'autorisation de l'auteur et de *AHP Newsletter*.

Extraits de « Why have we stopped Comforting Patients », par Hans H. Neumann, © 1987, Medical Economics Co., Inc. Reproduit avec l'autorisation du magazine *Medical Economics*.

Extrait de *The Youngest Science*, de Lewis Thomas, © 1983, Lewis Thomas. Avec l'autorisation de Viking Penguin, filiale de Penguin Books USA, Inc.

Extraits de *Découvrir un sens à sa vie*, de Viktor E. Frankl, Editions Homme, 1988.

Extrait de « A Life Setting Conducive to Illness », par George Engel, *Annals of Internal Medicine*, volume 69 (2), août 1968. Reproduction autorisée.

« Steven James's totally Subjective, Non-Scientific Guide to Illness and Health », © 1987, the People with AIDS Coalition, Inc. D'après *Surviving and Thriving with AIDS : Hints for the Newly Diagnosed*. Reproduit avec l'autorisation de the People with AIDS Coalition.

Extrait de « Health Consequences of Adaptation to Life », par George Vaillant. *American Journal of Medicine*,

© 1966 Les Presses de la cité pour la traduction française.

Kurreck A. A. M. (1964) Aspects du délire. Bruges, Desclée
de Brouwer, 1969.

Wieland A., Kohler Vierahltshoorte in Der Abgesang
Mahl, Hamp, 1971.

La bande de Bibliotheekse nun Rostua Sietz-Dialo
und Vandrlin Leipzig und Halle, Allez Frussayme.

Ze Yven M. (1949) Le Livre d'Éthel Staverlies. 1971. Argumention
littéraire et commentaire en Orient par Bernd, 1970.

TABLE

PHYSIOLOGIE DE L'AMOUR,
DE LA JOIE ET DE L'OPTIMISME

2

SYMPTÔMES ET SYMBOLES, RÊVES ET DESSINS :
LE MOI PROFOND S'EXPRIME

3

COMMUNIQUER AVEC SON CORPS

4

QUI EST LE GUÉRISSEUR ET QUI EST GUÉRI ?
LA DIALECTIQUE MÉDECIN-PATIENT

5

GUÉRIR L'ENFANT QUI EST EN NOUS

6

DÉCOUVRIR SON VRAI MOI

7

LA VRAIE QUESTION : VIE, AMOUR ET IMMORTALITÉ

3499

Composition Interligne B-Liège
Achevé d'imprimer en Europe (France)
par Brodard et Taupin à La Flèche (Sarthe)
le 20 mars 1999. 6877V
Dépôt légal mars 1999. ISBN 2-290-03499-1
1er dépôt légal dans la collection : juin 1993
Éditions J'ai lu
84, rue de Grenelle, 75007 Paris
Diffusion France et étranger : Flammarion